동성애에 대한 불편한 진실

동성애에 대한 불편한 진실

초판 발행 : 2012년 8월 27일
개 정 5 쇄 : 2022년 5월 18일
편　　　집 : 바른성문화를위한국민연합
펴　낸　곳 : 밝은생각
등 록 번 호 : 제313-2008-194호
주　　　소 : 서울시 영등포구 버드나루로 14가길5
구 입 문 의 : 02-6953-6467
e - m a i l : blessingboook@gmail.com
인　　　쇄 : (주)프리온

이 책의 저작권은 저자와 출판사가 소유합니다.
저작권자의 허락 없이 이 책의 일부 또는 전체를 무단 복제, 전재, 발췌하면 저작권법에 저촉됩니다.

ISBN　　979-89-962234-5-0　03330

동성애에 대한 불편한 진실

바른성문화를위한국민연합

밝은생각

서문

　　동성애에 대한 기존의 서적들을 참고하였고, 상당히 많은 과학적 내용들은 네일 와이트헤드와 브라이어 와이트헤드가 공저한 'My Genes Made Me Do It! Homosexuality and the scientific evidence'이란 책에서 발췌하였다. 그 책에 있는 그림들과 내용들을 발췌, 삽입하기 위하여 저자께 이메일로 허락을 받았다. 저자께 서문을 통하여 진심으로 감사를 드린다. 아래에 와이트헤드 박사의 축사를 첨부한다.

　　와이트헤드께서 동성애에 대한 잘못된 논리를 반박하기 위하여 온 생애를 바쳐 동성애에 관련된 수많은 논문들을 읽으면서 잘 정리해 놓았기에, 쉽게 이 책을 발간하게 되었다. 잘못된 세상 풍조를 막기 위해서는 반박 논리를 깊이 있게 학술적으로 묵묵히 개발하는 분들이 많이 있어야 한다. 그렇지 않으면 실력이 없어서 세상의 풍조를 반박할 수 없고 어쩔 수 없이 끌려가게 된다. 앞으로 많은 젊은이들이 바른 가치관을 갖고 자신의 영역에서 탁월한 실력을 쌓아 선한 영향력을 한국 사회에 미치기를 소원한다. 이번에 개정판을 만들면서 길원평 외 5인이 공저한 '동성애, 과연 타고나는 것일까?'라는 책에서 많은 부분이 발췌되었으며, 허락한 저자들께 깊은 감사를 드린다.

축사

20세기 후반부터 동성애에 옹호적인 학자들에 의해서 동성애는 유전이고 선천적이라는 논문들이 많이 발표되었다. 그러한 글과 논문을 뉴스를 통하여 들은 일반인들은 나중에 사실이 아니거나 불확실한 것으로 밝혀졌음에도 불구하고, 그러한 사실을 알지 못하고 뉴스의 내용만 각인되어있어 동성애는 유전이거나 선천적인 것으로 오해하고 있다. 동성애에 관련된 연구 결과들을 자세히 소개함으로써 동성애에 대한 잘못된 오해를 바로잡자는 것이 이 책의 목적 중의 하나이다.

한국 사회에도 성적으로 문란한 외국의 풍조를 본 따서 동성애를 윤리적인 문제가 없는 정상으로 인정하자는 움직임이 일어나고 있다. 이 글에 있는 내용들의 대부분은 여러 문헌에 흩어져 있던 동성애에 대한 문제점들을 발췌하여서 독자들이 알기 쉽게 일목요연하게 정리를 한 것이다. 동성애에 대한 불편한 진실들을 정확히 제공함으로써, 제대로 알지 못하면서 무분별하게 외국 풍조를 따르려는 경향을 막아 한국의 미풍양속을 잘 지켜나가는데 도움을 주고자 한다.

바른성문화를위한국민연합 운영위원장

길 원 평

축사

와이트헤드 박사

Congratulations on the publication of your book! Homosexuality is a subject which has sharply polarised people, particularly in the Western world. Even staff in universities, which are supposed to promote academic freedom, find it very hard to express their views without being harassed by others verbally, bureaucratically, and even with death threats. My experience is that those in non-Western countries are more ready to give a fair hearing to "inconvenient" views on this subject, and I hope this is so in the present case.

Best Regards,
Dr. Neil Whitehead

차례

I. 동성애에 대한 일반적 내용
[1] 동성애의 정의 ·· 17
[2] 동성애 형성에 영향을 주는 것들 ······················ 18
[3] 동성애자의 비율 ·· 23

II. 동성애에 대한 불편한 진실
[1] 동성애는 유전? No!
  (1) 유전자에 대한 일반적인 사실 ······················ 33
  (2) 유전자의 일반적인 사실에 의한 반론 ············ 36
  (3) 자녀재생산에 의한 반론 ······························ 38
  (4) 기타 설문조사에 의한 반론 ························· 40
  (5) 일란성 쌍둥이의 동성애 일치비율에 의한 반론 ······ 44
  (6) 동성애 유전자 자체에 대한 반론 ·················· 52

[2] 동성애는 선천적? No!
  (1) 두뇌에 의해 정해졌다는 주장에 대한 반론 ········· 54
  (2) 태아기에 겪은 이상에 의해 정해졌다는 주장에 대한 반론
    ① 발생 빈도에 의한 반론 ························ 64
    ② 태아기의 성호르몬 이상 때문이라는 주장에 대한 반론 ········ 65
    ③ 태아기의 성호르몬에 의해서라는 기타 주장에 대한 반론 ······ 68
  (3) 형이 많을수록 남동생이 동성애자가 될 확률이 증가한다는 주장에 대한 반론 72
  (4) 동성애를 유전 또는 선천적이라고 주장하는 이유 ········· 75
  (5) 농성애에 대한 유전적 요소의 상대 비율에 대한 논의 ········ 79

[3] 동성애는 치유불가능? No!
  (1) 동성애가 유동적임을 나타내는 학술연구들 ········ 84
  (2) 동성애 치유 사례들 ···································· 87

[4] 동성애와 에이즈는 밀접한 관계? Yes! ·· 90
　　(1) 급증하는 국내 에이즈 감염인의 수 ·· 91
　　(2) 국내 에이즈와 동성애의 밀접한 관련성 ·· 95
　　(3) 동성애와 에이즈의 밀접한 관련성을 나타내는 외국 통계 ·········· 99
　　(4) 국내 에이즈 감염인 급증에 따른 경제적인 문제 ······················· 101
　　(5) 동성애자의 헌혈제한 조치는 동성애와 에이즈의 관련성을 나타냄 ··· 102
　　(6) 동성애와 에이즈의 밀접한 관련성을 발표하지 않는 질병관리본부 ··· 104
　[5] 동성애는 비정상적? Yes! ·· 106
　　(1) 항문 성관계로 말미암는 문제점 ·· 107
　　(2) 구강-항문 성관계로 말미암는 문제점 ·· 111
　[6] 동성애는 비윤리적? Yes! ··· 115
　[7] 동성애자는 행복? No! ·· 118

Ⅲ. 동성애자 혐오? No!
　[1] 동성애 차별금지법의 문제점
　　(1) 동성애를 정상으로 공인하고 개인의 윤리관은 무시 ················· 124
　　(2) 동성애를 비윤리적이라고 표현할 자유를 잃고 처벌을 받음 ····· 126
　　(3) 학교는 동성애를 정상이라고 가르쳐서 학생이 동성애자가 될 확률이 커짐 127
　　(4) 건전한 성윤리를 가진 국민의 권리가 제한 또는 금지 ············· 131
　　(5) 동성애자들이 치유를 받을 수 없음 ·· 133
　[2] 동성애 차별금지가 법제화되면 나타나는 문제점 ························· 134

Ⅳ. 마무리 글

[1] 동성애가 확산되는 이유
   (1) 서구에서 동성애가 확산된 이유 ·················· 139
   (2) 한국에서 동성애가 확산되는 이유 ·············· 140

[2] 우리의 마음 자세와 앞으로의 대책
   (1) 동성애와 차별금지법에 대한 바른 지식을 전해야 한다. ·········· 142
   (2) 자신이 먼저 경건한 삶을 살아야 한다. ················· 144
   (3) 사회를 향하여 적극적으로 목소리를 내어야 한다. ·········· 144
   (4) 체계적이고 조직적으로 동성애 확산을 막아야 한다. ··········· 146
   (5) 동성애와의 싸움은 반드시 이긴다는 믿음을 가져야 한다. ······· 147

부록 1 성별정체성 차별금지의 문제점 ················· 151

부록 2 질문과 답변
[1] 동성애는 선천적이어서 어쩔 수 없이 한다는데, 동성애가 선천적이지 않다는 증거는 무엇인가? ·· 156
[2] 동성애가 선천적인 것이 아닌데도 불구하고, 왜 많은 분이 동성애가 선천적인 것으로 오해하고 있는가? ·· 158
[3] 동성애가 다양한 동물에서 나타나므로 자연의 법칙에 어긋난다고 할 수 있는가?
·· 161
[4] 동성애는 자신의 의지에 관계없이 만들어진다는 주장을 반박하는 근거는 무엇인가?
·· 165
[5] 동성애가 어린 나이에 형성된다면, 그 아이에게 동성애에 대한 책임을 물을 수 있는가?
·· 167
[6] 동성애를 개인이 선택한 취향으로 존중해 주어야 하지 않을까요? ·········· 171
[7] 타고난 동성애와 그렇지 않은 동성애, 두 종류가 있다는 주장은 어떻게 반박하나요?
·· 173
[8] 남성도 여성도 아닌 제3의 성이 있다는데, 그러면 동성애를 인정해야 하지 않을까요?
·· 174

[9] 요즘도 동성애가 선천적이라는 학술 논문들이 나오는데, 그러면 동성애의 선천성을 부인할 수 없지 않을까요? ·········· 176
[10] 미국 여러 단체가 동성애치료를 반대하는 성명서를 발표했다면, 동성애를 정상으로 인정해야 하지 않을까요? ·········· 178
[11] 동성애가 차별금지법에 들어가서는 안 되는 이유가 무엇인가? ·········· 182
[12] 동성애를 차별금지법에서 차별금지사유로 포함하면 안 된다고 주장하는데, 그러면 동성애자들을 차별해도 좋다는 뜻인가? ·········· 183
[13] 동성애를 포함하는 차별금지법이 통과되면 어떤 문제가 생기는가? ·········· 184
[14] 동성애가 바람직하지 않더라도, 동성애자들의 인권도 존중되고 차별해서는 안 되지 않을까요? ·········· 186
[15] 동성애자를 정죄하기보다는 긍휼히 여겨야 하지 않을까요? ·········· 187
[16] 동성애는 개인의 성적 자유에 속하기에 마음대로 하도록 허용해야 하지 않을까요? ·········· 189
[17] 동성애를 잘못된 것이라고 단정할 수 있는가? 현대의 도덕규범은 옛날과 다를 수 있고, 옛날에는 남녀차별을 나쁘다고 생각하지 않았다. 잘못된 것들이 많은데, 유독 동성애를 반대하는가? ·········· 190
[18] 동성애자들이 겪고 있는 억울한 고통은 어떻게 해결해야 하는가? ·········· 191
[19] 절충안으로서 동성애 차별금지법을 수용하되 어느 정도 종교의 자유와 표현의 자유를 보장받으면 어떨까? ·········· 192
[20] 게이, 레즈비언, 양성애자, 트랜스젠더 등 다양한 사람들이 같이 살아가고 있는데, 왜 이러한 다양성을 거부하고 인정하지 않으려고 하는가? ·········· 193
[21] 동성애가 비윤리적이라고 표현할 때에, 동성애자들은 상처를 받고 모멸감을 느끼므로, 동성애가 비윤리적이라고 표현하는 것을 금지시켜야 하지 않을까요? 동성애자에게 돌을 던지면서, 그러한 권리를 계속 보장해 달라는 것을 올바르다고 볼 수 있을까요? ·········· 194
[22] 유엔에서 차별금지법을 권고하고 있다는데, 그렇다면 만들어야 하지 않을까요? ·········· 195
[23] 동성애를 인정하는 것이 전 세계적인 추세가 아닌가요? ·········· 198

관련 홈페이지 주소 ·········· 200
참고문헌 ·········· 201

I

동성애에 대한 일반적 내용

선천적인 요소와 후천적인 요소들 때문에 본인의 의지와는 상관없이, 어쩔 수 없이 동성애자가 되었다고 변명을 하면 안 된다. 즉, 선천적인 요소들과 후천적인 요소들이 동성애를 어쩔 수 없이 하게 만드는 강제성을 뜻하지 않는다. 왜냐하면 사람의 행동은 동물과는 달리 본능이나 경향에 의해서 완전히 결정되지 않으며, 사람에게는 본능이나 경향을 충분히 억제할 수 있는 의지와 절제력을 갖고 있다.

아직까지 한국에서 동성애자의 수가 많지 않지만, 사회적으로 동성애를 용인하는 분위기가 형성되고 있어 지금이 매우 중요한 시기라고 본다. 동성애 확산을 막기 위한 적극적인 대처를 하지 않으면, 동성애자의 숫자가 어느 정도 이상으로 증가하여 하나의 압력단체를 이루게 되고, 결국은 서구 사회와 같이 더 이상 돌이킬 수 없는 단계에 이르게 될 것이다.

[1] 동성애의 정의

동성애의 정의에 대해서 학자들 간에 여러 의견이 있지만, 일반적으로 다음과 같은 세 가지 특징이 있을 때에 동성애자로 분류한다. 첫째, 마음 안에 동성을 향한 성적 끌림(sexual attraction)을 가지고 있는 것이다. 둘째, 실제로 행동으로 옮겨서 동성과의 성관계(sexual behavior)를 가지는 것이다. 셋째, 자신을 동성애자로 인정하는 동성애자로서의 성정체성(sexual identity)을 가지는 것이다. 동성애자에 대한 설문조사를 할 때에, 위의 세 가지 특징 중에서 어느 정도까지 가지는 것을 동성애자로 볼 것이냐에 따라 설문조사의 결과가 달라진다. 예를 들어서 세 가지 특징을 모두 가질 때에 혹은 셋째 특징인 동성애자로서의 성정체성을 가질 때에야 동성애자로 간주하면 동성애자의 비율은 상대적으로 적은 값을 가지게 된다. 반면에 첫째 특징인 성적 끌림만 있을 때에도 동성애자로 간주하면 동성애자의 비율은 상대적으로 큰 값을 가지게 된다. 그래서 설문조사를 하는 주체가 동성애자의 비율을 많게 하고 싶어 하느냐 또는 적게 하고 싶어 하느냐에 따라 설문조사에서 동성애자로 간주하는 기준을 다르게 한다.

첫째 특징인 성적 끌림은 주관적인 생각이기에 어느 정도 모호성을 가지고 있으며 자신의 마음이 만들어낸 공상일 수도 있다. 따라서 첫째 특징만 가지고 있을 때에도 동성애자로 분류하면 동성에지의 비율이 과장되는 결과를 낳을 수 있다. 둘째 특징은 실제로 행동을 옮겨서 성적관계를 맺고 있기에 좀 더 분명한 동성애자라고 볼 수 있다. 하지만 성적관계를 얼마나 주기적으로 반복하느냐에 따라 동성애자로서의 확실성은 달라진다. 예를 들어서 어린 시절의 단순한 성적 호기심에 의해서 동성과의 성적관계를 가질 수 있기 때문이다. 셋째 특징은 자기 스스로 동성애자로 인식하는 단계에 들어와 있기에, 어느 정도 깊이 있는 동성애자로서의 삶을 살고 있다고 볼 수 있다. 따라서 동성애자로서의 성정체성이 있는 경우에만 동성애자로 간주하면 동성애자의 비율은 적어진다.

쉽게 비유를 들어서 설명을 하면, 첫째 특징은 가끔 술을 마시고 싶다는 생각이 드는 단계에 대응이 되며, 둘째 특징은 실제로 술을 주기적으로 마시는 단계에 대응이 되며, 셋째 특징은 자신이 술이 없으면 살 수 없는 존재라고 스스로 인식을 하는, 즉 알코올중독환자와 같은 단계에 대응이 된다고 볼 수 있다. 남성 동성애자는 구강섹스와 항문성교를 함으로써, 여성 동성애자는 구강섹스와 성구를 사용함으로써 상대방의 성기를 자극하고 성적쾌감을 느낀다. 동성애에 대한 대조용어로서 남자와 여자와의 성관계를 이성애라 부르고, 동성애와 이성애를 함께 하는 경우를 양성애라고 부른다. 최근 들어서 학자들은 동성애, 이성애, 양성애를 총칭하여 성적지향이라고 부르고 있다.

[2] 동성애 형성에 영향을 주는 것들

동성애 형성에 영향을 주는 것들로 제시되는 것을 살펴보겠다. 첫째, 동성애자들이 이성애자들보다 어릴 때에 성적 또는 신체적 학대를 받은 사례가 1.6~4배 정도 많다는 보고와 함께, 어릴 때의 학대와 동성애 사이에 긍정적인 상관관계가 존재한다는 연구 결과들이 있다. 2013년에 하버드대학의 로버트 등은 동성애는 유발하지 않으면서 학대를 유발하는 가족 특성, 예로서 양부모의 존재, 가난, 부모의 알코올 중독, 부모의 정신질환 등을 사용함으로써, 유년 시절의 신체적 또는 성적 학대가 동성애를 유발할 수 있다는 결과를 발표하였다.[1] 둘째, 2013년에 앤더슨 등은 동성애자와 양성애자들이 이성애자들보다 어릴 때에 가족 단위의 어려움, 예로서 가족의 정신병, 약물중독, 교도소 수감, 부모의 별거 또는 이혼 등을 더 많이 경험한다는 결과를 발표하였다.[2] 이러한 결과는 어릴 때에 가족 단위의 어려움이 동성애 형성에 영향을 끼친다는 것을 나타낸다.

셋째, 부모의 잘못된 성역할 모델의 영향일 수 있다. 예를 들면 약하고 리더십이 없는 아버지, 사랑이 없고 무관심하거나 적개적인 아버지, 강하고 아들의 남성다움을 낙담시키는 어머니, 남편의 사랑을 받지 못하고 무시를 당하여서 아들을 과잉보호하거나 사랑의 대상으로 삼는 어머니와 같은 영향이 자녀를 동성애자로 만들 수 있다고 본다. 즉, 정상적인 가정에서 올바른 성역할 모델을 하는 부모 밑에서 충분한 사랑을 받으면서 자라지 않았기 때문에 동성애가 생길 수 있다는 것이다. 넷째, 유년기의 불안정한 성정체성이 영향을 미쳤을 수 있다. 발육 부진이나 뚱뚱함과 같은 신체적인 문제를 갖고 있어서, 또래 집단으로부터 놀림과 거절을 경험함으로써 불안정한 성정체성이 형성될 수 있다. 즉, 남자가 남자이기를 부끄러워하든지, 여자가 여자이기를 부끄러워하면 동성애자가 될 가능성이 높다. 따라서 아이를 양육할 때에 성정체성을 분명하게 갖도록 해야 한다. 이런 의미에서 동성애의 뿌리는 성적인 것이 아니라 인정의 결핍, 소속감의 결핍, 박탈감, 오랜 거절감, 불안정감 등이라고 본다. 탈동성애자인 앤디 쿠미스키는 "대부분 동성에 대한 호감은 열 살 이전에 시작되며, 이러한 호감은 감정적이고, 성적이지 않으며, 무의식적인 것이다. 이러한 느낌이 나중에는 성적 친밀감이 사랑받고 인정을 받고 있다고 느끼는 중요 수단으로 자리매김하게 만든다."라고 말했다.[3]

다섯째, 동성과의 만족스러웠던 성경험 또는 이성과의 불만족스러웠던 성경험이 영향을 미쳤을 수 있다.[4] 남성에 의한 성학대가 여성 동성애를 야기하기도 한다. 1994년 미국의 조사에 의하면 여성 동성애자의 41%가 성폭행과 같은 성적 학대를 경험했다고 한다.[5] 남성으로부터 성적 학대를 받은 여성은 남성과의 성관계를 피하려고 한다.[6] 교도소, 군대, 기숙사와 같이 동성끼리 장기 숙식하는 환경 속에서 우연히 동성애를 경험함으로써 동성애자가 될 수도 있다. 1982년 미국의 조사에 의하면 교도소 남성 수감자 2500명의 65%가 수감 생활 중에 성관계를 경험했다고 한다.[7] 남성으로부터 성적 학대를 받은 남성은 자신이 동성애자라는 오해를 하거나,[8] 동성애를 학습할 수도 있다.[9] 여섯째, 동성애를 우호적으로 표현하는 영화, 동성애자의 성적행위를 묘사하는 포르노, 동성애자인 친구들의 이야기 등을 통하여 동성애에 대한 호기심을 갖게 되고 행동으로 옮김으로써 동성애자가 될 수도 있다. 현대 사회로 올수록 이러한 문화의 영향에 의해서 동성애 충동을 갖는 경우가 더 많아지고 있다. 예를 들면 동성애자들의 성관계를 리얼하게 묘사하는 음란물을 청소년들이 쉽게 접할 수 있으며, 그 안에서 배우들이 묘사하는 쾌락의 모습이 청소년들로 하여금 한번 동성애를 해 보고 싶다는 열망을 가지게 만든다. 그러한 열망이 결국 한두 번 경험하게 만들고, 그 후에는 친구들에게 동성애를 권유하고 동참하게 만들어서 동성애가 청소년들에게 확산되게 된다.

일곱째, 동성애를 정상이라고 인정하는 사회 풍토가 동성애를 행동으로 옮기게 만든다. 특히 학교에서 동성애를 성교육 시간에 정상이라고 가르치면, 더욱 담대하게 아무런 죄책감 없이 동성 친구와 실제적으로 동성애를 경험하게 된다. 동성애가 인정되고 성적으로 자유방임적인 서구 사회에서는 마치 윤락여성과 성관계를 맺는 것처럼, 정상적인 가정을 이루고 사는 남성들이 잠깐 시간을 내어서 동성과의 성관계를 맺고 있으며 아무런 죄책감을 느끼지 않는다. 동성애를 묘사하는 음란물과 동성애를 인정하는 사회 풍토가 최근 서구 사회에서 동성애자의 비율을 증가하게 만드는 주요 요소들이라고 볼 수 있다. 동성애를 정상으로 인정해야 한다는 일부 학자들의 주장에 따라, 법에 의해 동성애를 정상이라고 인정하고 학교와 사회에서 동성애를 정상으로 간주하고 가르치게 됨에 따라 급속히 다음 세대에서의 동성애자의 숫자가 증가하게 되고, 그렇게 증가한 동성애자들이 정치적인 압력 단체가 되어 동성애를 정상으로 더욱 인정하게 만드는 악순환을 초래한다. 비유를 들면, 담배가 수많은 발암물질을 가진 백해무익한 것임에도 불구하고 담배를 사회적으로 묵인하고 근절하지 못하는 이유는 이미 담배에 중독된 사람의 숫자가 사회 구성원의 상당수를 차지하고 있기 때문이다. 여덟째, 반대의 성(性)에 가까운 성격, 심리적 경향 또는 외모, 목소리, 체형 등의 신체적인 요소를 가진 경우에 다른 사람보다 쉽게 동성애에 빠지게 만든다.

위에서 열거한 요소들을 크게 둘로 나누면, 선천적인 요소들과 후천적인 요소들로 나눌 수 있다. 부모의 잘못된 성역할 모델, 유년기의 불안정한 성정체성, 왜곡된 성경험, 동성애를 미화하는 문화적 유혹과 친구의 유혹, 동성애를 인정하는 사회적 풍토와 교육 등은 후천적인 요소라고 볼 수 있고, 반대의 성에 가까운 외모, 목소리, 체형 등의 신체적인 것과 성격 등의 심리적인 경향은 선천적인 요소라고 볼 수 있다. 열거된 요소들을 살펴보면, 성경험과 동성애 포르노와 같은 후천적인 요소에 의한 영향은 직접적이며 강력하지만, 선천적인 요소에 의한 영향은 간접적이다. 그렇지만, 위에서 열거된 후천적인 요소들과 선천적인 요소들 때문에 본인의 의지와는 상관없이, 어쩔 수 없이 동성애자가 되었다고 변명을 하면 안 된다. 즉, 후천적인 요소들과 선천적인 요소들이 동성애를 어쩔 수 없이 하게 만드는 강제성을 뜻하지 않는다. 왜냐하면 사람의 행동은 동물과는 달리 본능이나 경향에 의해서 완전히 결정되지 않으며, 사람에게는 본능이나 경향을 충분히 억제할 수 있는 의지와 절제력을 갖고 있다. 또한 동일한 환경이나 요소를 가진 사람 중에서 극히 소수만 동성애자가 된다. 그러므로 그러한 환경이나 요소로 자신의 동성애를 합리화하는 것은 옳지 않다. 실제로 동성애자가 되는 기저에는 오히려 요소들의 영향을 받고 동성애자가 되겠다고 결단하는 자신의 의지적 선택이 있다. 자신에게 다가온 유혹, 색다른 경험을 받아들여 동성애자의 길로 갈 수도 있고, 혹은 그것들을 의지적으로 거부하여 멀어질 수도 있다. 즉, 사람의 행동은 환경이나 요소들에 의해 결정되는 것이 아니고, 환경이나 요소 중에서 자신의 선택이라는 '여과망'을 통과한 것만 그 사람의 마음과 행동에 영향을 미친다. 따라서 자신의 행동에 대한 책임을 본능이나 경향 탓으로 돌릴 수 없다. 어린 시절의 환경과 성장과정이 영향을 미치는 것은 사실이겠지만, 그럼에도 불구하고 삶과 행동은 자신의 의지와 선택에 의해서 결정되는 것이기에, 자신의 행동에 대한 책임을 어린 시절의 환경과 부모님의 탓으로 돌릴 수는 없다.

　동성 간의 성관계에서도 이성 간의 성관계와 비슷한 정도의 성적쾌감을 얻을 수 있으므로, 동성애를 우연히 경험한 후에 다시 하고 싶은 중독 현상을 일으킨다. 알코올, 마약, 도박 등에 중독되는 이유가 그것들을 경험했을 때에 느끼는 쾌감 때문인 것처럼, 동성애로부터 얻는 쾌감이 동성애에 빠지게 만드는 것이다. 그렇지만 동성애로부터 쾌감을 얻었고, 다시 하고 싶은 마음이 생긴다고 해서 선천적으로 동성애 경향을 타고 났다고 오해하면 안 된다. 대부분의 일반인들도 동성에 의한 성기자극을 하면 쾌감을 느끼게 되어 있다. 즉, 동성애로부터 얻는 쾌감의 대부분도 이성애에서처럼 모든 사람에게 보편적으로 주어지는 것이다. 또한 동성애는 두 인격체 사이에 이루어지기에, 육체적 쾌감뿐만 아니라 서로 정서적 친밀감을 나눌 수 있고, 동성애 상대자로부터 보호, 배려, 경제적 도움 등을 받을 수 있다. 이러한 이유와 또 동성애 상대자가 관계를 지속하기 원하며 유혹하기에, 동성애는 다른 중독보다도 훨씬 더 끊기 어렵다. 어떤 행동을 수없이 반복하면 습관이 되고 중독이 되어 자신도 끊을 수 없는 상태가 된다. 예를 들면, 처음에는 자신이 선택하여 술을 마시지만 나중에는 술을 마셔야만 되는 알코올중독자가 된다. 마찬가지로 자신의 의지적 선택에 의해 동성애 행위를 행동으로 옮기면 동성애 성향이 강화되며, 강한 중독성에 의해 동성애 행위를 반복하면 동성애라는 성적 행동 양식이 형성된다. 그러므로 동성애는 자신의 의지와 선택에 의해서 이루어진 성적행동 양식이라고 보아야 한다.

[3] 동성애자의 비율

동성애자의 비율을 학문적으로 조사한 최초의 학자는 알프레드 킨제이이다. 킨제이는 원래 흑벌을 연구하였던 동물학교수였는데, 1948년에 5,300명의 남성을 대상으로 표본조사를 하여서 '남성의 성적 행동'이란 책을 출판하였다.[1] 그는 이 책을 쓰기 위해 오랫동안 연구조사를 수행하였으며, 그 내용도 엄청나게 방대하다. 이 책은 즉각 서구사회에 큰 반향을 일으켰으며, 그 이후의 성적행동 연구에 막대한 영향력을 끼쳤다. 그는 이 책에서 미국 남성의 10%가 16세에서 55세까지 최소 3년 동안 동성애 경향을 보인다고 주장하였다. 이 수치는 동성애 성향을 반영하며, 남성 간의 성행위나 동성애적 행위에 관한 공상을 한다는 것이다. 1953년에는 '여성의 성적 행동'이란 책을 출판하였다.[2]

그런데 킨제이 자신이 이성애와 동성애를 함께 즐긴 양성애자였으며,

근친상간, 어린이나 동물과의 성행위를 포함한 모든 종류의 성행위를 옹호하였다. 그리고 그는 성에 가해진 문화적·종교적 제한에 대해 격분하였다. 그래서 그는 자신이 원하는 결과를 얻기 위하여 수백 명의 남성 매춘부, 1,200명의 성범죄, 변태적인 성정체성으로 악명 높은 고등학교에 소속된 300명의 학생, 많은 숫자의 소아애호자, 노출증환자, 교도소의 수감자 등으로 최소한 전체 표본의 1/4을 차지하도록 하였다.[3] 또한 연구자들은 유아와 어린이 중 수백 명에게 오르가즘을 느끼도록 손과 입으로 자위행위를 시행하였다. 이와 같은 방법으로 5,300명의 남성이 대상이 된 킨제이의 결과는 교묘하게 왜곡되었으며 그가 원하였던 것처럼 동성애자의 비율이 과장되어졌다. 그는 과학적인 객관성을 유지하였다고 주장하였지만,[4] 그가 책을 쓴 목적은 남녀 간의 사랑인 이성애가 성적행동의 표준이 아님을 증명하고 이성애자들에게 동성애적 경험을 조장하려는 것이었으며 그 목적은 달성되었다.[5]

록펠러대학의 Bruce Voeller교수는 킨제이 결과를 사용하여 인구의 약 10%가 동성애자라고 강조하였으며, 이 사실을 매스컴, 국회, 법원, 교회, 정신과 의사 등에게 널리 퍼뜨렸다. 그 결과, 미국에서 1980년과 1990년대에 인구의 10%가 동성애자라는 것이 널리 받아들여지게 되어 확인된 사실로 오해되었으며, 법을 만들고 정책을 수립하고 교육 프로그램을 만들 때에도 그 왜곡된 사실이 고려되었다. Bruce Voeller교수는 나중에 공개적으로 동성애자임을 밝히고 현대 동성애 인권단체의 창시자가 되었다.

[그림 1] ~ [그림 4]는 네일 와이트헤드와 브라이어 와이트헤드가 공저한 'My Genes Made Me Do It! Homosexuality and the scientific evidence' 이란 책에서 저자의 허락을 받고 발췌하였으며,[6] 이 책에 있는 대부분의 그림들은 위의 책에서 얻었다. 저자는 1988년부터 2010년 사이

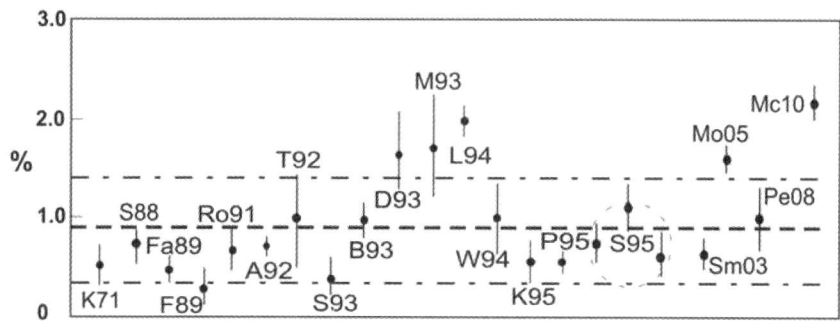

[그림 1] 남성 동성애자의 비율

ⓒ Reprinted by permission from Whitehead and Whitehead: "My Genes Made Me Do It! Homosexuality and the scientific evidence", copyright (2010).

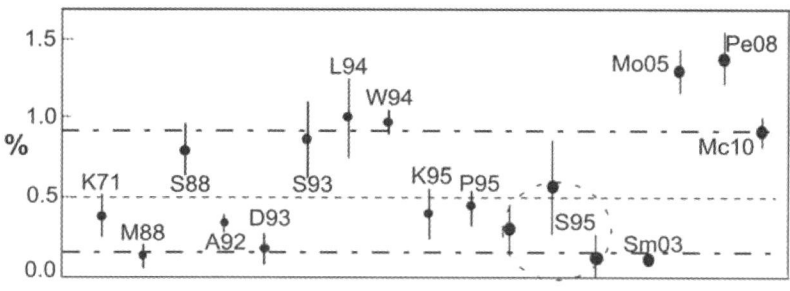

[그림 2] 여성 동성애자의 비율

ⓒ Reprinted by permission from Whitehead and Whitehead: "My Genes Made Me Do It! Homosexuality and the scientific evidence", copyright (2010).

에 수행되었던 여러 설문조사결과를 수집하였으며,[7-35] 그 분의 노력 덕분에 쉽게 결과를 요약하여 볼 수 있다. 그래프에서 중간의 선(dashed line)은 설문조사결과의 평균값을 나타내고, 아래와 위의 두 선은 표준편차를 나타내며 표본의 약 2/3를 포함한다. 동성애자와 양성애자의 기준은 설문조사를 하기 전의 12개월 동안에 행하였던 성관계로써 정하였다. 그림 내의 숫자는 조사한 년도를 뜻한다. 예로서, 'S88'은 1988년 결과이며, 'Mc10'은 2010년 결과이다. 그림 1에서 남성 동성애자의 평균값은 약 1%이며, [그림 2]에서 여성 동성애자의 평균값은 약 0.6%이다. 그래서 남녀를 합했을 때에는 동성애자가 대략 0.8%라고 볼 수 있다.

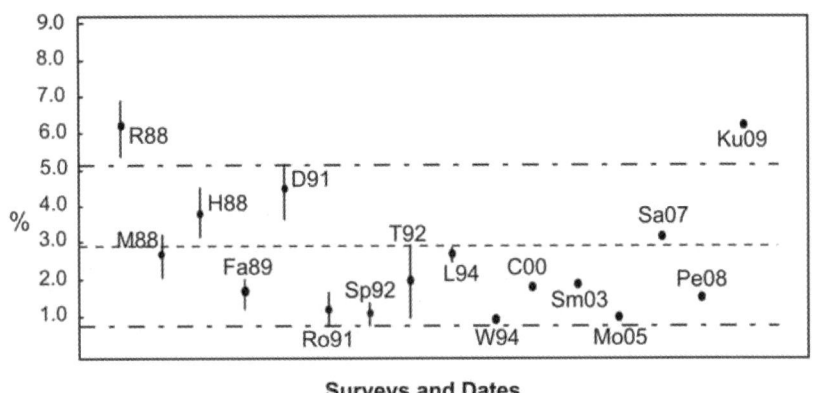

[그림 3] 남성 동성애자와 양성애자 합한 비율

ⓒ Reprinted by permission from Whitehead and Whitehead: "My Genes Made Me Do It! Homosexuality and the scientific evidence", copyright (2010).

[그림 3]에서 남성 양성애자와 동성애자를 합한 수치의 평균값은 약 2.9 ± 2.0%이고, [그림 4]에서 여성 양성애자와 동성애자를 합한 수치의 평균값은 약 1.8 ± 1.3%이다. 그래서 남녀 양성애자와 동성애자를 합했을 때에는 대략 2.4%라고 볼 수 있다. 만약 샌프란시스코와 같은 도시에서 설문조사를 한다면, 킨제이가 얻었던 것처럼 10%를 얻을 수 있을지 모른다. 2000년 이후로는 설문조사가 과학자들에 의해서 이루어지기 보다는 캐나다, 미국, 영국 등의 정부에 의해서 시행되고 있다. 2003년 캐

나다 공중위생조사에서 동성애자 1%, 양성애자 0.7%이었고,[36] 2011년에 뉴질랜드의 조사에서 동성애자 0.8%, 양성애자 0.6%이었다.[37] 2012년에 영국 통계청에서 성적정체성을 조사한 결과 동성애자 1.1%, 양성애자 0.4%이었으며,[38] 2013년 미국의 질병통제센터에서 「국민건강면접조사」 보고서에서 동성애자 1.6%, 양성애자 0.7%이었다.[39] 따라서 서구에서 동성애자는 대략 1%이고, 양성애자들까지 포함하더라도 2% 정도 됨을 알 수 있다. 이 결과들로부터 킨제이의 결과가 확실하게 과장되었음을 알 수 있다. 하지만, 이제는 그러한 과장을 알았다 하더라도 서구 사회에서는 동성애가 이미 확산된 후이며 동성애자의 숫자가 어느 정도 이상으로 증가하여서 하나의 압력단체를 이루어 세력을 형성하였으므로 돌이킬 수 없는 단계로 진행하였다. 그러므로 초기의 대응이 매우 중요하다는 것을 알 수 있다.

이제부터 한국의 동성애자 비율에 대해 살펴보고자 한다. 한국에이즈연맹은 1996년 9월에 낸 보고서에서 국내 동성애자 현황파악은 어렵다고 전제한 뒤 전국의 게이바 등의 실사를 기초로 동성애자의 수를 11만 명으로 추산했다.[40] 이 중에는 적극적 동성애자 1만 명에 한 두 번의 동성애 경험이 있거나 없더라도 게이사회에 발을 들여놓는 과정 중에 있는 소극적 동성애자가 포함됐다. 1995년도 인구조사의 결과를 이용하면 15~49세 남성인구가 1339만 명이기에, 적극적 동성애자는 전체 남성의 0.07%이고 소극적 동성애자까지 포함하면 전체 남성의 0.82%가 된다. 한국성과학연구수가 2003년에 발표한 자료에 의하면 서울에 거주하는 남성 2,000명을 설문조사하여 그 중 1,613명을 분석한 결과, 자신을 동성애자로 밝힌 비율은 0.2%이고, 양성애자로 밝힌 비율은 0.3%이고, 동성애 경험이 있는 비율이 1.1%이었다.[41] 한국성과학연구소가 2011년에 발표한 자료에 의하면 서울시에 거주하는 성인남녀 1,000명을 무작위

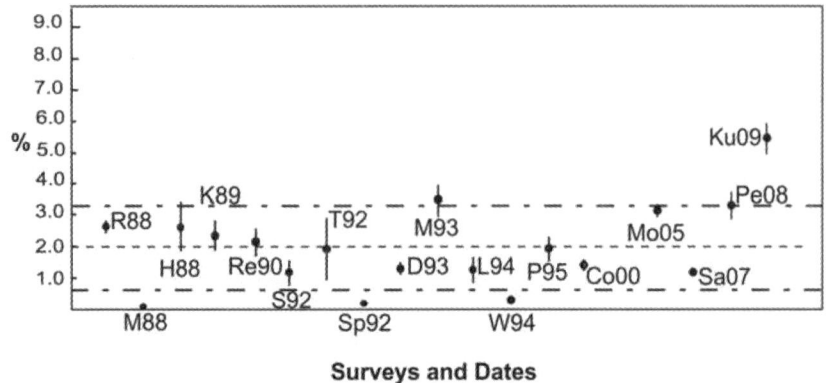

[그림 4] 여성 동성애자와 양성애자를 합한 비율

ⓒ Reprinted by permission from Whitehead and Whitehead: "My Genes Made Me Do It! Homosexuality and the scientific evidence", copyright (2010).

로 추출하여 설문조사를 한 결과, 남성의 1.1%와 여성의 0.3%가 동성애 경험이 있다고 응답했다.[42]

　한국성과학연구소의 성의식조사가 서울 지역을 중심으로 이루어졌으며 서울 이외의 지역은 보수적이기에 전국적인 조사를 한다면 남성 동성애자의 비율은 감소할 것이다. 국내 에이즈 감염인의 대다수가 동성애로 감염되므로 에이즈 감염인의 지역 분포로부터 동성애자의 분포를 추측할 수 있다. 2010년 인구 통계를 이용하면, 서울 남성은 480만 명으로 전체 인구의 19.9%이다. 그런데 에이즈 감염자가 발견될 때의 주소지를 보면 1985년~2011년 누적 통계에 의하면 총 8,542명 중에서 서울이 3,204명으로 전체 감염자의 37.5%에 달한다. 따라서 서울의 남성이 에이즈에 걸릴 확률이 전국 평균에 비해 2배 정도 높다. 이 사실은 서울의 남성 동성애자 비율이 전국 평균에 비해 2배 정도 높다는 것을 암시하므로, 전국 남성 동성애자 비율을 서울의 절반인 0.1%로 추정하는 것은 합리적이다.

이러한 추정은 1996년의 전국적인 조사에서 적극적 동성애자가 전체 남성의 0.07%인 것과도 부합한다. 2010년도 인구조사의 결과를 이용하면 15~59세 남성인구가 1,655만 명이기에 현재 동성애자로서의 성정체성을 가진 남성은 대략 1만7천 명일 것으로 추정된다. 한국성과학연구소의 2011년 조사에서 여성의 동성애 경험자가 남성의 동성애 경험자의 약 1/4이기에, 동성애자로서의 성정체성을 가진 여성은 남성 동성애자의 1/4 수준인 0.03%일 것으로 추정된다. 2010년도 인구조사 결과를 이용하면 15~59세 여성인구가 1,605만 명이기에, 여성 동성애자는 대략 5천 명일 것으로 추정된다. 따라서 한국의 총 동성애자의 수는 대략 2만2천 명일 것으로 추정되며, 동성애자의 비율은 대략 0.07%일 것으로 추정된다. 위의 추정은 최근 10년 동안 동성애자가 증가하지 않았다고 가정한 결과인데, 최근 10년 동안 에이즈 환자는 4배 증가하였으므로 그동안 동성애자가 증가했을 가능성이 높다. 최근 10년 동안 동성애자가 두 배 정도 증가하였다고 가정하면, 대략 남성 동성애자는 34,000명, 여성 동성애자는 10,000명, 총 동성애자는 44,000명(0.13%)으로 추정되며, 대략 서구 사회의 1/5 수준이다

여기서 강조해야 할 점은 위에서 말한 동성애자의 수는 동성애자로서의 성정체성을 가진 사람의 수를 뜻한다. 단순히 동성 간의 성경험을 한 사람 또는 동성에 대한 성적 끌림을 가진 사람의 수를 조사하면 동성애자로서의 성정체성을 가진 사람의 수에 비해 많다. 2003년 조사에서 동성애자로 밝힌 비율은 0.2%이고, 양성애자로 밝힌 비율은 0.3%이고 동성애 경험이 있는 비율이 1.1%라는 사실을 근거하여, 현재의 양성애자와 동성애를 경험한 사람을 추정하면, 국내 양성애자는 66,000명(=44000*3/2)이고, 동성애 경험을 한 사람은 242,000명(=44000*11/2, 0.7%)으로 추정된다. 2012년에 한양대학교 산학협력단의 전국 성인남녀

1,000명에 대한 설문조사에서, 동성과 성관계에 대해 '경험이 있다' 0.3%, '응답거절' 0.4%이어서, 응답거절을 포함하면 0.7%이어서 위의 추정과 일치한다.[43] 결론적으로 아직까지 한국 동성애자의 수가 많지 않지만, 사회적으로 동성애를 용인하는 분위기가 형성되고 있어 지금이 매우 중요한 시기라고 본다. 동성애 확산을 막기 위한 적극적인 대처를 하지 않으면, 동성애자의 숫자가 어느 정도 이상으로 증가하여 하나의 압력단체를 이루게 되고 결국은 서구 사회와 같이 더 이상 돌이킬 수 없는 단계에 이르게 될 것이다.

II

동성애에 대한 불편한 진실

동성애가 유전에 의한 것이 아니라는 강력한 근거는 자녀재생산이란 간단한 논리로부터 얻을 수 있다. 자녀를 적게 낳는 행동양식은 결코 유전적일 수 없다. 왜냐하면 어떤 행동양식을 갖게 만드는 유전자를 가진 집단이 자녀를 적게 낳으면, 그 유전자가 다음 세대로 전달되지 않으므로 결국 그 유전자를 가진 집단은 사라지게 된다. 조사에 따르면 남성 동성애자의 15%만이 결혼을 하기 때문에, 동성애가 유전이라면 동성애는 이미 지구상에서 사라졌어야 한다.

동성애가 자연의 순리에 어긋난 비정상적인 성행위임은 너무 자명하다. 비유로 말하면, 동성애는 코로 밥을 먹는 것과 비슷하다. 자연의 순리는 입으로 밥을 먹고 코로는 호흡을 하는 것이다. 인체 기관은 어떤 특정한 기능을 하는데 적합하도록 결정되어 있기 때문에, 정해진 특정한 기능을 하지 않고 다른 것을 하면서 그 행위가 정상이라고 주장을 하는 것은 옳지 않다.

[1] 동성애는 유전? No!

동성애를 옹호하는 주장의 대표적인 근거는 본인의 의지나 감정 때문이 아니라 그렇게 느껴질 수밖에 없는 몸을 갖고 태어났기에 어쩔 수 없이 동성애자가 된다는 것이다. 이 주장을 두 가지로 나누어서 반박하고자 한다. 첫째, 동성애는 유전에 의해서 결정되어지는 것이 아니며, 둘째, 동성애는 유전이 아닌 다른 선천적인 요소들에 의해서 결정되어지는 것도 아니라는 것을 설명하려고 한다. 이 절에서는 동성애가 유전에 의한 것이라는 주장에 대한 반론을 정리하였다.

(1) 유전자에 대한 일반적인 사실

어떤 행동이 유전에 의한 것이란 말은 그러한 행동을 하도록 하게 만드는 유전자를 갖고 있다는 뜻이다. 유전자는 세포핵 안의 DNA에 있으며, 인간의 DNA는 약 1.8m 이다. DNA는 프로그램이 내장된 아주 작은 컴퓨터라고 보면 된다. 이 프로그램에 의해서 부모의 정자와 난자가 만나서 생성된 한 개의 세포로 된 수정란이 분열하여 100조 개의 세포로 된 몸을 형성하게 된다. 그런데 놀라운 것은 100조 개의 세포가 똑같은 것이 아니라 다른 모양으로 독특한 기능을 수행한다. 심장, 간, 위장, 두뇌 등 각각의 장기는 수백억 개의 세포로 이루어져 독특한 기능을 수행하면서 전체적인 생명 현상을 유지한다. 이 모든 것이 단 한 개의 세포가 분열하여 생겨났으며, 분열하는 과정에 여러 모양으로 바뀌어져 적당한 위치에서 적당한 크기가 된 후에 분열이 멈추게 된다. 한 개의 세포가 분열하여 몸이 되는 과정이 DNA에 의해 전체적으로 조율된다고 추측한다. 즉 DNA는 굉장히 정교한 설계도라고 볼 수 있다. DNA는 이중 나선 구조를 가진 화학물질이다.[1] 쉽게 말하면 긴 사다리를 나선모양으로 꼬았다고 보면 된다. 그런데 이 긴 사다리 모양의 DNA에 엄청난 정보가 보관되어 있고, 그 정보에 의해 한 개의 세포에서 100조 개에 달하는 세포로 분화될 수 있도록 한다. 이러한 방식으로 부모의 형질을 자식에게로 전달시켜서 부모와 닮은 자녀가 태어나게 만든다. 유전자의 일반적인 역할은 단백질생성에 관여하며, 우리 몸 안의 모든 구조를 결정한다.

그런데 유전자는 일반적으로 여러 다른 유전자들과 상호 연관되어서 작동한다. 한 유전자가 발현하기 위해서도 여러 다른 유전자들의 도움이 필요하다.1) 어떤 때는 20개 이상의 유전자들이 한 유전자의 발현에 필요하다.[2] 즉, 한 유전자가 독자적으로 어떤 역할을 하는 것은 매우 드물며, 많은 다른 유전자들과 상호 영향을 주고받는다. 최근에 효모의 268개 유전자들 사이에 567개의 상호작용이 존재하는 것으로 밝혀졌다.[3] 연구하면 할수록, 유전자들 사이의 상호작용이 얼마나 복잡하게 얽혀 있는지를 알게 된다.

일반적으로 생명체의 행동양식을 결정하는 데는 수많은 유전자가 관여하게 된다. 물론 아주 단순한 생명체의 행동양식은 한 두 개의 유전자에 의해서 결정되기도 한다. 이러한 경우에는 그 관련유전자를 임의로 제거 또는 치환시키고 선택교배를 하면, 그 행동양식이 한 두 세대 안에 바뀌는 것을 볼 수 있다. 예를 들면, sandhopper의 섭식 행동은 복잡한 당을 간단한 당으로 바꾸는 효소를 만드는 유전자에 의해 좌우된다. 즉, sandhopper가 가진 유전자가 어떤 종류의 복잡한 당을 바꾸는 효소를 만드느냐에 따라 좋아하는 음식이 달라진다. 만약 그 유전자에 문제가

---

1) 발현이란 쉽게 설명하면 유전자에 있는 정보가 생명체의 실제 모습으로 나타나게 되는 것이다.

생기면 더 이상 부모가 좋아하던 음식에 대해 흥미를 느끼지 않는다.[4]

단순한 생명체에 대해 선택교배를 통하여 한 두 세대 이내에 행동양식이 바뀌게 되면, 그 행동양식은 소수의 유전자에 의해 결정된다고 볼 수 있다. 이 경우에는 그 유전자를 복원시키면 그 행동양식이 다시 나타난다. 그 반대도 성립한다. 만약 어떤 행동양식이 여러 세대에 걸쳐서 아주 천천히 바뀌게 될 때에는 그 행동양식에 많은 유전자들이 관계하고 있다고 볼 수 있다. 한 예로 공간과 빛에 대해서 소극성 또는 적극성을 지닌, 습성이 다른 두 종류의 마우스(mouse)를 선택 교배한 결과 30 세대에 걸쳐 천천히 바뀌는 것을 볼 수 있었다.[5]

다른 예로 과학자들은 높이 나는, 또는 낮게 나는 습성이 다른 두 종류의 초파리를 40년 동안 선택 교배시켰다. 이 실험은 약 1000세대 동안 진행되었으며, 5000개의 유전자들을 살펴 본 결과, 250개의 유전자가 두 종류의 나는 습성과 관계된다는 것을 밝혔다. 그리고 250개 유전자 중에서 4개의 유전자를 치환시키고 그 효과를 증폭시키더라도, 4개의 유전자가 나는 습성에 미치는 영향은 적은 것으로 밝혀졌다.[6]

최근의 실험을 한 가지 더 언급하면, 마우스(mouse)를 30세대 정도 선택교배를 하여 밝은 빛과 넓은 공간에 대해 적극적인 행동양식을 가진 그룹과 소극적인 행동양식을 가진 그룹으로 나누어졌다. 여러 세대에 걸쳐 천천히 행동양식이 바뀐다는 것은 여러 유전자가 그 행동양식에 관련된다는 것을 나타낸다. 반면에 매일 보살핌을 받은 마우스 집단과 보살핌을 받지 않은 마우스 집단을 비교한 결과, 소극적인 마우스가 보살핌을 받으면 한 세대 만에 적극성이 3배가량 증가하여 30 세대 동안 선택교배를 한 것과 비슷한 변화가 나타났다. DNA가 감고 있는 히스톤 단백질의 변형이 보살핌과 같은 후천적인 영향에 의해 일어나고 히스톤 단백질의 변형이 유전자의 발현에 영향을 미쳐서 행동 양식에 변화를 준 것이다. 위의 실험에서 매일 보살핌을 받은 마우스 집단과 보살핌을 받지 않은 마우스 집단을 비교한 결과, 히스톤 단백질의 패턴이 약 20% 다른 것으로 밝혀졌다. 이 결과는 유전자 자체가 행동양식에 미치는 영향보다도 후천적인 요소들이 히스톤 단백질의 패턴에 영향을 주어서 행동양식에 미치는 영향이 단기간에 나타남을 보여준다.[7] 여기서, 추가로 언급하고 싶은 것은 동성애와 관련된 히스톤의 패턴 변화는 발견되지 않았으며, 동성애의 빈도가 너무 커서 히스톤의 패턴 변화에 의해 동성애가 생겼다고 볼 수 없다. 또한 히스톤의 패턴 변화는 후천적인 영향으로 생겼으므로, 바꾸어진 환경과 자신의 의지적인 노력에 의해 히스톤의 패턴을 다시 바꿀 수 있고, 그로 인한 행동 양식도 변화시킬 수 있다. 그리고 히스톤의 패턴 변화가 단세포동물인 경우에는 유전되는 것이 확인되었지만, 난자와 정자의 수정과정을 거치는 고등동물의 경우에는 유전되는 것이 확인되지 않았다. 설혹 유전이 되더라도 후천적인 영향에 의해 교정이 가능할 것이다.

(2) 유전자의 일반적인 사실에 의한 반론

동성애가 유전자에 의해서 나타난 현상이라면 일반적인 관점에서 추론해 볼 때 수많은 유전자가 관련되었을 것으로 추측된다. 그렇다면 초파리와 마우스의 실험에서처럼 동성애의 행동양식은 아주 천천히 여러 세대에 걸쳐서 변화되어야 한다. 즉, 일반적인 이성애자의 가계에서 동성애자가 나오려면, 여러 세대에 걸쳐서 조금씩 동성애적 경향이 강화되어서 결국 동성애자가 나와야 한다는 것이다. 마찬가지로 가계에서 동성애가 사라질 때에도 여러 세대에 걸쳐서 천천히 사라져야 한다. 왜냐하면 수많은 유전자가 조금씩 변화되어서 다른 행동양식이 나타나도록 만들어야 하기 때문이다. 그런데 실제 상황은 전혀 그렇지 않다. 가계조사를 해 보면 갑자기 동성애자가 나타났다가 갑자기 사라진다. 그렇다면 동성애를 결정하는 유전자의 개수가 작은가? 이러한 추론은 행동양식에 관련되는 유전자의 수가 많다는 일반적인 유전적 사실과 상반된다.

혹시 동성애가 갑작스러운 돌연변이의 결과인가? 동성애를 결정하는 유전자의 수가 많은 경우에는 그 많은 유전자가 동시에 돌연변이를 일으켜야 하므로 확률적으로 불가능하다. 그러면 핵심적인 유전자 중에서 한 두 개가 돌연변이를 일으켜서 동성애가 생기는 것인가? 한 두 개의 유전적 결함에 의해서 나타나는 질환들이 제법 알려져 있다. 예로서, 헌팅턴무도병(Huntington's disease), 낭포성 섬유증(cystic fibrosis), 겸상적혈구빈혈증(sickle cell anemia), 다운증후군(Down's syndrome), 루게릭병(Lou Gehrigs's disease) 등을 들 수 있다. 그런데 이 모든 것들은 행동양식에 변화를 일으키는 것이 아니라 육체적인 문제를 발생시킨다. 물론, 다운증후군의 경우는 육체적인 문제에서 파생된 독특하고 간단한 행동양식이 생긴다. 행동유전학의 전문가이신 Plomin은 다음과 같이 말했다. "돌연변이에 의한 4000개 이상의 유전적 효과가 인간의 몸에 대해 알려져 있지만 대부분이 육체적 결함을 만들어 낸다."[1]

동성애가 한 두 개의 돌연변이에 의해서 생겼다고 볼 수 없는 또 다른 이유가 있다. 한 두 개의 돌연변이로 생겼다고 보기에는 동성애가 생기는 빈도가 너무 높다. [그림 5]에서 보다시피,[2] 다운증후군과 같이 유전자의 손상으로 나타나는 유전질환은 전체 인구 중에서 0.25% 이하의 빈도를 갖는다. 그리고 그러한 유전질환자를 모두 합치더라도 전체 인구의 1% 정도 밖에 되지 않는다.[3] 그런데 동성애의 빈도는 앞에서 언급하였듯이 약 2.4%이므로 동성애가 유전자 손상에 의해서 나타난 현상이라고 보기에는 너무 빈도가 높고, [그림 6]에 나타난 정신질환들의 빈도와 비슷하다.[4] 물론 이 말은 동성애가 정신질환이라는 말은 아니고, 빈도로 보면 정신질환들과 비슷하다는 뜻이다.

(3) 자녀재생산에 의한 반론

동성애가 유전에 의한 것이 아니라는 다른 강력한 근거는 자녀재생산이란 간단한 논리로부터 얻을 수 있다. 자녀를 적게 낳는 행동양식은 결코 유전적일 수 없다. 왜냐하면 어떤 행동양식을 갖게 만드는 유전자를 가진 집단이 자녀를 적게 낳으면, 그 유전자는 다음 세대로 전달되지 않으므로 결국 그 유전자를 가진 집단은 사라지게 된다. 어떤 유전자 집단이 지속적으로 존재하려면, 그 집단의 성인 한 명당 한 명의 아이를 낳아야 한다. 그런데 최근의 조사에 의하면 남성 동성애자의 13.5%가, 여성 동성애자의 47.6%가 한 명 이상의 아이를 갖는다고 한다.[1] 그리고 조사에 따르면 남성 동성애자의 15%만이 결혼을 한다.[2-6] 이러한 조사결과에 의하면 동성애를 나타내는 유전자는 다음 세대로 전달될 수 없으므로 동성애 유전자를 가진 집단이 점차 줄어들어 동성애가 이미 지구상에서 사라졌어야 한다.

이제부터는 위에서 언급한 문제점을 극복하기 위한 동성애 옹호론자의 몇 가지 주장을 소개하겠다. 첫째, 남성 동성애를 야기하는 유전자가 남성 동성애자의 여동생 또는 누나에게도 존재하는데, 남성 동성애자는 그 유전자가 다음 세대로 전달되도록 가족을 부양하면서 도와준다는 것이다. 그런데 조사를 해 보면 동성애자들은 대체로 가족들과 친밀한 유대관계를 가지려고 하지 않기에 이 주장은 설득력이 없다.[7] 둘째, 동성애 유전자를 가진 남성은 섬세한 성품을 가져서 여성들로부터 인기를 얻고 자녀를 낳을 확률이 높아진다는 것이다. 남성 동성애자가 여성들로부터 인기는 더 있을지 몰라도, 동성애자 본인이 이성과의 성관계를 원하지 않고 남성 동성애자 중에서 결혼하는 자는 약 15% 정도이므로, 이성과의 성관계를 원하는 이성애자보다 자녀를 낳을 확률이 높다는 것은 역시 설득력이 없다.

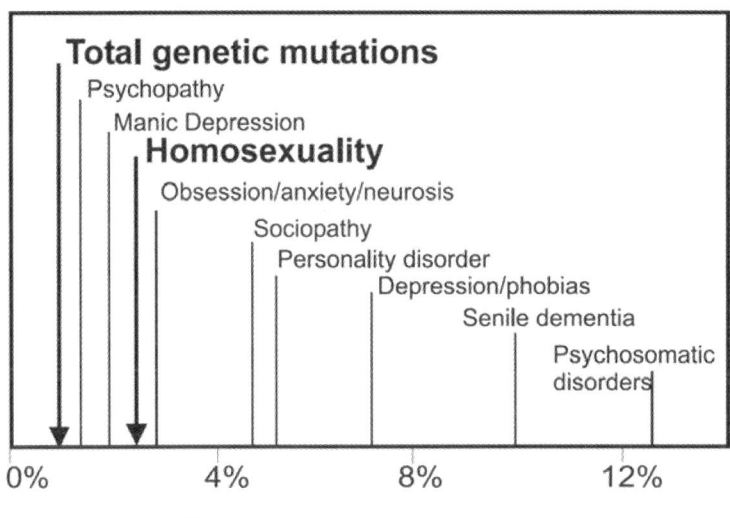

[그림 6] 정신질환의 빈도와 동성애의 빈도 비교

ⓒ Reprinted by permission from Whitehead and Whitehead: "My Genes Made Me Do It! Homosexuality and the scientific evidence", copyright (2010).

셋째, 남성 동성애 유전자는 X염색체에 있어서 여성에 의해 다음 세대로 전달되며, 그 유전자를 가진 여성은 많은 자녀를 낳는다는 것이다. 이러한 논리를 지지하는 것으로 보이는 결과가 치아니에 의해 2004년에 발표되었다.[8] 그는 98명의 남성 동성애자와 100명의 남성 이성애자의 친척인 4600명을 조사한 결과, 남성 동성애자의 부계 쪽 여자 친척이나 남성 이성애자의 여자 친척보다 남성 동성애자의 모계 쪽 여자 친척이 자식을 많이 낳는다는 사실을 발견하였다. 이러한 결과를 토대로 동성애 유전자가 남성에게는 동성애 성향을 낳지만, 여성에게는 왕성한 출산력을 갖도록 할 것으로 추측하였다. 하지만, 동성애 유전자가 X염색체 위에서 발견되지 않았고, 어떤 특정한 유전자가 여성의 출산력을 크게 증가시킨다는 연구결과가 발표된 적이 없다. 여성이 자녀를 많이 낳는 것은 남성으로부터 인기, 영양상태, 피임, 의료시설 등의 수많은 요소들의 영향을 받는 것이므로, 어떤 특정한 유전자에 의하여 왕성한 출산력을 가지게 될 가능성은 매우 낮다. 발견되지도 않은 동성애 유전자가 여성의 출산력을 높여서 동성애 유전자가 사라지지 않게 만든다는 것은 과학적으로 입증되지 않은 추상적 논리일 뿐이다. 어떠한 논리를 개발하더라도 잠재되어 있는 동성애 유전자가 작동하여 동성애자가 되면 결혼을 하지 않으려 하고 따라서 자녀를 낳는 확률이 매우 낮으므로, 그 동성애 유전자를 가진 집단이 점차적으로 줄어들 수밖에 없다고 본다.

(4) 기타 설문조사에 의한 반론

만약 동성애가 유전에 의한 것이라면, 나이가 들어도 감소하지 말아야 한다. 그런데 설문조사에 의하면, [그림 7]과 [그림 8]에서 같이 남성 동성애자와 여성 동성애자의 수가 나이가 많아질수록 급격히 감소하는 것을 볼 수 있다.[1] 50대 동성애자 수는 30대 동성애자 수의 1/4 정도 밖에 되지 않는다. 동성애의 기준을 '지난 일 년 동안 동성과의 성관계(SS Activity)를 가졌느냐'로 잡으면 잘못된 조사 결과를 낳을 수도 있다. 왜냐하면 동성애자들의 모임에서는 용모와 젊음을 강조하므로 중년이 지나면 상대를 만나기 어렵기 때문이다. 하지만, [그림 7]과 [그림 8]을 보면 성적 끌림(SS Attraction)과 성정체성(SS Identity)에 의한 조사 결과도 나이가 많아질수록 감소하는 것을 나타낸다. 또한 1948년과 1953년에

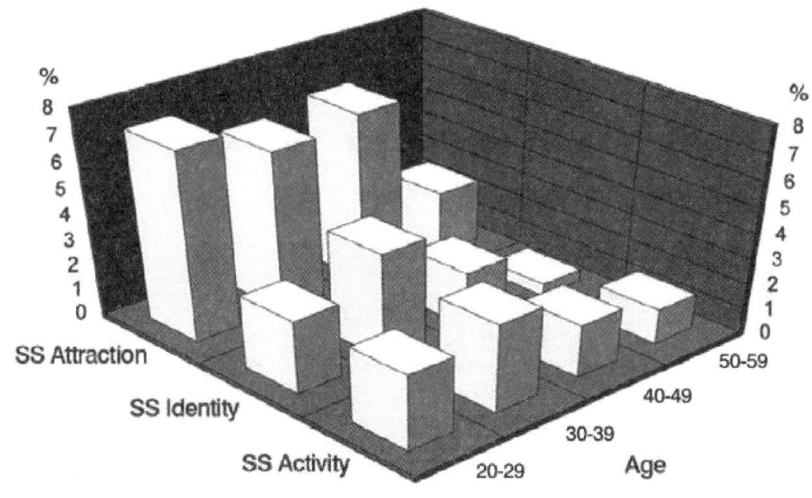

[그림 7] 남성 동성애자 비율의 나이에 따른 변화

ⓒ Reprinted by permission from Whitehead and Whitehead: "My Genes Made Me Do It! Homosexuality and the scientific evidence", copyright (2010).

있었던 킨제이 결과에서도 나이가 많아지면서 동성애적 성향과 활동의 비율이 이성애자들과 비교하였을 때에 감소하는 것을 볼 수 있었다.[2,3]

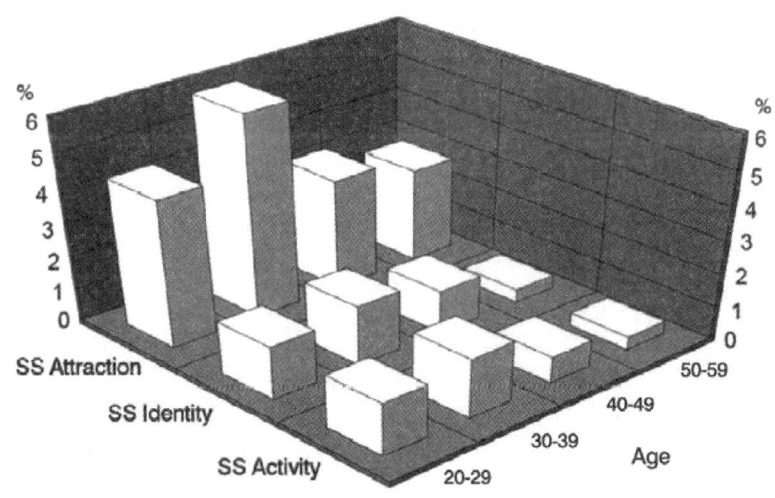

[그림 8] 남성 동성애자 비율의 나이에 따른 변화

ⓒ Reprinted by permission from Whitehead and Whitehead: "My Genes Made Me Do It! Homosexuality and the scientific evidence", copyright (2010).

이러한 결과로부터 이성애는 나이가 들더라도 큰 변화가 없는 반면에, 동성애는 젊은 날에 강력하게 나타나다가 나이가 들면 급격히 감소하는 특성을 가짐을 알 수 있다.

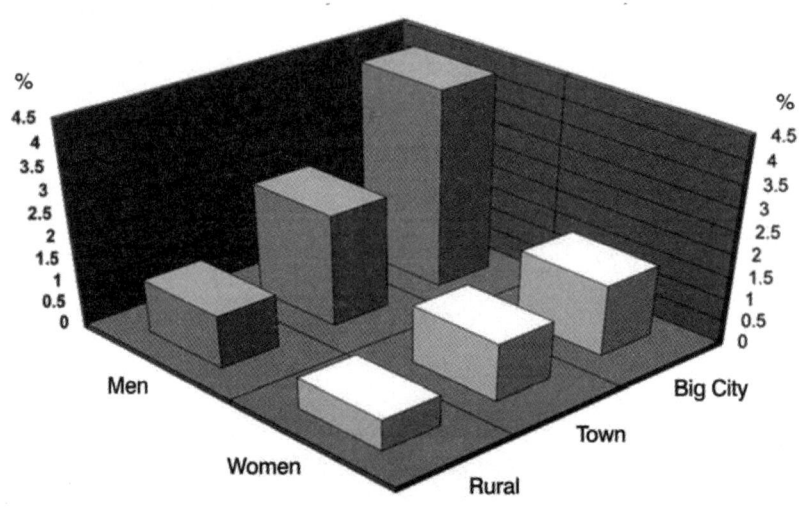

[그림 9] 청소년기를 보낸 장소와 동성애 빈도 비교

ⓒ Reprinted by permission from Whitehead and Whitehead: "My Genes Made Me Do It! Homosexuality and the scientific evidence", copyright (2010).

또한 자란 환경에 따라 동성애의 빈도가 다르다는 것이 설문조사를 통하여 밝혀졌다. 1994년에 미국 시카고에서 행하였던 조사에서 14~16세의 청소년기를 어디서 보냈느냐와 지난 일 년 동안 동성애 상대가 있었는지를 물어 보았다. [그림 9]는 14~16세의 청소년기를 어디서 보냈느냐에 따라 동성애자가 될 확률이 다름을 보여 준다.[1] 지난 일 년 동안 동성애 상대가 있었던 남성 중 시골에서 자란 경우는 1.2%이고, 중소도시에서 자란 경우는 2.5%이고, 대도시에 자란 경우에는 4.4%이었다. 지난 일 년 동안 동성애 상대가 있었던 여성은 시골에서 자란 경우는 0.7%

이고, 중소도시에서 자란 경우는 1.3%이고, 대도시에 자란 경우에는 1.6%이었다. 즉, 큰 도시에서 자랄수록 동성애자가 될 확률이 높고 시골에서 자랄수록 동성애자가 될 확률이 낮음을 보여 준다. 2006년 200만 명의 덴마크 사람들을 대상으로 행한 조사에서도 도시에서 태어난 자가 시골에서 태어난 자보다도 더 많은 동성애 파트너를 가지고 있는 것으로 밝혀졌다.[4] 따라서 동성애는 유전적인 요소보다는 자란 환경, 즉 후천적인 요소의 영향을 더 받는 것으로 볼 수 있다.

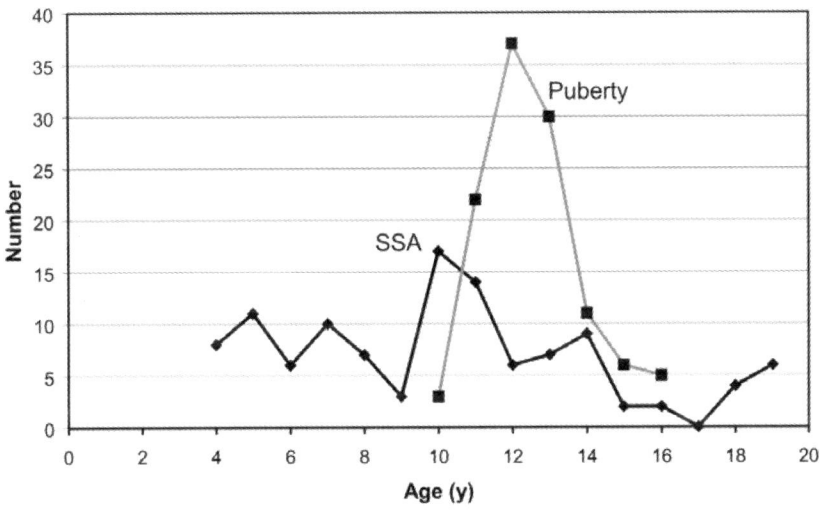

[그림 10] 사춘기(Puberty)와 동성에 대한 성적 끌림(SSA)을 처음 느낀 나이의 분포

ⓒ Reprinted by permission from Whitehead and Whitehead: "My Genes Made Me Do It! Homosexuality and the scientific evidence", copyright (2010).

동성에 대한 성적 끌림을 처음 느낀 나이와 사춘기를 겪는 나이를 비교해 보면, 동성애가 유전에 의한 것이 아니라는 것을 간접적으로 볼 수 있다. 왜냐하면, 사춘기를 겪는 나이는 환경에 의한 영향이 적고 생물학적인 사건으로 이루어져서 유전적 효과를 보여주는 좋은 예이기 때문이다. [그림 10]에서 사춘기를 겪는 나이는 12세 근처에 모여 있는 반면에, 동성에 대한 성적 끌림을 처음 느낀 나이는 넓게 퍼져 있으며 불규칙한 분포를 가진다.[5] 따라서 사춘기는 대부분 유전적인 영향인 것으로 볼 수 있는 반면에, 동성애는 유전적이기 보다는 환경에 의한 영향이 더 크다고 간접적으로 추정할 수 있다. 왜냐하면 만약 동성애도 유전적이라면 사춘기처럼 특정한 나이에 집중해서 나타나는 생물학적인 사건이어야 하기 때문이다.

(5) 일란성 쌍둥이의 동성애 일치비율에 의한 반론

동성애가 유전에 의한 것이 아니라는 강력한 증거 중에 하나가 일란성 쌍둥이의 낮은 동성애 일치비율이다. 일란성 쌍둥이는 동일한 유전자를 가지고 있기에, 동성애가 유전자에 의한 것이라면 일란성 쌍둥이는 높은 동성애 일치비율을 가져야 한다. 1952년의 조사에서 일란성 쌍둥이의 동성애 일치비율이 100%이었고, 이란성 쌍둥이의 동성애 일치비율은 대략 15%이었다.[1] 위의 결과는 동성애가 타고난 것이라는 판단을 하게 만들지만, 이 조사는 교도소와 정신병원 수감자를 대상으로 한 것이어서 신뢰성이 떨어진다. 1991년에 남성의 동성애 일치비율은 일란성 쌍둥이 56쌍의 동성애 일치비율은 52%였고, 이란성 쌍둥이가 22%, 다른 형제는 9.2%, 입양된 형제는 11%이었으며, 여성의 경우에는 일란성 쌍둥이가 48%, 이란성 쌍둥이가 16%, 다른 형제는 14%, 입양된 자매들은 6%이었다.[2] 이 결과에서 유전자가 같은 일란성 쌍둥이의 동성애 일치율이 유전자가 다른 이란성 쌍둥이와 형제들에 비해 월등히 높기에, 동성애는 유전적인 요소에 의해 형성되는 것으로 오인하게 만든다. 이 결과는 매스컴에 의해 광범위하게 소개되었으며, 일반인에게 동성애가 유전에 의해 결정되는 것으로 오해하게 만들었다. 그런데 이 결과는 동성애를 공개적으로 옹호하는 잡지와 타블로이드판 신문을 통하여 조사 대상을 모집하였기에 신뢰성이 떨어진다. 연구결과 수치를 높이기 위해 의도적으로 많은 동성애자인 쌍둥이가 응모했을 수 있기 때문이다. 이것을 지원자 오류(volunteer error)라고 부른다. 최근의 조사결과를 보면 실제로 많은 동성애자인 쌍둥이가 응모하여 과장되었음을 알 수 있다. 또한 1991년도의 52%는 일치하는 쌍둥이에게 가중치 2를 주는 방식으로 계산됨으로써 일반인에게 높은 일치비율을 갖는 것으로 오해하게 만들었다.

이제부터는 최근에 대규모로 설문조사를 해서 일란성 쌍둥이의 동성애 일치비율을 조사한 결과를 소개하겠다. 최근 들어서는 국가에 보관된 가족관계 데이터베이스에 있는 쌍둥이 기록을 사용하여 연구를 할 수 있다. 예를 들어 유럽에는 약 60만 명의 쌍둥이 기록이 있으며, 호주에는 약 25,000명의 쌍둥이 기록이 있다. 2000년에 베일리 등이 호주 국가가 가지고 있는 기록을 토대로 설문조사를 실시하여 얻은 쌍둥이의 동성애 일치비율에 대해 살펴보고자 한다.[3] 자료를 얻은 시기는 1992년이며, 응답비율은 53.8%이고, 조사에 응한 전체 쌍둥이의 수는 3,782명이다. 성적지향은 킨제이 스케일(Kinsey scale)을 사용하여 측정하였다. 즉, 0은 배타적인 이성애자를, 1은 동성애 느낌(feeling)을 조금 가진 이성애자를, 2는 상당한 동성애 느낌을 가진 이성애자를, 3은 동성애와 이성애 느낌을 동등하게 가진 자를, 4는 상당한 이성애 느낌을 가진 동성애자를, 5는 조금 이성애 느낌을 가진 동성애자를, 6은 배타적인 동성애지를 뜻한다. 〈표1〉은 일란성 쌍둥이, 같은 성(性)을 가진 이란성 쌍둥이, 다른 성(性)을 가진 이란성 쌍둥이의 동성애 일치비율을 나타낸다.

〈표1〉에서 다른 성을 가진 이란성 쌍둥이의 경우에는 동성애를 나타내는 성(性)을 기준하여 남성과 여성을 구별하였고, ++는 쌍둥이 두 명

모두가 동성애자인 짝(pair)의 빈도를, +-는 쌍둥이 중에서 한 명이 동성애자인 짝의 빈도를, --는 쌍둥이 두 명 모두가 이성애자인 짝의 빈도를 나타낸다. 2000년 베일리 논문에서는 킨제이 스케일이 2 이상일 경우에 동성애자로 간주하는 경우와 킨제이 스케일이 1 이상일 경우에 동성애자로 간주하는 경우를 모두 고려하였다. 킨제이 스케일 1은 동성애 느낌을 조금 가지는 경우인데, 느낌이란 주관적인 감정이어서 모호성을 갖고 자신의 공상일 가능성도 있으므로, 여기서는 안전하게 킨제이 스케일이 2 이상일 때에 동성애자로 간주한 결과만을 소개하였다.

		++	+-	--	Pr	Pa
남성	일란성 쌍둥이	3	24	420	20.0	11.1
	같은 성(性)을 가진 이란성 쌍둥이	0	16	146	0	0
	다른 성(性)을 가진 이란성 쌍둥이	2	17	287		10.5
여성	일란성 쌍둥이	3	19	539	24.0	13.6
	같은 성(性)을 가진 이란성 쌍둥이	1	17	293	10.5	5.6
	다른 성(性)을 가진 이란성 쌍둥이	2	9	287		18.2

〈표1〉 쌍둥이의 동성애 일치비율

〈표1〉에서 Pr은 쌍둥이 두 명 모두가 동성애자일 때에 가중치 2를 곱하는 가중 일치도(probandwise concordance)를, Pa는 가중치를 곱하지 않는 일반 일치도(pairwise concordance)를 나타내었다. 예로서 ++는 3쌍이고, +-는 24쌍이고, --는 260쌍인 남성 일란성 쌍둥이의 경우에 동성애 일치율과 확률은 다음과 같다.

$$P_r = \frac{3 \times 2}{3 \times 2 + 24} = 0.2 = 20\%,$$

$$P_a = \frac{3}{3 + 24} = 0.111 = 11.1\%,$$

베일리 등은 같은 성(性)을 가진 쌍둥이에 대해서 가중 일치도를 사용함으로써, 일반 일치도에 익숙한 일반인들에게 높은 동성애 일치비율을 가지는 것으로 오해하게 만든다.[4] 예로서 남성 일란성 쌍둥이의 가중 일치도(probandwise concordance)가 20%이라는 결과를 보고, 실제로는 9쌍 중의 1쌍이 일치함에도 불구하고 일반인들은 10쌍 중의 2쌍이 일치하는 것으로 오해하기 쉽다. 〈표1〉의 일반 일치도(Pa) 결과를 보면, 남성 일란성 쌍둥이의 동성애 일치비율은 11.1%이고, 여성 일란성 쌍둥이의 동성애 일치비율은 13.6%에 불과하다.

	++	+−	−−	Pr	Pa
일란성 쌍둥이	3	13	308	31.6	18.8
같은 성(性)을 가진 이란성 쌍둥이	1	13	226	13.3	7.1
다른 성(性)을 가진 이란성 쌍둥이	0	7	183	0	0

〈표2〉 켄들러 등이 얻은 쌍둥이의 비이성애 일치비율(단위: %).

2000년에 켄들러(Kendler) 등이 미국 국민을 대상으로 조사하였는데, 자료를 얻은 시기는 1995~1996년이며, 설문조사의 응답비율은 60.0%이고, 조사에 응한 쌍둥이의 수는 1,512명이다.[5] 성적지향은 인터뷰할 때의 고백에 의해 정하여졌으며, 이성애자와 비이성애자(동성애자+양성애자)로 분류를 하였다. 켄들러 등의 결과는 양성애자와 동성애자를 합친 것을 나타내므로, 쌍둥이의 비이성애 일치비율이라고 볼 수 있다. 〈표2〉는 켄들러 등이 얻은 쌍둥이의 비이성애 일치비율을 보여준다. 켄들러 등은 남성과 여성을 합한 결과만을 적었다. 실제 논문에는 가중 일치도(Pr)만 적혀 있어서, 그 자료로부터 유추하여 일반 일치도(Pa)를 계산하였다. 〈표2〉에서 동성애와 양성애를 합친 비이성애 일치비율(Pa)이 일란성 쌍둥이의 경우에 18.8% 밖에 되지 않으므로, 〈표1〉에서 언급한 것처럼 동성애가 선천적으로 결정되는 것이 아님을 잘 나타낸다.

2010년에 랑스트롬 등이 스웨덴 국민을 대상으로 조사하였는데, 자료를 얻은 시기는 2005~2006년이며, 설문조사의 응답비율은 59.6%이고, 조사에 응한 쌍둥이의 수는 7,652명이다.[6] 랑스트롬 등의 결과가 가장 최근에 조사한 것이며 조사대상자도 가장 많다. 조사에서 성적지향을 직접 물어보는 대신에, 간접적으로 성적으로 함께 한 파트너의 수에 대해 물어 보았다. 성적으로 함께 한다는 질문의 내용도 성관계를 의미하기보다는 완곡하게 표현하려고 했다. 조사결과를 분석할 때에 일생동안 한 명 이상 동성파트너를 가지는 경우와 일생동안의 동성파트너 전체 수를 7개의 카테고리로 나눈 경우를 조사하였지만, 여기서는 일생동안 한 명

		++	+-	--	Pr	Pa
남성	일란성 쌍둥이	7	64	736	17.9	9.9
	같은 성(性)을 가진 이란성 쌍둥이	3	50	464	10.7	5.7
여성	일란성 쌍둥이	26	188	1299	21.7	12.1
	같은 성(性)을 가진 이란성 쌍둥이	13	127	849	17.0	9.3

〈표3〉 랑스트롬 등이 얻은 쌍둥이의 동성애 일치비율.

이상 동성파트너를 가지는 경우만을 고려하겠다. 랑스트롬 등은 일란성 쌍둥이와 같은 성(性)을 가진 이란성 쌍둥이만 고려하고, 다른 성(性)을 가진 이란성 쌍둥이는 고려하지 않았다. 〈표3〉은 랑스트롬 등이 얻은 쌍둥이의 동성애 일치비율을 보여준다.

동성애자 기준을 많이 완화하고 이루어진 설문조사에서도 일란성 쌍둥이의 동성애 일치비율(Pa)은 남성인 경우는 9.9%이고 여성인 경우에는 12.1%에 불과하다. 〈표1〉, 〈표2〉과 비교해 보면, 〈표3〉에서의 일란성 쌍둥이의 동성애 일치비율(Pa)이 가장 작다. 가장 완화된 동성애자 기준을 가졌음에도 불구하고 가장 작은 일란성 쌍둥이의 동성애 일치비율을 가지고 있다. 〈표1〉, 〈표2〉, 〈표3〉의 설문조사가 이루어진 국가가 모두 다르므로 수치를 비교하여 결론을 도출하는데 어려움은 있지만, 조

	켄들러 등	베일리 등	랑스트롬 등
논문발표연도	2000년	2000년	2010년
조사대상 국가	미국	호주	스웨덴
동성애자 기준	성적지향 인터뷰에서 비이성애	킨제이 스케일이 2 이상	일생동안 한 명 이상의 동성파트너
조사년도	1995~1996년	1992년	2005~2006년
조사대상자 수	1,512명	3,782명	7,652명
응답비율	60.0%	53.8%	59.6%
동싱애자 비율(P)	2~3%	2~5%	5~8%
일란성쌍둥이의 동성애 일치비율(Pa)	18.8%	남성 11.1% 여성 13.6%	남성 9.9% 여성 12.1%

〈표4〉 대규모로 이루어진 일란성 쌍둥이의 동성애 일치비율에 대한 결과 요약.

사대상의 수가 많아질수록 일란성 쌍둥이의 동성애 일치비율이 작아지는 경향을 가진다. 〈표4〉에서 세 번의 설문조사 결과를 비교해 보았다.

통계학적으로 볼 때에 조사 대상이 많아질수록 결과로 얻은 수치에 대한 신뢰도가 증가한다. 따라서 대단위로 이루어진 세 번의 조사를 종합하여 볼 때에 일란성 쌍둥이의 동성애 일치비율은 대략 10% 내외라고 보는 것이 타당하다고 본다. 그런데 위에서 언급한 10% 정도의 일란성 쌍둥이의 동성애 일치비율이 전부 선천적인 요소에 의한 영향이라고 말할 수 없다. 왜냐하면, 쌍둥이는 동일한 유전자를 가지고 있을 뿐만 아니라, 출생하기 전에 자궁 내에서 동일한 생물학적인 영향을 받았고, 같은 부모와 환경 하에서 자랐기에 동일한 후천적 영향을 받았으며, 서로에게 긴밀한 영향을 주고 자랐기에 한 사람이 먼저 동성애자가 된 후에 직간접적으로 영향을 주어서, 혹은 흉내를 내어서 다른 사람도 동성애자가 되었을 수 있기 때문이다. 동일한 유전자를 가지고 우리가 이제까지 고려하였던, 그리고 우리가 알지 못하여 고려하지 못한 선천적인, 후천적인 영향을 모두 합치더라도 일란성 쌍둥이의 일치비율이 10% 정도밖에 되지 않는다는 결과는, 선천적인 요소들이 동성애자가 되도록 미친 영향이 10%도 되지 않음을 잘 나타낸다. 즉, 일란성 쌍둥이의 낮은 동성애 일치비율은 유전자, 태아기의 호르몬 등의 선천적인 요소에 의해 동성애가 결정되지 않음을 분명히 나타낸다.

그렇다면 동일한 영향을 받은 쌍둥이의 두 사람 중에서 한 명만 동성애자가 되게 만든 실제적인 영향이 도대체 무엇인지 궁금하다. 그것은 쌍둥이가 서로 공유하지 않는 개별적인 경험이라고 볼 수 있다. 개별적인 경험의 예를 들면, 쌍둥이가 똑같은 사건을 경험하지만 그 사건을 다르게 인지하고 받아들이며, 똑같이 부모의 양육을 받지만 부모의 양육을 다르게 해석하기도 한다. 쌍둥이 중의 한 명만 특이한 경험을 할 수도 있다. 예로서 우연히 동성애 포르노를 보든지 또는 친구로부터 동성애 유혹을 받는 경험이다. 성경험은 은밀하게 진행이 되며, 강력한 인상을 준다. 또한 우리의 두뇌는 일상적이지 않은 특이한 것에 대해서 강력한 인상을 받고 오랫동안 기억을 한다. 이와 같이 서로 공유하지 않는 개별적이고 특이한 개인 경험이 동성애자를 만드는 결과를 낳는다고 볼 수 있다.

결론적으로, 유전적, 선천적, 후천적 요소들이 동성애를 형성하는데 영향을 줄 수는 있지만, 동성애자가 되도록 만드는 강제성을 갖지는 않는다는 것을 알 수 있다. 일란성 쌍둥이의 낮은 동성애 일치비율을 나타내는 최근의 결과들은 1991년의 조사결과는 지원자 오류에 의해서 과장되었음을 나타낸다. 그럼에도 불구하고 국내 문헌에는 베일리 등의 조사결과(1991년)를 동성애가 유전이며 선천적인 것을 나타내는 증거로서 많이 인용되고 있다.[7] 아쉽게도, 1991년 베일리의 연구가 과장되었음을 나타내는 2000년 이후 세 번에 걸쳐 수행된 대규모 조사결과는 거의 언급되지 않다. 설사 베일리 등(2000년)의 조사결과를 언급하더라도 자세한 설명 없이 킨제이 척도 1 이상을 동성애자로 간주할 경우에 남성 일란성 쌍둥이의 '가중 일치도(probandwise concordance)'인 37.5%만을 소개함으로써, 일반인이 남성 일란성 쌍둥이의 동성애 일치 비율이 꽤 높다고 인식하도록 만든다.[8] 이러한 편향된 온라인 정보는 한국인들이 일란성 쌍둥이의 동성애 일치 비율에 대해 오해하도록 만들며, 동성애를 선천적인 것이라고 인식할까봐 매우 우려된다. 대규모 조사에 의해 확인된 일란성 쌍둥이의 낮은 동성애 일치비율이란 과학적 증거를 근거하여 동성애가 선천적으로 결정되지 않음에 대해 확신을 가져야 한다.

(6) 동성애 유전자 자체에 대한 반론

마지막으로 상당히 많은 사람들이 동성애 유전자가 있는 것으로 오해하기 때문에 동성애를 나타내는 유전자는 발견되지 않았다는 사실을 상세히 기술하고자 한다. 1993년에 동성애자인 해머는 114명의 남성 동성애자의 가계(family)를 조사하여 모계 쪽으로 상당수 남성 동성애자인 조카 또는 삼촌이 존재하므로 X염색체 위에 동성애 유발 유전자가 있을 것으로 추측하였다. 두 명의 남성 동성애자 형제가 있는 40가계의 X염색체를 조사하여 X염색체 위에 있는 유전자군(Xq28)과 남성 동성애 사이에 높은 상관관계가 있다고 유명한 학술지인 사이언스에 발표하였다.[1] 해머는 논문의 머리글에서 동성애는 99% 이상 유전이라고 주장하였고, 서구 언론은 동성애를 유발하는 유전자를 발견하였다고 대서특필을 하였다. 이러한 논문발표와 언론기사들은 일반인들의 마음에 동성애는 유전이라는 인식을 심어 놓았고, 서구 사회에 동성애가 유전이라는 주장을 확산시켰다.

1999년에 라이스 등은 Xq28에 존재하는 네 개의 표지 유전자(genetic marker)인 DXS1113, BGN, Factor 8, DXS1108을 조사하였다.[2] 52쌍의 동성애자인 형제 사이의 유전자 공유 결과와 동성애자가 아닌 33쌍의 일반 형제 사이의 유전자 공유 결과를 비교하여 Xq28이 남성 동성애와 관련이 없다고 사이언스에 발표하였다. 2005년에 해머를 포함한 무스탄스키 등은 두 명 이상의 남성 동성애자 형제를 가진 146 가계에 속한 456명을 대상으로 전체 게놈에서 선택된 403개 표지 유전자를 조사한 결과, Xq28은 동성애와 상관관계가 없다는 결론을 얻었다.[3] 그리고 2005년 조사에서 Xq28이 남성 동성애와 상관관계가 없다는 결과를 얻은 이유를 설명하였다. 제시된 이유로는, 첫째로 표지 유전자 사이의 간격이 1993년에는 2005년에 비해 훨씬 좁았기 때문에 관련이 있는 것으로 나왔을 수 있고, 다른 이유로는 1993년에 선택한 표지 유전자들이 더 텔로머(teromer)에 가까운 것이었을 수 있다고 설명을 하였다. 참고로 Xq28은 X염색체의 말단에 위치하므로 텔로머에 가깝다. 이처럼 2005년 논문에서 1993년 결과와는 달리 Xq28에서 동성애와 연관성이 나타내는 증거를 발견하지 못한 이유를 자세히 기술하였다. 즉, 해머는 자신의 1993년 결과를 번복하였다. 그렇지만, 7번, 8번, 10번 염색체에 동성애를 유발하는 유전자가 있을 수 있다고 덧붙였다.

2010년에 라마고파란 등이 캐나다에서 2명 이상의 남성 동성애자를 가진 55 가계의 112명 동성애자들을 대상으로 전체 게놈에 골고루 분포되어 있는 약 6000개의 SNP(Single-nucleotide polymorphism)을 조사하였다.[4] 그 결과, 2005년 무스탄스키 등의 논문에서 동성애와 상관관계기 있을 것으로 추정되었던 7번, 8번, 10번 염색체 부분들이 동성애와 상관관계가 없는 것으로 밝혀졌다. 따라서 동성애 유발 유전자가 있을 것으로 추정되는 모든 부분에 대한 연구 결과들이 부정되었다. 2012년에 드라반트 등은 23,874명(이성애자 77%, 동성애자 6%)을 대상으로 전체 게놈을 조사한 결과, X염색체에서는 물론 전체 게놈에서도 동성애와 관련된 유전인자를 발견하지 못했다.[5] 따라서 동성애를 유발하는 유전자는 발견되지 않았으며, 이제까지 발표된 논문들의 결과로 추론하면 앞으로도 발견될 가능성은 거의 없어 보인다.

동성애는 유전자에 의해 선천적으로 결정되지 않지만, 동성애에 유전적인 영향이 전혀 없다고 말할 수는 없다. 예를 들면 유전자에 의해서 남자 아이의 몸이 너무 빈약하다든지, 혹은 여자 아이가 너무 남성적인 몸을 갖게 되면, 동성애자가 되도록 하는 간접적인 영향을 유전자가 주었을 수 있다. 유전자에 의하여 동성애자가 결정되는 것은 아니지만 유전자와 관련이 있을 수는 있다. 그렇지만 그 관련은 미약하고 간접적이다. 현대 유전학자들의 주류는 행동양식이 하나의 유전자에 의해서 결정되는 것이 아니라 그 행동양식에 수많은 유전자들이 관련되어 있을 것으로 본다. 히스톤의 변화에 대한 연구로부터 어떤 특성에 수천 개의 유전자가 관련이 되고, 환경과 사회 활동에 의해 영향을 받는 것으로 추정한다. 그러므로 현대 유전학자들의 주류는 유전자에 의해 몸의 형태는 만들어지지만 행동까지는 결정하지 않는다고 본다.

[2] 동성애는 선천적? No!

동성애가 유전은 아니지만 태어날 때부터 동성애를 하도록 신체구조가 형성되었다는 주장이 있다. 예를 들면 태어날 때부터 두뇌 자체가 동성애를 하도록 형성이 되었든지, 혹은 태아기에 성호르몬 이상을 겪어서, 또는 어머니의 면역 반응에 의해서 태어날 때부터 동성애를 하도록 신체구조가 형성되었다는 것이다.

(1) 두뇌에 의해 정해졌다는 주장에 대한 반론

성적지향은 정신적인 성향이기에 아마도 두뇌에 의해서 그것이 정해지지 않았을까 하는 추론으로부터, 동성애자의 두뇌는 일반인과는 다른 특징이 있을 것이며, 그러한 특징을 태어날 때부터 갖고 있어서 동성애자가 될 수밖에 없다는 주장을 한다. 예전의 과학은 태아기의 8~24주 사이에 남성호르몬의 증대가 일어나기에 이때에 두뇌에도 영향을 줄 것이며, 그 시기에 남성호르몬이 적게 나오면 결과적으로 동성애자가 될 것으로 추측하였다. 또한 남자 아이의 두뇌는 여자 아이의 두뇌와 다르며, 동성애자의 두뇌는 반대 성의 두뇌와 비슷할 것으로 예상하고 성인의 두뇌 구조를 조사하였다. 이러한 조사의 밑바닥에는 두뇌 구조가 임신 기간에 정해져 일생 동안 변하지 않고, 성적지향도 두뇌에 의해 정해져 일생 변하지 않으며, 두뇌의 미세 구조에서 동성애자와 일반인의 차이점을 발견할 수 있을 것이라는 가정이 존재한다.

그러나 최근의 과학은 두뇌 구조가 임신 기간에 결정되어 일생 동안 변하지 않는 것으로는 보지 않는다. 최근 연구에서 임신 24주 이후에도 성호르몬의 증대가 있으며, 태어났을 때에 남자와 여자의 두뇌가 구조적으로 크게 다르지 않고, 태어난 이후에도 환경의 영향을 받아서 두뇌의 발달이 이루어진다는 것이 밝혀졌다. 또한 성인이 된 이후에도 두뇌의 미세 구조가 경험, 습관, 훈련 등을 통하여 변할 수 있다는 것이 두뇌 촬영을 통하여 확인되었다. 따라서 태어날 때에 특별한 두뇌를 가져서 어쩔 수 없이 동성애자가 되었다는 주장은 맞지 않다. 만약 동성애자와 이성애자의 두뇌 사이에 차이점이 발견되었다면, 그 차이는 타고난 것이 아니라 수많은 반복적인 경험과 사고방식의 결과라고 현대 신경학자들은 해석한다. 왜냐하면 두뇌의 구조가 매우 쉽게 바꾸어지는 것으로 밝혀졌기 때문이다.

신생아일 때에 남자가 여자의 두뇌보다 5% 정도 더 무거운 것 외에는 남자와 여자의 두뇌는 거의 같으며 행동 양식도 거의 같다. 그러나 2~4세 정도가 되면, 남자와 여자의 행동 양식이 달라지고 두뇌의 구조에도 차이가 나타난다. 두뇌 학자 Byne는 '성에 따른 차이를 나타내는 인식 또는 행동에 관련된 두뇌 기능이 학습 또는 경험과 무관하게 이루어졌다는 증거는 없다.'라고 말했다.[1] 신생아는 어른의 두뇌 크기에 비하여 1/4 정도이며, 3세까지 대부분의 두뇌 신경망이 자극과 훈련에 의해서 형성이 된다.[2] 1세일 때에 어른 두뇌 크기의 70% 정도가 되며, 가장 빠를 때는 1초에 2백만 개의 새로운 신경망이 연결된다. 위의 사실로부터 두뇌의 형태와 구조가 태어날 때에 확정되는 것이 아니고, 태어난 이후에 이루어지는 학습, 경험, 훈련, 행동 등에 의해서 더욱 개발되고 형성된다고 볼 수 있다. 또한 DNA에 3×10^9 개의 유전기호가 있지만 두뇌 신경망에는 2×10^{14} 개의 연결이 존재하기에, DNA의 유전기호로서 두뇌 신경망을 확정하는 것은 불가능하다.

남성호르몬은 일생동안 네 번 증가하는데, 첫 번째는 수정 후 8~24주 중에 일어나고, 두 번째는 임신 기간의 마지막 9주 동안이며, 세 번째는 출산 후 첫 6개월간이며, 마지막은 사춘기 때이다.[3,4] 뒤의 세 번이 첫 번째보다 훨씬 오랫동안 증가하기 때문에 더 큰 영향을 줄 것으로 추측한다. 성에 따른 두뇌의 차이가 해부학 상으로 가장 많이 나타나는 시기는 사춘기이며, 오랫동안 호르몬이 증가하기 때문에 큰 변화가 나타나는 것으로 신경학자들은 이해한다.[5] 따라서 성정체성이 태어나기 전에 결정되는 것이 아니라 태어난 후에 겪는 경험과 훈련에 의해 두뇌와 행동에서 성에 따른 차이가 나타나는 것으로 본다.

성에 따른 두뇌 차이에 대한 많은 논문들이 있지만, 가장 믿을만한 결과는 남자의 두뇌가 여자의 두뇌보다 크다는 것이다.[6] 예전의 과학자들은 성기능과 관련이 있는 시상하부(hypothalamus)를 조사하였다. 1991년에 동성애자인 리베이(LeVay)는 성기능과 관련이 있는 전시상하부의 간질핵(INAH: interstitial nuclei of the anterior hypothalamus)을 조사하여 학술지 사이언스에 발표하였다.[7] 두뇌 조직은 뉴욕과 캘리포니아의 일곱 개 대도시 병원에서 죽은 41명의 여자, 남성 동성애자, 남성 이성애자로 추정되는 사람들로부터 추출되었다. 41명 중 19명은 에이즈로 사망한 남성 동성애자였다. 16명은 남성 이성애자로 추정되는 사람이었고, 그 중에 여섯 명은 에이즈로 사망했으며, 열 명은 다른 이유로 사망하였다. 여섯 명은 여성이었으며, 그 중에 한 명은 에이즈로 사망했고, 나머지는 다른 이유로 사망하였다.

시상하부의 INAH 3 크기를 보면, 남성 이성애자가 여자에 비하여 두 배 이상 컸으며, 남성 이성애자가 남성 동성애자보다 두 배 이상 컸다. 리베이는 이 결과로부터 INAH 3이 동성애(성적 지향)와 연관이 있음을 나타낸다고 발표하였다. 이 연구 결과는 서구 사회에 동성애자들은 동성애를 하게 만드는 두뇌를 선천적으로 갖고 태어난다는 오해를 확산시켰다. 리베이 논문의 문제점을 살펴보면 첫째, 조사 대상이 된 남성 이성애자가 진정한 이성애자인지에 대해 확실치 않다. 남성 이성애자로 추정된 16명 중에서 두 명은 자신이 동성애자가 아니라고 밝혔지만, 나머지에 대한 정보가 없다. 특히 16명 중에서 여섯 명이 에이즈로 사망하였으므로, 조사 대상으로 선정된 남성 이성애자의 37.5%가 에이즈로 사망하였다. 이 수치는 일반적인 남성 이성애자가 에이즈로 죽을 확률이 1% 이하임에 비하여 매우 높다. 따라서 조사 대상으로 선정된 남성 이성애자로 추정된 사람들이 실제로는 동성애자일 가능성이 있으며, 특히 에이즈로 죽은 남성 이성애자들이 동성애자이었을 가능성이 상당히 높다. 에이즈로 죽은 남성 이성애자들을 모두 남성 동성애자 집단으로 이동시키면, 남성 동성애자에 대한 INAH 3의 결과가 크기가 작은 영역에 몰려 있지 않고 제법 넓은 영역으로 분포되며, 남성 동성애자와 남성 이성애자 사이의 평균값 차이도 줄어들게 된다. 두 번째는 INAH 3의 경계를 구별하기가 어려워서 INAH 3의 크기가 어느 정도 연구자의 주관에 따라 달라진다. 세 번째는 INAH 3의 크기가 동성애(성적지향)를 일으키는 원인인지, 혹은 성적 지향에 의한 결과인지는 알 수 없다. 즉, INAH 3의 크기가 원인으로 작용하여서 그 사람의 성적 지향을 결정하는 데 영향을 미쳤는지, 혹은 그 사람이 선택한 성적 지향에 의해서 살아온 성적 행동의 결과로서 INAH 3의 크기가 영향을 받았는지는 알 수 없다. 두 번째와 세 번째 문제점은 리베이 자신도 논문에서 문제점으로 언급하였다.

　리베이에 의해 주장되었던 것을 확인하기 위하여 2001년에 바인(Byne) 등은 죽은 34명의 이성애자로 추정된 남성(24명은 에이즈 음성이며, 10명은 에이즈 양성), 34명의 이성애자로 추정된 여성(25명은 에이즈 음성이며, 9명은 에이즈 양성), 14명의 남성 동성애자(모두 에이즈 양성)를 대상으로 네 종류 INAH의 크기, INAH 안에 있는 뉴런의 크기, 개수, 밀도에 대하여 성별, 성적 지향, 에이즈 감염에 따른 차이를 조사하였다.[8] 그 결과, 남성 동성애자가 남성 이성애자에 비해 INAH 3 크기는 작았지만, INAH 3 내에 있는 뉴런(neuron)의 개수를 조사해 보니 남성 동성애자가 남성 이성애자와 비슷하였으며 여성에 비해 훨씬 많았다. 바인 등이 논문에서 언급하지 않았지만, INAH 3은 에이즈 양성인 사람이 에이즈 음성인 사람에 비해 크기가 작음을 알 수 있다. 에이즈 감염자들이 마약을 남용하는 경우가 많으므로, 에이즈 감염에 따른 INAH 크기 차이는 마약 남용의 결과일 수도 있다.

　2001년 바인 논문의 중요한 발견은, 남성 동성애자의 INAH 3 크기가 남성 이성애자에 비해 작음에도 불구하고 INAH 3 내의 뉴런 개수의 차이가 없다는 것이다. 바인 등은 남성 동성애자의 INAH 3 크기가 작은 이유는 유전자나 선천적인 것이 아니라 '출생 이후'의 신경망 감소라고 추론하였다. 동물 연구에서 신경망 구성이 출생 후의 경험에 의해 영향을 받는 것으로 알려져 있고, 인간 두뇌의 확장은 대부분 출생 후에 환경의 영향을 받으면서 일어나므로, INAH 3 내의 신경망 구성이 출생 후의 경험에 의해 영향을 받았을 수 있다고 기술하였다. 또한 남성 동성애자의 INAH 3 크기가 남성 이성애자에 비해 작은 이유는 에이즈 감염의 결과일 수 있고, 에이즈 감염자들이 흔히 남용하는 마약의 결과일 수 있다. 리베이는 INAH 3의 크기만 보고 INAH 3과 동성애 사이에 연관성이 있다고 추측하였지만, 바인은 INAH 3 내의 뉴런 개수는 남성 동성애자와 남성 이성애자 사이에 차이가 없음을 밝히고, INAH 3의 크기만 보고 INAH 3이 동성애와 관련이 있을 것이라는 추측하는 것은 잘못이라고 바인 등은 결론을 내렸다. 즉, 리베이가 제기하였던 남성 동성애와 INAH 3 사이의 연관성을 과학적 자료로 부정한 것이다.

2001년 바인 논문의 결론 부분에서, 그동안 인간의 두뇌에서 남녀 차이를 발견하려고 여러 부분, 예를 들어, 전교련(anterior commissure), 뇌량(corpus callosum), 분계섬유줄(stria terminalis)의 특정 부분 등을 연구하였지만, 여러 연구팀에 의해 일치된 결과를 낸 유일한 부분은 INAH 3이라고 기술하였다. 그런데 남녀 차이를 나타내는 INAH 3에서조차 동성애와의 관련성을 발견할 수 없었다고 강조하였다.

동성애와 관련이 있을 것으로 추정되는 다른 두뇌 부분으로 양쪽 뇌를 연결하는 전교련(anterior commissure)을 들 수 있다. 전교련의 단면에 남녀의 차이가 있고 남성 동성애자는 여성과 비슷할 것으로 추측하였다. 1988년에 있었던 첫 번째 결과는 남성의 전교련 단면이 여성에 비해 크다는 것이었고,[9] 1991년과 1992년에 발견한 결과는 오히려 여성이 더 크다는 것이었다.[10,11] 1992년에 알렌(Allen) 등은 사후 연구에서 양쪽 뇌를 연결하는 전교련의 단면이 여자가 남자보다 크고, 남성 동성애자가 남성 이성애자보다 크다고 발표하였다.[11] 1999년에 수행된 네 번째 연구에서는 전교련 단면에 있어서 남녀 차이를 발견하지 못하였다.[12] 2002년에 라스코(Lasco) 등은 120명의 남성 동성애자, 남성 이성애자, 여성 이성애자에 대하여 두뇌 질량, 전교련 단면면적, 전교련 단면면적/두뇌 질량을 조사하였다.[13] 그 결과, '전교련 단면면적/두뇌 질량은 남성 동성애자가 6.25±2.52, 남성 이성애자가 6.50±2.72, 여성 이성애자가 6.41±2.63 이었다(단위: mm3/g ×103). 따라서 라스코 등은 전교련 단면에 대하여 남녀의 차이와 성적지향에 따른 차이는 없다고 결론을 내렸다.

동성애와 관련이 있을 것으로 추정되는 또 다른 두뇌 부분으로 양쪽 뇌를 연결하는 뇌량(corpus callosum)의 대상구조(splenium)을 들 수 있다. 1997년에 비숍(Bishop)과 왈스텐(Wahlsten)은 사후 연구에서 뇌량에 대한 연구 결과를 종합하여 남성의 두뇌가 여성에 비해 크고, 남성의 뇌량 크기도 여성에 비해 크지만, 1982년부터 1994년까지 이루어진 뇌량에 대한 49회의 연구 결과를 종합하여 볼 때에 뇌량의 대상구조에 있어서 남녀 차이는 없다고 밝혔다.[14] 2008년에 뇌량의 일부분이 동성애자와 이성애자 사이에 차이가 있다고 주장하는 논문이 발표되었지만,[15] 이것은 앞에서 예를 든 것처럼 특정 부분이 차이가 있다고 주장하고 결국 확인되지 않는 과정을 반복하는 것 같다. 2006년에 Byne은 남성 정체성을 갖게 만드는 필요한 남성 호르몬의 양이 아주 작으므로 남성 특이적인 두뇌 구조를 만들 가능성은 매우 낮다고 말했다.[16]

두뇌는 계속해서 재프로그래밍(reprogramming)을 하는 컴퓨터와 같으며, 어린 나이일수록 더욱 그러하다. 연습을 통하여 자극을 가하면 특정 신경회로가 강화되고 어느 정도 영구적이 되지만, 사용하지 않으면 그 신경회로는 결국 제거된다. 어떤 경우에는 특정한 자극을 그 기간에 가하는 것이 중요하다. 예를 들면, 특정한 어린 시절에 눈이 빛을 보지 못하면 그 아이는 결국 시각장애인이 된다. 반면에 성인이 몇 주 동안 빛을 보지 않는다고 해서 그러한 문제가 생기지 않는다.[17] 5세 이후에는 두뇌의 크기 변화는 없지만 두뇌의 내부 구조는 계속해서 변한다.[18] 20대 초반까지 두뇌의 성숙이 진행되며, 이 기간에 신경세포(neuron)가 자라기도 하고 제거되기도 하는 과정을 겪는다. 경우에 따라서 이 과정이 몇 달, 혹은 몇 년이 걸린다. 이러한 사실에서 얻을 수 있는 중요한 교훈을 말하면, 청소년의 성적 지향을 너무 확정적으로 규정하지 말라는 것이다. 청소년은 계속해서 변하기 때문에 너무 단정적으로 자신을 동성애자라고 낙인을 찍어서는 안 된다.

성인의 두뇌도 훈련에 의해서 변할 수 있다. 원숭이 실험에서 손가락을 계속 사용하도록 했을 때 그 손가락을 사용하는 두뇌 부분이 커지고 다른 부분은 작아졌다.[17] 바이올린 연주자는 왼쪽 손의 손가락에 관련된 두뇌 부분이 커지며, 3개월 동안 저글링(juggling)을 하면 관련 두뇌 부분이 커지고, 저글링을 중지하면 원래의 크기로 되돌아왔다.[19] 더 중요한 것은 어떤 육체적인 기술을 정신으로만 연습하여도 실제로 하는 것과 똑같은 효과를 일으킨다는 점이다. 즉, 어떤 것을 생각하는 것만으로도 두뇌에 변화를 일으켰다. 예를 들어서, 인터넷 중독인 경우에 어떤 육체적인 기술을 익힌 것이 아니고 단순히 두뇌의 활동을 하였음에도 불구하고 두뇌의 회백질에 변화가 발견되었다.[20] 마찬가지로 사람들이 성행위에 대한 상상을 자주 하여도 두뇌에 변화가 생길 수 있다. 브리드러브(Breedlove)는 성경험이 쥐의 뇌 신경세포의 크기를 15~20% 변화시켰다고 밝혔다.[21] 런던의 택시 운전수는 내비게이션에 관련된 두뇌 부분이 커졌지만, 정해진 경로만 운행하는 런던 버스 운전수의 해당 부분은 커지지 않았다. 그리고 택시 운전수도 은퇴 후에는 과거에 컸던 부분이 도로 작아졌다.[22] 택시 운전수는 그렇게 타고난 것이 아니고, 내비게이션을 사용하는 두뇌 부분을 많이 사용함으로써 발달되었고, 지속적으로 사용해서 그 부분을 유지하였을 뿐이다. 이처럼 우리가 어떤 일을 지속적으로 반복하면 두뇌의 미세구조까지 변화시킬 수 있다. 특히 성행위처럼 즐거움을 느끼면서 반복하면 더욱 그러하다. 그러므로 동성애자들의 두뇌에 차이가 난다면 반복적인 성행위의 결과일 수 있다. 외부 환경 자극이 두뇌를 변화시킨다는 증거들이 많이 있다. 충격적인 큰 사건을 겪은 후에 생기는 심적 외상 후 스트레스 장애(post traumatic stress disorder) 환자의 대뇌 변연계 앞쪽에 변화가 관찰되었다.[23] 성적 학대를 받은 여자 아이의 경우에는 학대를 받은 나이에 따라서 두뇌 변화가 달랐다. 성적 학대를 받은 나이가 9~10세이면 뇌량에 변화가 나타났고, 14~16세이면 전두 피질에 변화가 나타났다.[24] 그러므로 지속적인 성경험이 당연히 두뇌에 영향을 미친다고 볼 수 있다.

2007년에 도이쥐(Doidge)는 '두뇌는 스스로 바뀐다.'라는 책에서 두뇌의 가소성(plasticity)에 대해 자세히 설명을 하면서, 두뇌는 불변한다는 20세기의 신념을 버리라고 했다.[25] 어떤 특정한 습관이나 행동 양식에 고착된 이들에게는 굉장히 희망적인 소식이다. 예를 들어서, 손이나 발을 절단한 후에도 마치 손이나 발이 있는 것처럼 느끼는 통증 환자로 하여금 그 환상적인 손이나 발이 다른 장소에 있다고 반복적으로 오랫동안 상상을 하게 함으로써 그 통증에서 벗어나게 하였다. 즉, 상상이 통증에 대한 두뇌의 인지를 바꾸었다. 집요한 훈련이 두뇌의 약하게 작동하던 부분을 변화시키고 두뇌의 미세 구조가 바뀌는 것을 관찰할 수 있다고 했다. 성적지향도 마찬가지이다. 동성을 향한 강한 감정적인 집중이 성적 흥분과 함께 증대되며, 지속적으로 반복할 때에 동성애에 깊이 빠져들어서 마치 타고난 것으로 착각하게 되는 것이다. 그렇지만 두뇌의 가소성 때문에 동성애자는 얼마든지 이성애자가 될 수 있으며, 이성애자도 동성애자가 될 수 있다. 그런데 그러한 변화는 얼마나 집요하게 훈련을 하느냐에 달려 있으며, 악기 연주자가 새로운 악기를 완전히 습득하기 위하여 투여하는 훈련 정도의 집요한 노력이 필요하다.

도이쥐는 다양한 기술과 행동 양식은 두뇌의 특정 부위와 관련이 있지만, 미세 구조는 계속 변할 수 있다는 것을 보였다. 예를 들어서, 두뇌의

한 부분을 갑자기 사용할 수 없게 되면, 잃어버린 기능을 회복하기 위하여 그 주위의 부분들이 다시 프로그램을 하여서 잃어버린 기능을 담당하게 된다는 것이다. 도이쥐는 두뇌의 가소성을 이렇게 한 마디로 말했다. '사용하라 그렇지 않으면 잃게 된다.' 우리가 생각하든지 행동을 함으로써 두뇌를 사용하면 그 신경회로가 강화되지만, 사용하지 않으면 그 신경회로를 잃어버리게 된다는 뜻이다. 두뇌의 어떤 부분이 특정한 성적 행동과 밀접한 관계가 있다 하더라도 그 성적 행동을 억제하여 두뇌의 그 부분에 상당한 기간 동안 자극을 주지 않음으로써 우려되는 성적 행동을 바꿀 수 있다. 이를 위해서는 악기 연주나 좋은 취미활동에 몰두하여 나쁜 성적 반응의 강도를 점점 약화시켜 나가는 것이다. 물론 그러한 좋은 결과를 얻기 위해서는 악기 연주를 배울 때처럼 사람에 따라 몇 달, 몇 년의 시간이 걸릴 수 있다.

　도이쥐는 '인간의 성욕은 거의 변하지 않는 생물학적인 본능이 아니라, 이상하리만큼 변덕스러우며 우리의 심리와 과거의 성경험에 의해 쉽게 변한다.'고 말했다. 우리가 아주 훈련을 많이 하면 행동이 거의 자동적으로 이루어진다. 예를 들면 충분한 학습을 하면 자동차 운전, 무술 고단자의 행동, 악기 연주 등이 거의 자동적으로 이루어지게 된다. 또한 이정도로 훈련을 한 경우, 그들의 두뇌를 죽은 후에 살펴보면 일반인과는 다름을 볼 수 있다. 마찬가지로 특정한 성적지향에 깊이 빠지면 마치 그 성적 지향이 선천적인 것처럼 느껴진다. 하지만 그 성적 지향이 선천적인 것이 아니라 특정한 성적 행동을 오랫동안 지속적으로 하였기에 선천적인 것처럼 느껴지는 것뿐이다. 따라서 태어날 때에 특별한 두뇌를 가져서 어쩔 수 없이 동성애자가 되었다는 주장은 맞지 않다. 현재까지 동성애자와 이성애자의 두뇌 사이의 차이점을 확실하게 나타내는 연구 결과가 없지만, 만약 동성애자와 이성애자의 두뇌 사이에 차이점이 발견되었다고 하더라도, 그 차이점은 타고난 것이 아니라 동성애자로서의 삶을 오랫동안 살았기 때문에, 또는 동성애자들이 반대의 성(性)처럼 생각을 지속적으로 해 왔기 때문이라고 현대 신경학자들은 해석한다. 왜냐하면 두뇌의 구조가 매우 유연하게 변화하는 것으로 밝혀졌기 때문이다.

(2) 태아기에 겪은 이상에 의해 정해졌다는 주장에 대한 반론

① 발생 빈도에 의한 반론

동성애가 어머니의 자궁에서 영향을 받아 태어날 때부터 동성애를 하도록 선천적으로 인체구조가 형성되었다는 주장이 있다. 아래의 [그림 11]은 태아기의 발생 과정에서 생긴 문제로 말미암은 육체적인 장애(예: 언청이, 합지증 등)가 생기는 빈도를 나타내고 있다.[1] 발생 과정에서 생

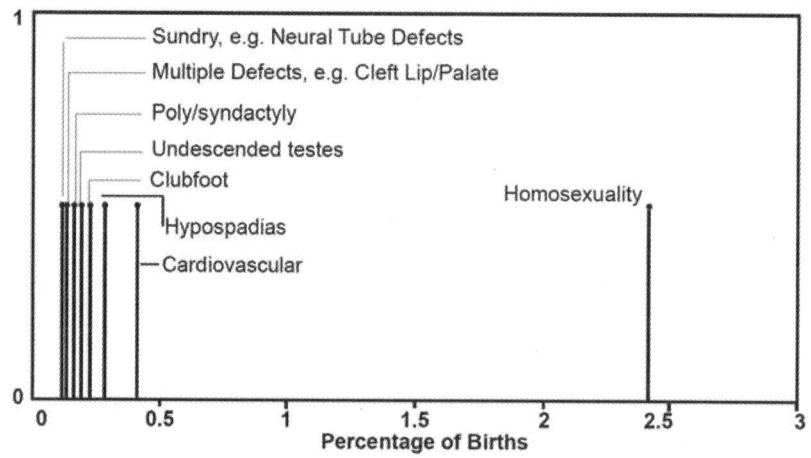

[그림 11] 태아기의 발생 문제로 인한 장애 빈도와 동성애의 빈도 비교
ⓒ Reprinted by permission from Whitehead and Whitehead 'My Genes Made Me Do It! Homosexuality and the scientific evidence', copyright 2010.

긴 문제로 말미암아 생긴 육체적인 장애들의 빈도(0.4 이하)에 비하여

동성애의 빈도가 훨씬 큰 것(2.4)을 [그림 11]에서 볼 수 있다. 따라서 동성애는 발생 과정의 문제로 말미암아 생겼을 가능성은 매우 낮다고 본다.

② 태아기의 성호르몬 이상 때문이라는 주장에 대한 반론

어머니의 자궁 안에서 동성애자가 되도록 만드는 요소로 고려되는 대표적인 것이 태아기의 성호르몬 이상이다.[1] 그 주장을 살펴보기 전에 먼저 성호르몬의 효과에 대해서 간략히 언급하겠다. 남성 동성애자와 남성 이성애자의 남성호르몬 수치를 조사하면 전혀 차이가 없었다.[2] 즉, 성호르몬 분비가 잘못되어서 동성애자가 되었을 것이라는 추측은 맞지 않다. 또한 동성애자에게 강제로 성호르몬을 주입하더라도 아무런 효과가 없었다.[3] 성호르몬은 성욕을 증가시키거나 감퇴시키는 효과는 있지만 동성애 습관을 바꾸지 못했다.[4,5]

태아기의 호르몬이 동성애 형성에 얼마나 영향을 미치는지를 알고 싶으면, 태아기에 상당한 양의 호르몬에 영향을 받았던 사람들이 나중에 얼마나 동성애자가 되는지를 확인하면 된다. 만약 태아기의 호르몬이 동성애 형성에 결정적인 영향을 미친다면, 태아기에 많은 양의 호르몬에 의해 영향을 받은 사람은 나중에 동성애자가 될 확률이 굉장히 높아야 한다. 합성 여성호르몬의 일종인 디에틸스틸베스트롤을 영향에 대해 살펴보고자 한다. 1940년과 1970년 사이에 유산 위기에 있는 임산부에 디에틸스틸베스트롤을 대량으로 투여하였다. 이때에 매일 투여한 호르몬의 양이 굉장히 많았다. 지금은 암이 발생할 위험 때문에 그렇게 하지 않는다. 시간이 많이 경과한 후에 디에틸스틸베스트롤을 대량으로 복용한 임산부 딸의 성적 지향을 조사한 결과, 네 번의 연구 중에서 두 개의 결과는 일반인보다 동성애 성향이 조금 높았지만,[6] 두 개의 결과는 일반

인과 아무런 차이가 없었다. 가장 최근에 행하여진 정밀한 연구에서도 아무런 차이가 없었다.[7] 또한 디에틸스틸베스트롤을 과량 투여받은 임산부의 아들 20명에 대한 성적지향을 조사한 결과에서 아무도 동성애 성향을 나타내지 않았다.[8] 따라서 태아기에 대량의 합성 여성호르몬의 영향을 받았음에도 불구하고 동성애자가 된 사례가 증가하지 않은 사실은 태아기 호르몬이 동성애 형성에 큰 영향을 미치지 않음을 잘 나타낸다.

선천성부신과형성(CAH; congenital adrenal hyperplasia)이란 질병은 유전적 결함으로 나타나는 장애로, CAH 질환 여성의 경우에는 태아기에 안드로겐이란 남성 호르몬을 많이 분비한다. 그 결과, 신체 내부의 여성 생식기관인 자궁과 난소는 정상적으로 발달하지만, 외부 생식기가 남성화되어 남성의 성기 모양이 만들어지기도 한다. 증상이 심하면 태어났을 때에 남자 아이처럼 보인다. 태어난 후에도 남성 호르몬을 계속 분비하기 때문에 그 영향을 막기 위하여 일생 호르몬 치료를 해야 하며, 어떤 때는 생식기를 수술해야 한다. 그런데, 약 40년 전에는 CAH 질환을 가진 여성들을 치료하지 않은 경우도 있었는데, 연구자들은 그들의 성적 지향이 어떠한 지 조사하였다. 1984년에 모니(Money) 등은 CAH 질환을 가진 여성은 일반 여성에 비해 더 양성애 경향을 가진다는 설문조사 결과를 발표하였다.[9] 그런데 설문조사를 구체적으로 살펴보면, 면담할 때에 자신을 여성답다고 느끼지 않고 남자 애인이 없으면 양성애자로 간주함으로써 양성애자 수치가 증가되도록 하였다.[10] 그런데 CAH 질환이 있는 소녀들은 성에 대해 말하기를 꺼려하고 부끄러워 할 가능성이 높다.

CAH 질환을 앓은 여성이 일반여성보다 더 양성애 경향을 가진다 하더라도, 모호한 자녀의 성을 대하는 부모의 양육태도, 자신의 성에 대한 내적 불안감, 어린 시절의 과다 약물투여 및 병원치료 등의 이유로 왜곡된 성정체성을 갖게 되었을 수 있다.[11] 어쩌면 자신이 가지는 목소리와 외모가 또래 친구들과 다름을 깨닫고 청소년기에 느끼는 불안정한 성 정체성으로 말미암아 양성애 경향을 갖게 되었을 수 있다. 당뇨병으로 인하여 많은 병원치료를 받은 비슷한 나이의 여성에 대한 설문조사에서도 위에서 얻은 결과와 비슷한 정도의 양성애자 성향을 가지는 것으로 조사되었다.[12] 당뇨병 자체가 양성애를 유발할 수 없으므로, 두 부류의 여성들이 공통으로 겪은 환경적인 요소, 즉 잦은 병원 치료와 성 정체성에 대한 인터뷰 등이 그들로 하여금 양성애 성향을 나타내게 했을 수 있다. 즉, CAH 질환을 앓은 여성이 일반여성보다 양성애 또는 동성애 경향을 더 가진다고 해서, 태아기의 성 호르몬 이상이 동성애를 하도록 신체구조를 형성했다는 주장을 뒷받침한다고 볼 수는 없다.

1974년 러시아에서 CAH 질환을 앓은 18명의 젊은 여성에게 행하였던 조사에서는 아무도 동성애 성향을 나타내지 않았다.[13] 물론 이 결과는 러시아라는 특별히 완고한 체제 하에서 얻은 것이지만, 아무튼 결과가 사회 체제의 영향을 많이 받는다는 것을 나타낸다. 그리고 최근에 이루어진 두 설문조사에서 CAH 질환 여성이 일반 여성에 비하여 더 동성애 성향을 가지는 것으로 조사되었지만 그렇게 큰 차이는 아니었다.[14,15] 2005년에 행한 다른 조사에서는 CAH 질환을 가진 250명 소녀들의 95%가 여성 정체성에 대한 아무런 문제가 없었다.[16] 요약하면, CAH 질환을 가진 여성은 외부 성기의 모양이 남성처럼 보일 정도로 태아기에 과다하게 남성 호르몬이 분비되었음에도 불구하고 동성애자가 될 확률이 일반인에 비해 그리 높지 않았다. CAH 질환을 가진 여성이 일반 여성에 비해 동성애 성향이 더 많기는 하지만 큰 차이가 나지 않는다는 결과로부터, 태아기의 호르몬이 동성애 형성에 큰 영향을 미치지 않음을 분명히 알 수 있다. 또한 CAH 질환을 가진 여성이 일반 여성에 비해 동성애 성향이 더 많은 이유도 잦은 병원치료와 어린 시절의 불안정한 성 정체성과 같은 후천적인 요소 때문일 수 있다. 결론적으로, 신생아 때에 성 기형이 나타날 정도로 태아기에 특정 호르몬의 영향을 과도하게 받았던 사람들도 대다수가 동성애자가 되지 않는데, 정상적인 성 기관을 가진 일반적인 동성애자들이 태아기의 호르몬에 의해 어쩔 수 없이 동성애자가 되었다는 주장은 전혀 설득력이 없다.

③ 태아기의 성호르몬에 의해서라는 기타 주장에 대한 반론

동성애자들의 손가락 길이를 측정함으로써 동성애가 태아기의 호르몬과 관련되었음을 나타낸다는 결과를 2000년에 윌리엄(William) 등이 네이처(Nature)에 발표하였다.[1] 선행연구에 따르면, 여성의 두 번째 손가락 길이(2D)가 네 번째 손가락 길이(4D)와 거의 같지만 남성의 두 번째 손가락 길이가 네 번째 손가락 길이에 비하여 짧았으며,[2] 태아기의 호르몬이 손가락 길이의 비에 영향을 미친다고 한다.[3] 그래서 윌리엄 등은 샌프란시스코의 거리 축제에 참여한 720명 성인을 대상으로 하여 성적 지향을 묻고 두 번째 손가락과 네 번째 손가락 길이의 비(2D/4D)를 측정하였다. 손가락 길이의 비를 측정한 결과, 예상대로 남자보다 여자의 비가 컸으며, 오른손 손가락에 더욱 분명하게 성별에 따른 차이가 나타났다. 또한 여성 동성애자의 손가락 길이의 비(2D/4D)는 남성과 여성 이성애자 사이의 값을 가졌다. 이러한 결과를 토대로 여성 동성애자는 여성 이성애자에 비하여 태아기에 호르몬의 영향을 더 받은 것으로 추론하였다. 그렇지만 남성 동성애자는 남성 이성애자와 비교하였을 때에 손가락 길이의 비가 거의 차이가 없었다.

윌리엄 등이 발표한 논문 그림을 확대하여 측정하면, 여성 이성애자의 2D/4D 측정값의 평균은 $\mu t \approx 0.972$로, 표준오차 $et \approx 0.032$로 어림되고,

여성 동성애자의 경우에는 평균은 μ h≈0.962로, 표준오차 eh≈0.026로 어림된다. 표준편차는 표준오차에 조사대상자(N)의 제곱근을 곱한 것이고($\sigma = e\sqrt{N}$), 조사된 여성 이성애자의 수는 146명이고, 여성 동성애자의 수는 164명이기에, 여성 이성애자의 2D/4D 측정값의 표준편차는 σ t ≈0.039로 어림되고, 여성 동성애자의 경우에 표준편차는 σ h≈0.033으로 어림된다. 위의 수치들은 논문 그림을 확대하여 얻은 대략적인 값임을 밝혀둔다. 두 분포가 가우스분포를 따른다고 가정하고 확률분포를 그리면 [그림 12]와 같다. x축은 손가락 길이의 비 2D/4D를, y축은 그 손가락 길이의 비를 가질 확률을 나타내고, 실선은 여성 이성애자의 확률분포를 나타내고, 대시선은 여성 동성애자의 확률분포를 나타낸다. [그림 12]로부터 여성 이성애자와 여성 동성애자 분포의 평균이 약간 다르지만, 분포된 영역이 거의 겹치는 것을 볼 수 있다. 손가락 길이의 비가

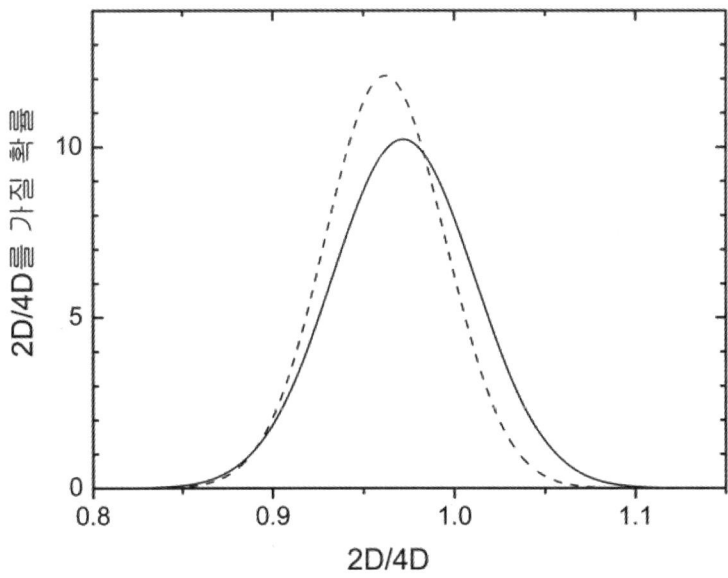

[그림 12] 손가락 길이의 비(2D/4D)에 따른 확률 분포

태아기의 호르몬에 의해 영향을 받고, 여성 이성애자와 여성 동성애자의 손가락 길이 분포의 평균에서 조금 차이 나는 것이 태아기의 호르몬 영향이라 하더라도, 여성 이성애자와 여성 동성애자의 분포가 거의 겹친다는 사실로부터, 태아기의 호르몬이 동성애 형성에 아주 약한 영향을 준다는 것을 알 수 있다.

미국의 여성 동성애자 비율이 1.8%라고 가정하면, 여성 이성애자의 수가 여성 동성애자의 수에 비하여 약 55배 정도 많다. 이러한 사실을 고려하면, 어떠한 손가락 길이의 비 2D/4D를 가지는 여성 집단에서도 여성 이성애자의 수가 여성 동성애자의 수에 비해서 약 50배 가까이 많다. 예로서 여성 이성애자의 빈도가 가장 높은 2D/4D≈0.972를 가지는 여성 집단에서 여성 동성애자의 비율이 대략 2%이며, 여성 이성애자의 수가 여성 동성애자의 수보다 49배 정도 많고, 여성 동성애자의 빈도가 가장 높은 2D/4D≈0.962를 가지는 여성 집단에서는 여성 동성애자의 비율이 2.2%이고, 여성 이성애자의 수가 여성 동성애자의 수보다 45배 정도 많다. 따라서 2D/4D가 작아짐에 따라, 즉 손가락 길이의 비가 남성과 근사할수록 여성 동성애자가 될 확률이 조금 증가하지만, 대다수의 여성은 여전히 이성애자임을 볼 수 있다. 어떤 손가락 길이의 비를 가진 여성 집단에서도 대다수가 이성애자라는 점과 여성 이성애자와 여성 동성애자의 손가락 길이의 분포가 거의 겹친다는 사실로부터, 태아기의 호르몬이 동성애 형성에 영향을 미친다 하더라도 아주 약한 영향을 미치며, 어쩔 수 없이 동성애자가 되게 할 만큼의 강력한 효과를 미치는 것은 아님을 분명히 나타낸다.

이제부터 윌리엄 논문에 관한 문제점을 말하고자 한다. 첫째, 윌리엄의 논문에서 남성 동성애자의 손가락 길이의 비가 남성 이성애자와 크게 다르지 않았다는 것이다. 윌리엄의 논문 이후에 있었던 두 번의 연구결과에서는 남성 동성애자의 손가락 길이의 비가 남성 이성애자보다도 더 작았고, 한 번의 연구결과에서는 남성 동성애자의 손가락 길이의 비가 여성과 남성 이성애자 사이의 값이었다. 이처럼 남성 동성애와 손가락 길이의 비 사이에는 일관성이 있는 상관관계가 발견되지 않았다. 태아기의 호르몬이 여성 동성애에만 영향을 주고, 남성 동성애에는 영향을 주지 않는다는 논리는 쉽게 납득되지 않는다. 앞에서 기술한 두뇌에 대한 연구에서는 태아기 호르몬이 남성 동성애자의 두뇌에 영향을 주었을 것이라는 추측 하에 남성 동성애자의 두뇌를 조사하였다.

둘째, 2003년에 맥파덴(McFadden) 등은 태아기의 호르몬에 의해 영향을 받는 것으로 추정되는 다른 현상들, 예를 들어 피부 무늬의 비대칭 등과 손가락 길이의 비율 사이의 상관관계를 조사하였지만 아무런 상관관계를 발견할 수 없었다.[4] 손바닥에 있는 피부의 무늬는 태아기의 8주와 16주 사이에 결정이 되고, 그 이후에는 별로 변화가 없어 피부의 무늬가 태아기의 성호르몬의 영향을 나타낼 것으로 기대하였다.[5] 따라서 발생 과정에서 일어나는 호르몬 장애가 오른쪽과 왼쪽의 피부 무늬에 대한 비대칭을 만들어낼 것으로 추정하였다. 그러나 1994년에 66명의 남성 동성애자와 182명의 남성 이성애자를 대상으로 한 조사에서 동성애자의 왼쪽 손에서 상당한 비대칭을 발견하였지만,[6] 그 후 더 많은 수를 대상으로 한 조사에서는 아무런 차이를 발견할 수 없었다.[7]

국내 문헌에서 손가락 길이의 비를 측정한 윌리엄 등의 연구 결과를 동성애가 태아기의 호르몬 이상으로 형성되었다는 주장을 뒷받침하는 데 사용하고 있다. 그러나 연구 결과에 대한 자세한 설명과 문제점들은 거의 소개하지 않아서 일반인에게 동성애가 태아기 호르몬에 의해 형성되었다고 오해하도록 만든다.

(3) 형이 많을수록 남동생이 동성애자가 될 확률이 증가한다는 주장에 대한 반론

동성애가 선천적이라는 증거의 하나로서 형이 많을수록 남동생이 동성애자가 될 확률이 증가한다는 조사 결과가 제시되고 있다. 형이 많을수록 남동생이 동성애자가 될 확률이 증가한다면, 그 남동생은 선천적으로 동성애자가 될 요인을 갖고 태어났다고 보아야 한다는 주장이다. 이를 '형 효과(older brother effect)'라 부른다. 이러한 형 효과를 나타내는 조사결과도 제법 있지만 대규모 조사로 검증할 필요가 있다.[1] 왜냐하면 소규모로 수행된 동성애자 비율 조사와 일란성 쌍둥이의 동성애 일치 비율 조사에서 편향된 결과가 발표된 적이 있으며, 나중에 오류임이 밝혀졌기 때문이다. 최근에 형 효과에 의문을 제기하는 논문들이 발표되었다. 2006년에 프리쉬(Frisch) 등이 동성결혼을 등록한 약 이백만 명의 덴마크 국민을 대상으로 조사한 결과, 형 효과를 발견하지 못하였다.[2] 대단위로 이루어진 조사에서 발견하지 못했다는 것은, 이전에 이루어진 소규모 조사에서 대상 선정이 편향되었을 가능성을 시사한다. 2006년에 맥코나쥐(McConaghy) 등은 동성애 경향이 조금 있는 이성애자를 대상으로 조사한 결과에서도, 남성은 형 효과(older brother effect)가 있었고 여성은 '오빠 효과(older brother effect)'가 있었다.[3] 동성애자가 아닌 이성애자에게서도 출생순서 효과가 발견되었다는 것이 너무 신기하지 않는가!

다음 글에서는 일단 출생순서 효과가 있다고 가정하고 반박을 하겠다. 위의 형 효과를 생물학적으로 설명하는 논리는 어머니가 태아에게 면역 반응을 일으켜서 동성애 성향을 갖도록 만든다는 것이다.[4] Rh-를 가진 어머니가 Rh+인 아기를 갖게 되면 첫 번째 아기에게는 아무 문제가 없지만, 첫 번째 아기를 가졌을 때에 어머니 몸에 생겨진 항체가 두 번째의 Rh+ 아기를 공격하여 신경에 문제를 일으키는 것처럼, 면역 반응을 일으킨다는 가설이다. 즉, 첫 번째 남자 아기를 가졌을 때에 어머니의 몸에 생겨진 남성에 대한 항체가 두 번째 남자 태아의 뇌를 공격하여 동성애 성향을 갖게 만든다는 것이다. 이러한 현상을 동종면역 반응(alloimmune reaction)이라고 부른다. 잘 알려진 동종면역 반응의 빈도를 보면, 신생아 동종면역 혈소판감소증(Neonatal Alloimmune Thrombocytopenia)은 약 0.04%이고 많아야 0.12%이고, Rh반응(Rhesus-D problem)은 0.1%이고, 호중성백혈구감소증(neutropenia)은 0.04%이다. 잘 알려진 동종면역 반응은 모두 혈액에 대한 것이며 빈도가 낮다. 동성애자의 비율을 2%로 잡고, 그 중에 20%가 형 효과에 의해 되었다고 가정하면, 0.4%이어야 하므로 다른 동종면역 반응에 비하여 빈도가 높다. 또한 어머니의 몸에 남성에 대한 항체가 생겼다면, 그 항체가 모유를 통하여 아기에게 안 좋은 영향을 주게 될 것이며, 결국 어머니는 모유수유를 일찍 중단하게 될 것이다. 그런데 조사에 따르면, 모유수유 기간은 출생 순서에 무관하거나 오히려 출생 순서가 늦은 아이에게 증가하였다.[5] 스웨덴의 북(north) 스톡홀름에서 면역반응에 의해 생길 수 있는 원인 미상의 알레르기성 대장염이 4세 이하의 아기에게 생기는 빈도는 0.0001%에 불과하다.[6] 이러한 결과들은 어머니의 몸에 아기에게 해로운 남성에 대한 항체가 생기지 않았음을 뒷받침한다.

어머니 몸에 생긴 항체가 남성-특이성 단백질에 반응한다면, 가장 남성적인 장기인 고환도 공격해야 하며, 그로 인하여 정액의 질(quality)이 떨어지고 요도하열(hypospadias), 고환 정체(cryptorchidism), 고환암(testicular cancer) 등의 증상이 나타나야 하는데, 위의 증상이 동성애자에게서 일반인보다 더 많이 나타난다는 보고는 없다. 면역 반응의 공격을 받은 태아의 고환에서 요도하열이 생기지 않을 정도로 충분한 양의 남성호르몬인 테스토스테론이 나오면서, 동성애 성향을 갖게 할 정도로 적은 양의 테스토스테론이 나온다는 것은 모순된 논리이다. 고환에 대한 면역반응이 있다면, 가장 흔하게 생길 수 있는 질환은 고환염(orchitis)이다. 그런데 신생아의 고환염이 생기는 빈도는 동성애자의 빈도에 비하면 훨씬 적다. 남성에 대한 면역반응이 가장 남성적인 인체 기관인 고환을 공격하지 않으면서, 두뇌에 있는 남성적인 부분만 공격한다는 논리는 합리적이지 않다.

또한 어머니 몸에 생긴 항체가 남성적인 장기를 공격한다면 남자 성기의 발달에도 영향을 주어야 한다. 그런데 남성 동성애자의 성기가 이성애자보다 통계적으로 0.8cm 정도 더 길다는 조사 결과도 있다.[7] 또한 태아의 생식기를 공격했다면 남성의 사춘기의 시기가 영향을 받아야 한다. 2006년에 조사한 결과에 따르면, 동성애자와 이성애자 사이에 사춘기의 시기에 있어서 뚜렷한 차이를 발견하지 못했다.[8] 항체가 태아의 뇌를 공격했다면 읽고 쓰는 것에 대한 학습장애도 같이 나타나야 한다.[9] 그런데 남성 동성애자들은 일반인에 비해 오히려 말을 더 잘하며, 학습장애가 없다.[10] 1994년에 어머니와 아들로 이루어진 17,283조에 대해서 어머니의 자가면역 증대가 아이에게 다양한 형태의 신경학적 문제를 일으키는지를 살펴본 결과, 아무런 문제도 발견되지 않았다.[11] 최근에 어머니의 면역 반응에 의해 동성애가 생겼다는 주장을 자세하게 반박한 논문이 발표되었다.[12] 이 분야의 전문가인 구렌(Gooren)의 말에 의하면, "호르몬 이상을 겪은 많은 환자들을 만났지만, 그것이 그들의 성적 지향에 영향을 주었다는 사례는 발견하지 못했다."라고 한다.[13]

동성애를 동종면역 반응으로 설명하는 가설이 옳다면, 남성 동성애자의 남동생이 이성애자가 되었을 때에 어머니의 면역반응에 의해 많은 신체적인 어려움을 겪어야 한다. 그런데 조사에 따르면 늦게 태어난 남자 아기는 체중도 많이 나가고[14] 제1형 당뇨병에도 잘 안 걸리고,[15] 고환암에 걸릴 확률도 낮고,[16] 읽는 능력도 뛰어나서[17] 어머니의 면역반응을 겪은 흔적이 없다. 1996년에 벰(Bem)은 형 효과를 사회적인 학습의 영향으로 해석하였다.[18] 어린 남동생이 나약할 때에 형들의 부정적인 반응이 동성애자로서의 성향을 만들어냈다고 주장했다. 또 다른 논리는 남자 형제 사이에서 흔히 있는 레슬링과 같은 다양한 피부 접촉이 동성애자로 발전하도록 하였다는 것이다.

형 효과의 다른 문제점으로는, 첫째 아들인 남성 동성애자, 여자 형제들만 있는 남성 동성애자, 여성 동성애자는 형 효과로 설명할 수 없다는 것이다. 그러므로 전체 동성애자의 약 17% 정도만 형 효과로 설명할 수 있다.[19] 그러므로 형 효과가 옳다면, 동성애를 갖게 만드는 원인이 적어도 두 가지가 있게 된다. 그런데 이것을 뒷받침하는 증거는 없다. 그리고 형 효과에 의하여 동성애자가 된 사람과 그렇지 않은 동성애자 사이에 아무런 행동의 차이가 없다. 한 쪽은 면역반응에 의해 신경학적으로 손상을 입어 동성애자가 되었고 다른 쪽은 다른 원인에 의해 동성애자가 되었는데, 두 종류의 동성애자들 사이에 아무런 행동의 차이가 없다는 점이 이해가 되지 않는다. 결론적으로 남자 형제간의 '형 효과'는 확실하게 입증되지 않았으며, 그러한 효과를 생물학적으로 설명하려는 어머니의 면역반응 이론은 여러 문제점을 갖고 있다.

(4) 동성애를 유전 또는 선천적이라고 주장하는 이유

20세기 말부터 동성애는 유전이며 선천적인 것이라고 오해하게 만드는 논문들이 지속적으로 발표됨으로써, 동성애자 뿐 아니라 서구의 많은 사람이 동성애는 타고난 것이라고 인식하게 되었다. 그러나 약 10년이 흐른 후에는 동성애의 선천성을 뒷받침한 과학적 근거들은 무너졌다. 그런데 불행하게도 동성애의 선천성을 주장한 근거가 오류임이 밝혀지는 10년이라는 기간에 서구 사회에 동성애는 타고난 것이라는 오해가 확산되었다. 서구의 많은 사람들이 동성애가 선천적으로 결정되는 성향이라고 받아들이게 되었으며, 동성애도 피부색, 인종처럼 타고난 것이기에 차별해서는 안 되고 정상으로 인정해야 한다는 인식이 확산되었다. 이러한 잘못된 인식은 서구 사회의 법, 정책, 교육에 반영되어 동성애를 옹호하고 확산시키는 방향으로 작용하였다. 심지어 동성애를 비윤리적이라고 보는 사람들이 거꾸로 처벌받는 법과 제도가 제정되고 있다.

이제부터 동성애자들이 동성애가 유전되고 선천적이라고 주장하려고 애쓰는 몇 가지 이유를 소개하겠다. 첫째, 동성애를 어쩔 수 없이 할 수 밖에 없는 몸을 갖고 태어났다고 함으로써 동성애에 대한 다른 사람의 비난을 피하고 자기합리화를 하기 위함이라고 본다. 동성애에 대한 다른 사람의 도덕적 비난도 모면하고 자신이 느끼는 죄책감에서 벗어나 떳떳하게 동성애를 하고 싶은 것이다. 둘째는 동성애를 끊으려고 노력을 많이 했음에도 불구하고 번번이 실패함으로써 자신은 동성애를 할 수 밖에 없는 몸을 가졌다는 착각을 하는 것이다. 어떤 행동을 수없이 반복하면 습관이 되고 중독이 되어서 자신도 끊을 수 없는 상태가 된다. 예를 들면 처음에는 자신이 선택하여 술을 마시지만 나중에는 술을 마셔야만 되는 알코올중독자가 된다. 마찬가지로 동성애도 이성애와 비슷한 성적쾌감을 주므로 동성애를 반복 경험하면 중독현상을 일으킨다. 따라서 동성애자들은 강한 중독성으로 인하여 선천적으로 동성애자로 태어났다고 착각하게 된다. 셋째는 20세기 말부터 동성애에 옹호적인 학자들이 동성애는 유전적이고 선천적이라는 논문을 지속적으로 발표하였다. 동성애에 옹호적인 논문 발표를 뉴스를 통하여 듣고는, 뒤에 계속된 연구에서 그 결과가 사실이 아닌 것으로 밝혀지거나, 혹은 서로 상충되는 연구 결과로 말미암아 확실하지 않거나, 혹은 미약한 효과가 있음에도 불구하고, 일반인들은 더 이상 뉴스에서 그러한 사실을 접하지 못하여 처음의 뉴스의 내용만 각인되어 동성애는 유전적이거나 선천적인 것으로 오해하게 되었다.

넷째는 차별금지법 안에 동성애를 차별금지 사유로 넣기 위해서라고 생각된다. 대다수 사람들은 태어날 때부터 결정되어 자신의 의지로는 어쩔 수 없는 것들을 이유로 차별해서는 안 된다는 인식을 갖고 있다. 그러므로 동성애가 타고난 것으로 오해하게 만들기만 하면, 태어날 때부터 결정되는 성별, 인종, 피부색 등과 함께 차별금지법 안에 차별금지사유로 들어갈 수 있다. 동성애가 차별금지법 안에 들어가면, 동성애가 '정상'이라고 법적으로 공인되고, 동성애를 비도덕적이라고 인식하는 사람들을 처벌하여 그 입을 막아버릴 수 있다. 결국 동성애자들의 낙원이 되는 것이다. 실제로 구미의 많은 사람들이 동성애를 옹호하는 단체들과 학자들의 의도대로 동성애는 타고난 것이라고 오해하게 되었고, 동성애가 차별금지법에 들어가서 동성애자들의 낙원이 되었다. 한국에서도 똑같은 방법으로 동성애자의 낙원을 만들려고, 동성애는 타고난 것이라는 주장을 온라인과 드라마 등에서 집요하게 홍보하고 있다. 걱정스러운 점은, 많은 사람들이 동성애자의 의도를 알지 못하고 동성애는 타고난 것이라는 주장에 동조하고 있다는 것이다. 그렇지만, 다행스럽게도 최근의 연구 결과들이 동성애는 타고난 것이라는 주장이 잘못되었음을 분명히 규명하였기에, 서구 사람들이 1990년대에 왜곡된 과학 자료를 믿고 당했던 것과 같은 실수를 우리는 반복하지 않을 수도 있게 되었다.

여기서 한 가지 추가로 언급하고 싶은 것은 동성애가 유전이거나 선천적이 아니라는 의미는 유전적인 것이나 선천적인 것에 의해서 어쩔 수 없이 동성애를 할 수 밖에 없다는 주장이 맞지 않다는 것이며, 동성애자가 되는데 유전적인 것이나 선천적인 것들이 전혀 영향을 미치지 않았다는 것을 뜻하지 않는다. 동성애뿐만 아니라 우리의 모든 행동은 유전적인 것, 선천적인 것, 환경, 우연한 사건 등의 영향을 받는다. 동성애와 관련하여서 유전적인 기원을 가지는 요소들을 살펴보면 다음과 같다. '예술적인 성향(특히 남성이 운동 능력이 부족할 때), 비정상적인 육체적인 모습, 선천적인 성(gender) 기형, 간성적인 조건[2], 선천적인 장애, 색다른 것을 찾는 호기심, 비만(특히 여성), 육체적인 장애, 다낭포성(polycystic) 난소, 운동능력 부족(남성의 경우)이거나 반대로 탁월한 운동능력(여성의 경우), 내성적인 성격(남성), 말괄량이 성격(여성), 매력적이지 않은 외모(여성), 불활성 X염색체' 등에 영향을 받는다.

 반면에 동성애에 관련하여서 환경적인 기원을 가진 요소들을 살펴보면 다음과 같다. '입양(유대 관계와 본을 배우는데 문제가 생길 수 있음), 우울증의 완화(우울증에서 벗어나려고 동성애를 하기도 함), 사랑의 실패, 왕따(특히 남성), 우연한 기회(매력적인 동성과의), 이혼, 상상(특히 성적인 상상으로 자신이 동성애자로 착각), 부러움(매력적인 동성에 대한), 힘의 과시, 패션(미적인 것을 추구하는 남성), 거절감, 집착, 매력적인 동성애 문화, 동성애 포르노, 동성애자들의 압력, 습관, 자유분방한 사회적인 분위기(실험삼아 하도록 권장), 결혼에 대한 두려움(여성), 어머니로부터의 스트레스(여성), 중년(여성), 비만(여성), 큰 형들(남성), 이성과의 관계 미숙, 부모의 격려(가끔 장난삼아), 부모의 부정적인 말(성 정체성에 대한), 소극성, 정치적인 풍토(동성애자 단체), 부족한 사교

---

[2] 간성은 암수 중간의 성징을 나타내는 개체를 뜻한다. 이것은 아주 특별한 경우이며, 대부분의 동성애자는 간성적인 조건을 가지지 않는다.

기술(특히 남성), 권위적인 문화 환경, 부모의 반응(무관심 등), 반항심, 범주화(categorization)에 대한 반대(여성), 학교 친구들의 압력(남성, 남성성 부족에 대한 놀림), 쾌락(즐거움을 찾으려고), 성적 학대(남성은 동성에 의해, 여성은 이성에 의해), 성적인 실험, 부끄러움, 편부모 가정, 마음의 벗(여성, 친밀감을 갖고자), 도시 환경(익명의 기회 제공), 언어폭력(특히 성 장애(gender atypicality)에 대해서)' 등이 있다.

위에서 나열한 것들을 보면 환경적인 요소들이 유전적인 요소들보다 훨씬 많으며, 또한 유전적인 요소들이 동성애를 하도록 직접적으로 영향을 미치는 것이 아니라 간접적으로 영향을 미치는 것을 알 수 있다. 또한 동성애 형성에 영향을 미치는 여러 요소들이 있지만, 동일한 요소들을 가진 많은 사람들 중에 극히 일부 사람만이 동성애자가 된다. 따라서 요소들이 동성애자가 되도록 영향을 미치긴 했지만, 결국 동성애자가 된 결정적인 이유는 자신의 선택이며 결단임을 강조하고 싶다.

(5) 동성애에 대한 유전적 요소의 상대 비율에 대한 논의

학자들이 일란성 쌍둥이와 이란성 쌍둥이를 비교하여 얻은 조사를 바탕으로 동성애자가 된 요소들을 유전적인 요소, 공유된 환경적인 요소, 공유되지 않은 환경적인 요소로 나누어서 상대적인 비율을 조사하였다. 위의 결과는 동성애 형성에 영향을 미치는 여러 요소들 상호간의 '상대적인 비율'임을 먼저 강조한다. 즉, 동성애 형성 과정에 영향을 주는 개개인의 의지적인 선택은 계산에 포함되지 않았으며, 의지적 선택 외에 영향을 준 요소들만 고려하여 상대적인 비율을 계산한 것이다. 현대과학으로는 의지적인 선택이 동성애 형성에 얼마나 영향을 미쳤는지 알 수 없기 때문에 상대적인 비율을 계산할 때에 포함시킬 수 없지만, 아래에서 설명하는 상대적인 비율에는 본인의 의지적인 선택을 제외한 요소들만 고려한 결과임을 감안하고 이해해야 한다. 와이트헤드 박사가 1991년부터 2010년 사이에 행하여진 7번의 결과들을 평균하면,[1-7] 남성의 경우에 유전적인 요소는 22%이고, 공유되지 않은 환경적인 요소는 64%였고, 여성의 경우는 유전적인 요소가 37%이고, 공유되지 않은 환경적인 요소는 62%였다.[8] 위의 결과에는 큰 표준편차가 있는데 별도로 표시하지는 않았다. 와이트헤드 박사가 평균하여 얻은 값에 따르면, 유전적인 영향보다는 공유되지 않은 환경적인 영향이 더 크다는 것을 알 수 있다. 강조하여 언급하고 싶은 것은, 유전적인 영향이 22~37%라고 했을 때, 동성애가 22~37% 정도 유전된다는 뜻은 아니다. 이것은 동성애자가 된 사람들이 받은 여러 요소들을 분석하였을 때 유전적인 요소들이 차지하는 상대적인 비율이 그 정도라는 뜻이다. 조사에 의하면 동성애자 아버지의 아들 중에서 약 8%만 동성애자가 되므로 동성애는 거의 유전되지 않는다고 볼 수 있다.[9] 더군다나 동성애자 아버지의 아들이 동성애자가 된다고 해서 모두 유전적인 영향에 의한 것이라고 볼 수 없으며, 오히려 동성애자 아버지의 삶이 아들에게 영향을 미쳐서 동성애자가 되었을 가능성이 높다.

또한 위에서 구한 유전적인 비율은 몇 가지 이유로 과장될 수 있다. 첫째, 지원자 오류(volunteer error)가 생길 수 있다. 비록 국가가 보관하는 쌍둥이 기록을 사용하더라도, 만약 당사자가 거부하면 사용할 수 없다. 보수적인 쌍둥이가 덜 보수적인 동성애자 쌍둥이보다 거부할 가능성이 높으므로 쌍둥이 일치비율이 증가할 수 있다. 둘째, 부모가 쌍둥이를 다르게 대할 수 있다. 이란성 쌍둥이의 어머니는 두 자녀를 다르게 대하지만, 일란성 쌍둥이의 어머니는 두 자녀를 똑같이 대한다는 연구 결과가 있다.[10,11] 따라서 이란성 쌍둥이와 일란성 쌍둥이의 차이가 온전히 유전적인 요소에 의해서가 아니라 부모의 양육 차이에 의한 요소도 있을 수 있다. 즉, 이러한 이유로 유전적인 비율이 과장될 수 있다.

셋째, 유전적인 요소와 환경적인 요소가 서로 영향을 준다. 아이가 성장하는 과정에 두 요소가 분리되어서 영향을 주는 것이 아니라 서로 혼합하여서 증폭 효과를 일으키기도 한다. 즉, 유전적인 효과가 환경에 의해서 증폭됨으로써 유전적인 효과를 증가시키는 결과를 낳는다. 넷째, 쌍둥이는 서로에게 영향을 주고받는다. 쌍둥이는 강한 유대감을 가지므로 흉내를 낼 수도 있고, 동성애에 대한 이야기를 나눌 수도 있고, 더 나아가서 성관계를 할 수도 있다. 다섯째, 쌍둥이에 대한 연구를 일반화시키는 것은 의심의 여지가 있다. 왜냐하면 쌍둥이들은 약간 특별한 집단이므로 일반적인 집단과는 다른 결과를 낳기 때문이다. 예를 들면, 어린 남성 쌍둥이는 자주 요정이라고 놀림을 받음으로써, 어릴 때 성정체성을 가지지 못해 자라면서 동성애자가 될 가능성이 높다. 호주에서 일반인들의 동성애자 비율인 1.8%보다 쌍둥이 집단의 동성애자 비율이 3.1%로 약간 높다.[12] 위에서 언급한 이유들로 인하여 유전적인 비율이 과장될 수 있으므로 유전적인 비율이 22~37%가 아니라 대략 10% 정도의 값을 가질 것으로 추론한다.[8]

다시 강조하고 싶은 것은 유전적인 비율이 22%이라고 해서 행동양식이 어느 정도, 즉 22% 정도는 유전에 의해서 좌우된다는 의미는 아니다. 조사에 따르면 교회 출석도 22% 정도 유전적이라고 한다.[13] 그러면 교회 출석이 어느 정도는 유전이란 말인가? 물론 그렇지 않다. 다른 예로서 쌍둥이 비교연구를 통하여 유전적인 비율이 50% 되는 것들을 살펴보면, 이혼,[14] 우울증,[15] 이타심,[16] 광적인 신앙,[17] 정신병원 입원,[18] 알코올중독,[19] 동성애 공포증[20] 등이 있다. 그러나 위에서 나열한 것들이 유전에 의해 결정되어 어쩔 수 없이 하게 된 것이라고 보지 않는다. 단지 위의 특성들은 유전적인 요소의 상대비율이 높다는 것이다. 또한 유전적인 요소의 상대비율이 높다고 해서 위의 특성들을 정상이라고 인정하지도 않는다. 예로서, 알코올중독, 이혼 등에 대한 유전적인 요소의 비율이 50% 된다고 해서 정상이라고 권장하지도 않으며, 단지 그러한 자들을 볼 때에 유전적인 요소에 의한 비율이 높기에 정상을 참작하여 그들을 불쌍히 여기며 이해하려고 노력해야 한다는 것이다. 위에서 언급한 특성들 중에 어떤 것은 타고난 것처럼 인식되어 그러한 특성으로부터 벗어나는 것이 불가능해 보이지만, 충분한 도움을 주면 그러한 특성으로부터 벗어날 수 있다. 물론 쉽지는 않지만 오랜 시간동안 도움을 주면 가능하다. 동성애도 마찬가지라고 본다. 동성애는 절대로 유전적으로 결정되는 것이 아니며 벗어날 수 있다.

인간의 행동 양식에 미치는 환경적인 요소들의 비중이 변하면 유전적인 요소의 상대적인 비율은 바뀌게 된다. 예를 들면 미국에서 흡연에 대한 유전적인 비율을 조사했더니 1920년대, 1930년대, 1950년대에 유전적인 비율이 매우 크게 나타났다. 그런데 2차 세계대전 중인 1940년대에는 담배의 부족으로 유전적인 비율이 감소했고, 1960년대에는 암의 발견으로 유전적인 비율이 감소했고, 1970년대 이후에는 공공장소에서 흡연을 금지함으로써 유전적인 비율이 더 감소하게 되었다.[21] 환경적인 요소에 의한 영향이 커질수록 상대적으로 유전적인 영향이 감소한 것이다. 흥미가 있는 다른 예는 나이가 들수록 정신적인 활동에 대한 유전적인 영향이 증가한다는 것이다.[22-25] 그 이유는 어릴 때는 규율, 습관 형성 등의 외부적인 영향이 강하고, 성인이 될수록 개인적인 자율이 더 허용되기 때문이다. 또 다른 연구에서는 학교에 다니는 어린이에 대한 유전적인 영향이 엄격한 가정에서는 작으며, 덜 엄격한 가정에서는 유전적인 영향이 큰 것으로 밝혀졌다.[26-28] 가정이 엄격할수록 환경적인 영향이 커지므로 상대적으로 유전적인 것이 덜 영향을 미친 것으로 짐작된다.

따라서 어떤 특성에 대한 유전적인 기여도는 나라마다 다르고 시대마다 다르다. 예를 들면 키에 대한 유전적인 기여도가 서구 사회에서는 높고, 반대로 가족적인 영향이 큰 이집트에서는 낮다.[29] 식량 부족을 겪고 있는 제3세계에서는 제한된 식량을 가족들에게 어떻게 분배하느냐에 따라서 신장이 좌우된다. 위에서 나열한 여러 사례들은 유전적인 요소에 의한 영향의 '상대적인 비율'의 의미를 잘 나타내고 있다. 환경적인 요소에 의한 영향이 커지고 작아짐에 따라, 유전적인 요소에 의한 영향의 상대적인 비율은 반대로 변화하였다.

마지막으로 강조하고 싶은 것은 동성애 형성에 유전적이거나 선천적인 요소들이 결정적인 것이어서 어쩔 수 없이 동성애자가 되었다고 말하면 안 된다. 왜냐하면 인간에게는 선천적인 경향을 충분히 조절할 수 있는 의지와 능력이 있기 때문이다. 또한 일란성 쌍둥이는 같은 유전자를 가지고 같은 어머니의 자궁 안에서 태아기를 보냈으므로, 만약 동성애가 유전자와 태아기의 성호르몬에 의해서 결정이 된다면 일란성 쌍둥이는 마땅히 높은 동성애 일치비율을 보여야 한다. 같은 유전자를 갖고 같은 자궁 안에서 태아기를 보낸 일란성 쌍둥이의 낮은 동성애 일치비율은 유전자 또는 태아기의 성호르몬에 의하여 동성애가 결정되지 않음을 분명히 보여준다. 동일한 요소들과 환경을 가진 사람들 중에 극히 일부 사람만이 동성애자가 된다는 사실이 동성애는 자신의 의지에 의해 선택되었음을 뒷받침한다. 결론적으로 동성애자가 되게 만드는 영향의 크기를 비교하면, 자신의 선택과 의지가 가장 큰 영향을 미치고, 그 다음이 후천적 요소들이며, 가장 작은 것이 선천적 요소라고 볼 수 있다. 그러므로 요소들과 환경에 의해 어쩔 수 없이 동성애자가 되었다고 핑계하면 안 되며, 동성애란 자신의 행위에 대한 도덕적인 책임을 지어야 한다.

[3] 동성애는 치유불가능? No!

동성애자에게도 여러 등급이 있다. 동성애를 몇 번 경험한 분도 있고, 아주 깊이 빠져서 중독이 된 분도 있다. 마치 술을 가끔 마시는 분도 있지만, 알코올 중독환자가 있는 것과 같다. 동성애를 몇 번 경험한 분들은 쉽게 동성애에서 빠져 나올 수 있고, 특히 청소년들은 어렵지 않게 자신 안에 형성된 동성애의 경향을 이기고 정상적인 성정체성을 가질 수 있다. 하지만 깊이 동성애에 빠져서 중독 상태가 된 분은 끊기가 매우 어렵다. 그렇지만 전문가의 도움을 받고 자신의 강한 의지가 있으면 불가능한 것은 아니다.

(1) 동성애가 유동적임을 나타내는 학술연구들

동성애가 유전이거나 선천적이라는 오해가 확산됨으로써, 동성애자들 중에는 자신의 동성애가 치유 불가능한 줄로 알고서 절망하는 자들이 많이 있다. 그런 사람들에게 절대 그렇지 않으며, 동성애는 충분히 치유 가능하다고 다시 한 번 강하게 말해주고 싶다. 앞에서 언급한 것처럼 악기 연주를 배울 때처럼 오랫동안 집요하게 훈련을 하면 자신의 성적지향을 바꿀 수 있다. 동성애가 유전이나 선천적인 것이 아니라는 증거 중 하나가 동성애는 유동적이라는 사실이다. 즉, 성장과정에 동성애가 생겨나기도 하고 사라지기도 한다.

Bell 연구팀은 1981년에 설문조사를 통하여 이성애자들의 2%가 한 때는 동성애자였다고 보고하였으며,[1] 미국 콜로라도의 Cameron 연구팀도 1985년에 같은 수치의 변화율을 보고하였다.[2] 위의 두 연구에서는 동성애의 빈도를 4%로 추정하였으므로 동성애자들의 절반 정도가 이성애자로 변화하였다는 것을 나타낸다. 하지만 변화는 양방향으로 이루어져 [그림 12]에서와 같이 이성애자들의 약 2%가 동성애자가 되었다. 따라서 이성애자들 중에서 적은 분포가 동성애자가 되는 반면에, 동성애자의 약 50%가 이성애자가 된다는 것을 볼 수 있으며, 동성애가 이성애보다 더 유동적이라고 결론지을 수 있다.

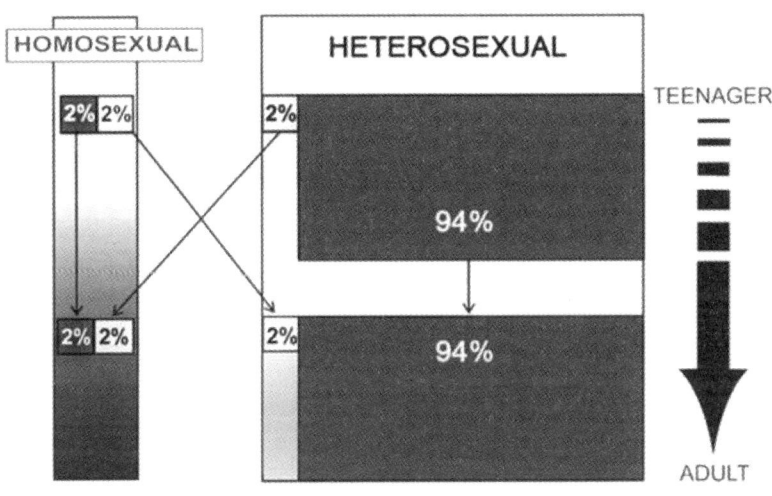

[그림 13] 나이에 따른 동성애의 유동성

ⓒ Reprinted by permission from Whitehead and Whitehead: "My Genes Made Me Do It! Homosexuality and the scientific evidence", copyright (2010).

Rosario 연구팀은 성장과정을 따라가면서 조사한 결과, 동성애자의 57%는 그대로 동성애자로 남아 있었지만 나머지는 변화된 것으로 나타났다.[3,4] 뉴질랜드에서는 1000명의 어린이들의 성장과정을 따라가면서 조사한 결과, 21~26세 사이에 1.9%의 남성이 이성애자로부터 떠났으며, 1%는 이성애자로 돌아왔다.[5] 이 연구결과로부터 연구자들은 이러한 변화는 분명히 유전적 요인에 의하지 않는다고 주장한다. 이와 유사하게 다양한 변화정도가 미국의 젊은 여성에게서도 조사되었다.[6,7]

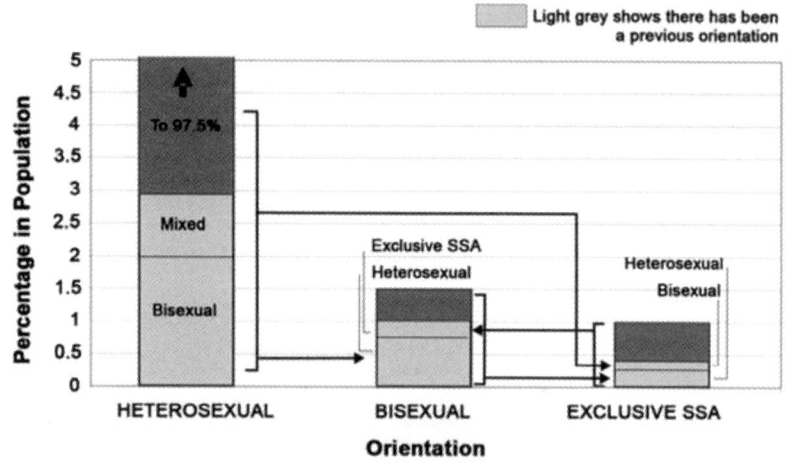

[그림 14] 일생 동안에 겪는 남성의 성적 지향 변동

ⓒ Reprinted by permission from Whitehead and Whitehead: "My Genes Made Me Do It! Homosexuality and the scientific evidence", copyright (2010).

Kinnish 연구팀은 아주 자세히 변화를 조사하여 조금 전의 결론을 확인시켜 주는 결과를 얻었다. [그림 13과 14]에 나타난 결과를 정리하면, 예전에는 이성애자가 아니었다가 이성애자로 변한 사람이 전체 분포의 3%로써 현재 양성애자와 동성애자를 합한 수보다 많았다.[8] 여기서 한 가지 의문이 생긴다. 이렇게 탈동성애자가 많다면, 그들은 어디에 있기에 쉽게 만날 수 없는가? 이에 대한 설명으로는, 탈동성애자들은 지난 삶을 부끄러워하여 다른 사람에게 잘 말하지 않으며, 또한 그러한 고백이 현재 맺고 있는 이성애적 관계를 파괴시킬까 염려하며, 공개적으로 말했을 때 동성애자 단체로부터 공격당하게 될 것도 두려워한다.

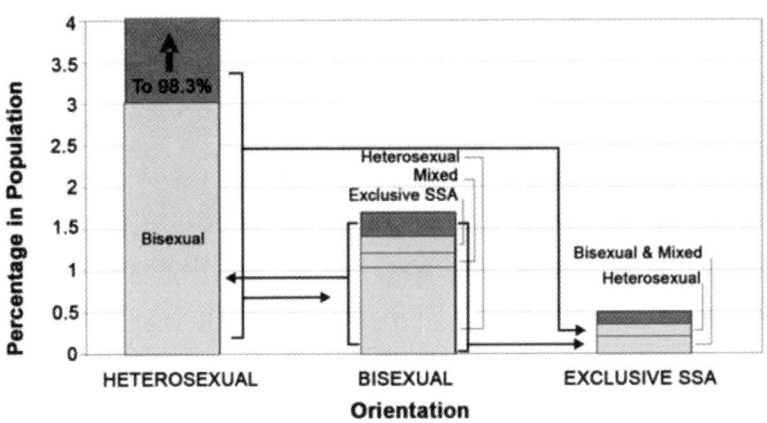

[그림 15] 일생 동안에 겪는 여성의 성적 지향의 변동

ⓒ Reprinted by permission from Whitehead and Whitehead: "My Genes Made Me Do It! Homosexuality and the scientific evidence", copyright (2010).

(2) 동성애 치유 사례들

먼저 동성애 치유에 관계하였던 전문가들의 주장을 살펴보고자 한다. Bieber 박사는 20년간의 조사를 통하여 동성애에서 이성애로 바뀔 가능성은 약 30%에서 50%까지 된다고 주장하였다.[1] 그리고 그의 치료된 환자들을 10년 동안 관찰한 결과 여전히 이성애자로 남아있었다고 밝혔다.[2] Masters와 Johnson은 67명의 동성애자와 14명의 레즈비언을 치료한 결과 6년 후에 71.6%의 성공률을 보고하였다.[3] 정신과의사인 Wilson 박사는 기독교인인 동성애자를 치료하였을 때에 55%의 성공률을 나타내었다고 주장했다.[4] 임상심리학자인 Kronemeyer박사는 약 80%의 동성애 남성과 여성이 치료 후에 건강하고 만족스러운 이성애자로 변화되었다고 밝혔다.[5]

미국정신의학협회가 1973년에 동성애자들의 압력에 의해서 동성애에 대한 치료를 중단하기로 결정하였다. 이러한 결정이 있기 전에는 동성애 치료에 성공한 결과들이 잡지에 많이 실렸는데 그 이후에는 철저하게 삭제되었다. 그러한 업적들이 정책적으로 인정되지 않았으며 동성애 단체들의 반대에 부딪쳐 이제는 정신과 의사들도 동성애 치료를 하지 않으려 한다. 1992년 미국정신의학협회가 동성애에 대한 치료를 중단하기로 결정하자 동성애가 치유될 수 있다고 믿고 있는 정신과 의사들이 반발하여 NARTH(National Association for Research and Therapy of Homosexuality)라는 단체를 창립하였다. 일 년 후에는 약 50명이 참여하였으며, 2007년에는 1500명 이상이 참여하고 있다. 넉넉하지 않은 예산으로 운영되고 있으며, 동성애 인권단체의 협박에 시달리고 있다고 한다. NARTH의 창립자인 Joseph Nicolosi는 남성 동성애의 치유방법을 다루는 책을 썼다는 이유로 많은 항의 전화와 편지를 받았다.

이제부터는 동성애에서 치유된 사례들을 살펴보고자 한다.[6] 서울 갈보리채플교회의 이요나 목사는 XTM케이블 토론에 나와서 '나도 43살까지 홍석천씨와 똑같은 생활을 했던 사람'이라고 고백했다. 사춘기 때부터 동성애 성향을 느껴 온 이요나 목사는 초등학교 시절부터 고교생인 친척 형제로부터 지속적인 동성애 성폭행으로 동성애에 중독이 되었고 동성애로 말미암아 젊은 시절을 상실하고 살았다고 고백했다. 이요나 목사는 25년 전 이태원에서 동성애자들을 위한 게이바를 운영하기도 했으며 동성애자로 살았던 그가 이성애자로 바뀐 데는 예수를 영접한 후 12년 동안의 뼈를 깎는 믿음의 투쟁으로 43살에 본래의 성으로 돌아왔다고 고백했다.

탈동성애자 앤드류코미스키(Andrew Comiskey)는 사춘기에 접어들어서 동성애에 대한 매력을 가지게 되었고, 비밀로 간직했다가 대학졸업

후에 전적으로 동성애적인 생활을 시작하였다. 그러나 어떤 파티에서 집단강간과 구타를 당한 그는 진지한 고민에 빠졌으며, 1976년 11월에 친구들의 도움을 받아 기독교인으로 거듭났다. UCLA에서 공부하다가 부인 애넷을 만났고 후에 Fuller Theological Seminary에서 신학석사를 취득했다. Vineyard Anaheim에서 탈동성애자들을 위한 지원그룹을 시작했고 곧이어 데저트스트림 사역(Desert Steam Ministry)을 창설하였다. 현재 데저트스트림 사역의 대표로서 동성애회복운동에 전념하고 있다.

마이크즈눙은 13년 동안 5명 심리학자와 2명 정신과의사를 만나 상담을 받았고, 8년 이상 프로그램과 책을 읽었지만 치유되지 않았던 경험이 있어서, 근원이 되는 깊은 문제를 해결하고 문제의 핵심이 되는 수치심과 여전히 굴레로 작용하고 있는 아픈 기억들에 대해 치유를 받아야 한다고 주장한다. Parents and Friends of Ex-Gay and Gays의 전대표였던 Richard Cohen, 아프리카계 미국인 레즈비언을 위한 잡지 Venus의 편집장이었던 Charlene Cothran, CCM 가수이자 작곡자인 Dennis Jernigan, National Coming Out of Homosexuality Day의 회장이었고 Kerusso Ministries의 창시자인 Michael Johnston 등이 동성애로부터 벗어난 대표적인 인물들로 꼽히고 있으며, 동성애를 벗어났거나 벗어나는 과정에서 도움을 받은 사람이 수십만 명에 이른다고 한다.

세계적으로 동성애에서 벗어나려는 자들을 돕는 단체들이 많이 있다. 가톨릭의 Courage, 장로교의 One By One, 감리교의 Transforming Congregations, 유대교의 JONAH가 있으며, 소년을 위한 Exodus Youth, 그리고 탈동성애자 교사 및 학생을 돕기 위한 NEA Ex-Gay Educators Caucus가 있다. 또 다른 북미의 대표적인 탈동성애단체로는 앤드류코미스키가 1981년에 창설한 데저트스트림 사역이 있으며, 유럽의 탈동성애단체 Exodus Europe, 영국의 True Freedom Trust, 스웨덴의 Medvandrarna, 노르웨이의 Til Helhet, 덴마크의 Basis, 핀란드의 Aslan, 벨기에의 Different, 네덜란드의 Onze Weg가 있다. 기타 지역의 탈동성애단체로서 1978년에 Peter Lane은 Liberty Ministry라는 호주의 첫 탈동성애단체를 창설하였고, 중동에는 유대교인을 위한 Atzat Nefesh와 이슬람교인을 위한 Al-Tawbah가 있다.

한국에는 2006년 11월에 설립된 웰스프링이 2007년 9월부터 첫 동성애자 지원그룹 모임을 시작하였다. 또한 이요나 목사가 세운 크리스천상담실과 한국성경적상담자협회가 동성애자들의 회복을 돕고 있다. 크리스천상담실은 2000년 5월에 이요나 목사가 다음카페에 '이요나 크리스천상담실'을 개설함으로 시작되었다. 현재 1500여명의 회원이 가입하여 온라인-오프라인 상담을 통하여 꾸준히 회복의 길을 걷고 있는 가운데 이미 많은 동성애자들이 회복하여 결혼생활을 하고 있다. 한국성경적상담자협회는 2007년 1월에 미국성경적상담협회의 김주원 박사, 박영률, 이요나 목사, 금주학교 대표 김도형 목사 등에 의해서 설립되었으며, IABC, NANC, BCF와 공동협의회를 구성하여 동성애, 성중독, 알코올, 마약, 게임중독, 우울증 등을 상담 치유하고 상담전문가를 양성하고 있다.

[4] 동성애와 에이즈는 밀접한 관계? Yes!

동성애와 에이즈는 아주 밀접한 관계를 가지고 있다. 그러나 이 의미는 모든 에이즈 환자가 동성애에 의해서 감염되었다는 뜻은 아니며, 동성애자이면 에이즈 감염자가 될 가능성이 높다는 뜻이다. 에이즈는 후천성 면역결핍증의 약자이며, 인체의 면역체계를 파괴시키는 HIV(human immunodeficiency virus) 바이러스에 감염되어 나타나는 병이다. 에이즈(HIV) 감염자란 HIV에 감염된 모든 사람을 나타내며, 에이즈 환자란 HIV에 감염된 사람 중에서 면역결핍 증상들이 나타나는 사람만을 나타낸다. 에이즈 바이러스는 혈액, 눈물, 오줌, 침, 정액, 질분비물 등의 모든 체액에서 발견되며, 정액과 혈액 속에서 바이러스의 함량이 가장 많다. 그래서 성행위로 감염이 많이 되며, 항문성교는 다른 형태의 성행위보다 훨씬 감염될 확률이 높다. 항문성교 중에 쉽게 상처가 생기고, 그 상처를 통해서 정액에 있는 에이즈 바이러스가 혈액 속으로 침투하기 때문이다. 에이즈 바이러스에 감염되면, 3~4주 후에 기침, 미열, 오한 등의 증상이 나타나지만 감기 증세와 흡사하여 대부분 알아차리지 못한다. 그 후 잠재기를 지나는데 아무런 증상이 나타나지 않지만, 바이러스는 계속 증식한다. 짧으면 3년에서 길면 12년의 무증상 시기에 있는 사람은 에이즈 바이러스는 가지고 있지만 에이즈 증상은 나타나지 않는다. 그래서 자신도 모르게 타인에게 바이러스를 전염시키게 된다. 에이즈로 진행이 되면 대략 10개월 정도 밖에 살지 못한다. 결국에는 체중이 감소하여 굶은 사람처럼 보이며, 다발성 감염, 근육통 등으로 고통을 겪으며 최후를 맞이한다. 에이즈는 결국 죽음에 이르는 대단히 주의해야 할 무서운 병이다. 이제부터 동성애와 에이즈 사이의 관계를 국내외 통계를 통해 살펴보고자 한다.

(1) 급증하는 국내 에이즈 감염인의 수

[그림 16]에 있는 한국 질병관리본부의 연도별 국내 에이즈 감염 발견 현황을 보면, 감염인의 수는 2000년 이후로 꾸준하게 증가하며, 내국인과 외국인을 포함하는 국내 누적 에이즈 감염인의 수가 2000년 1,410명에서 2016년에 15,108명으로 급증하였다.[1] 이제는 에이즈 감염인이 만

명이 넘은 에이즈 위험국가가 되었다.

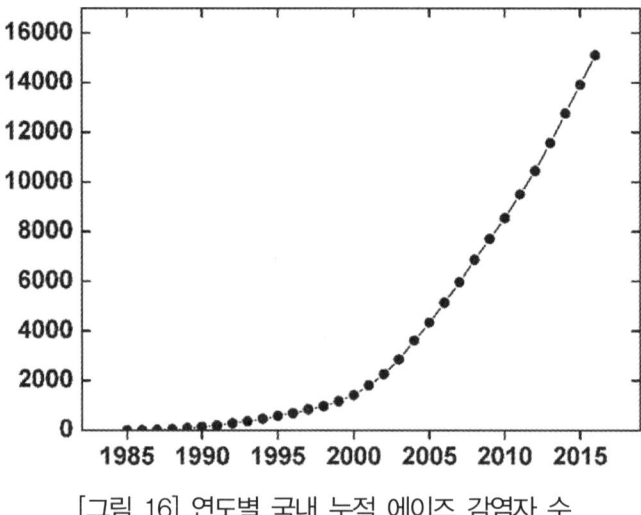

[그림 16] 연도별 국내 누적 에이즈 감염자 수

[그림 17]은 한국 질병관리본부의 연도별 내국인 15~19세의 남성 신규

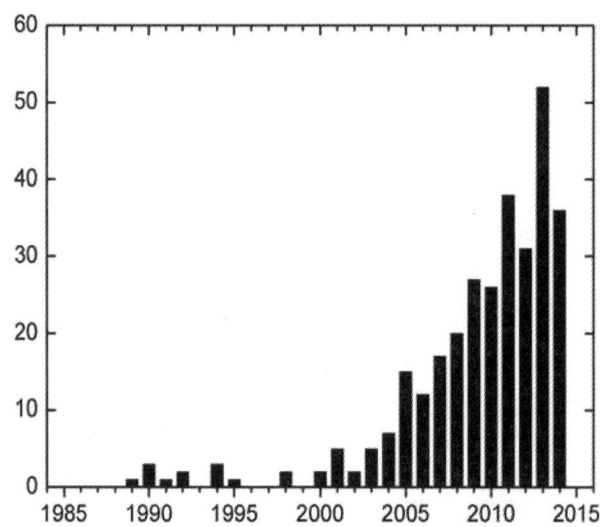

[그림 17] 연도별 내국인 15~19세 남성 신규 에이즈 감염자 수

에이즈 감염자 수를 나타낸다.[2] 그림에서 2000년 이전에는 청소년 에이즈 감염자가 거의 없다가 2000년 이후로 청소년 에이즈 감염자가 급격히 증가하며, 2000년 2명에서 2013년 52명, 2014년 36명, 2015년 41명, 2016년 33명으로 증가함을 볼 수 있다.

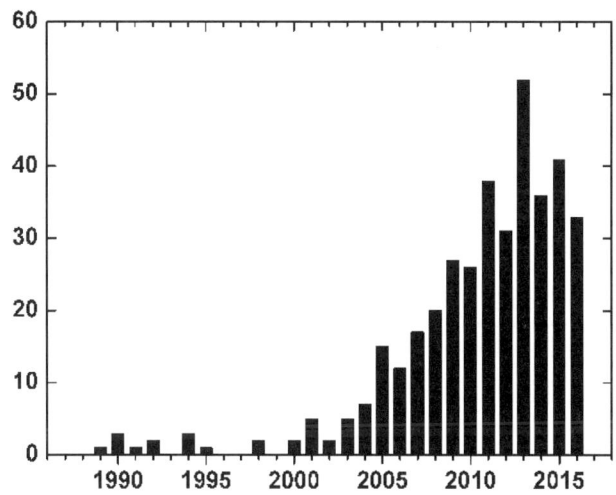

[그림 18] 연도별 내국인 15~19세 남성 신규 에이즈 감염자 수

또한 한국 질병관리본부의 자료로부터 내국인 20~24세의 남성 신규 HIV 감염자 수를 연도별로 보면, [그림 18]처럼 2000년 이후로 청년 에이즈 환자가 급격히 증가하며, 2000년에 15명에서 2014년에 160명, 2015년 185명, 2016년 161명으로 증가함을 볼 수 있다.

[그림 19]에 한국질병관리본부 자료의 내국인 남성 신규 에이즈 감염자 수를 연령별로 그려보면, 2000년, 2005년, 2010년에는 30대가 가장 많다가 2015년에는 20대가 가장 많은 것을 뚜렷하게 볼 수 있다. 최근 10대와 20대의 감염자 수가 급격히 증가하고 있으며, 20대 증가율보다 10대 증가율이 더 크다.

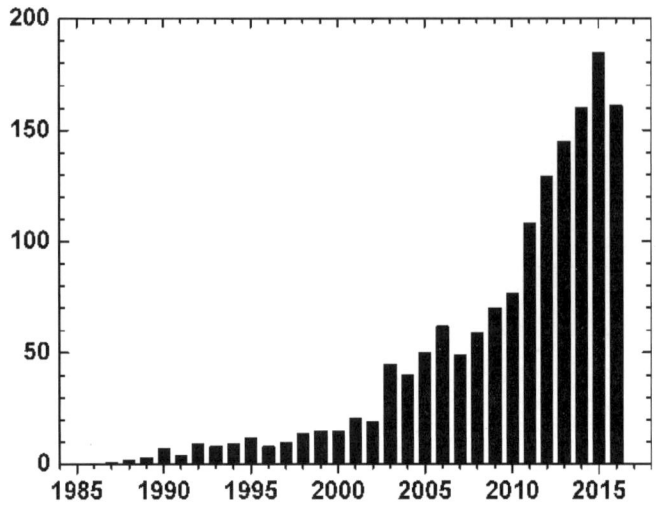

[그림 19] 연도별 내국인 20~24세 남성 신규 에이즈 감염자 수

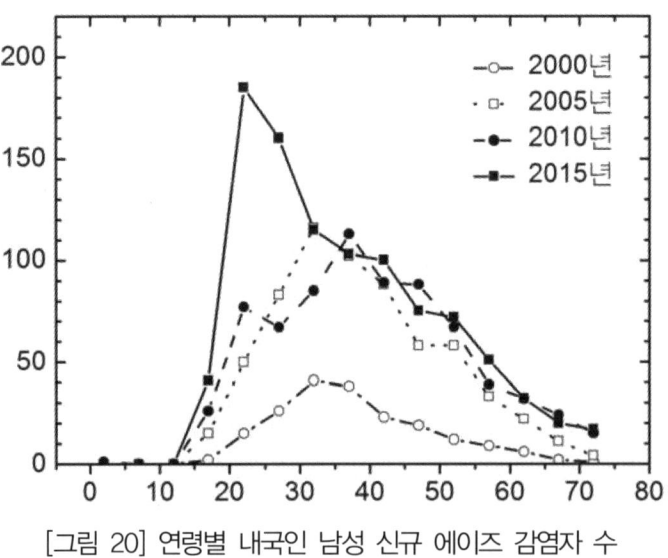

[그림 20] 연령별 내국인 남성 신규 에이즈 감염자 수

(2) 국내 에이즈와 동성애의 밀접한 관련성

국내 에이즈 감염인 급증에 대한 원인 분석을 위해, 먼저 정부에서 만든 공식적인 자료들을 살펴보고자 한다. 2015년에 보건복지부에서 만든 '제4차 국민건강증진종합계획(2016-2020)'에 있는 중점과제 16의 '에이즈'에서, 323쪽을 보면,[1] "그 중 이성간 성접촉과 동성 간 성접촉으로 인한 감염사례의 비는 대략 6:4(3,364명 : 2,216명)로서 이성간 성접촉이 더 많은 것으로 조사되나 전체 HIV 감염인의 91.7%가 남성임과 동성애자 역학조사의 어려움 등을 고려할 때 남성 동성애자 간 성접촉이 주요 전파경로일 것으로 판단됨"이라고 되어 있다. 326쪽에는 "남성 간 성접촉이 주된 HIV 전파경로로 작용하고 있는 우리나라의 역학적 특성과 항바이러스 제제의 효과 등을 고려할 때 남성 동성애자 등과 같은 감염취약계층에 대한 HIV 검사활성화의 중요성은 아무리 강조해도 지나치지 않게 되었음"라고 되어 있고, 326쪽에는 "우리나라의 경우 일반 성인의 HIV 감염률 자체는 낮지만, 성접촉 그중에서도 실질적으로 동성 간 성접촉이 주된 전파경로로 작용하고 있는 HIV/AIDS의 초기 확산단계에 머무르고 있는 상태이다."라고 되어 있다. 331쪽의 세부 추진계획의 사업배경에도 "우리나라는 남성 동성애자 중심의 국소적 유행을 보이므로 남성 동성애자를 목표 집단으로 하는 예방사업이 가장 효과적이다."라고 되어 있다. 위의 내용을 종합하면 보건복지부는 국내 에이즈가 남성 동성애자에 의해 전파되고 있음을 분명하게 알고 있다.

2014년에 인하대학교 연구팀이 질병관리본부에 제출한 '국가 에이즈 관리사업 평가 및 전략개발' 보고서를 보면, 30쪽에 "우리나라의 경우 전 세계에서 HIV 감염률이 가장 낮으며 그 대부분이 남자 동성애자에게 집중되고 있는 HIV/AIDS 유행의 초기 단계임"이라고 되어 있다.[2] 70쪽에도 "동성애자 중에서의 HIV 양성율이 성매매여성들에서보다 훨씬 높은 우리나라의 역학적 현황을 고려한다면 콘돔배포 활동은 남성 동성애자에게 집중되는 것이 타당하다고 하여야 할 것임"이라고 되어 있다. 또한 이 보고서에서 전문가들을 대상으로 설문조사를 하였는데, '우리나라 국가 에이즈 예방 및 지원전략의 주된 사업대상으로 포함되어야 할 필요성이 크다고 꼽은 집단', '각 사업대상 별 국가 에이즈 예방 및 지원사업에서의 우선순위', '역학적 현황의 세부 이슈별 해결 우선순위' 모두에서 남자 동성애자가 압도적인 1위를 차지하였다. 이러한 결과는 에이즈 전문가들이 남성 동성애가 국내 에이즈의 주요 감염 경로임을 명확하게 알고 있다는 뜻이다.

이제부터 에이즈 전문가들의 발언을 살펴보고자 한다. 2013년 11월에 있었던 토론회에서 감염내과 교수는 'HIV/AIDS 역학적 특성 & 최신지견'이란 제목의 발표 자료에 "국내 에이즈 역학의 특징으로 신고된 환자 수가 매년 조금씩 늘어가는 추세로 지속적인 환자 증가가 있고, 성별 및 연령별 분포를 보면 남녀 성비가 11대 1 정도로 남성이 압도적으로 많으므로 아직까지 남성 동성애자 사이에서 주로 유행하는 질병이다."고 하였다.[3] 국민일보와 인터뷰에서 "에이즈가 남성 동성애자들 사이에서 주로 유행하는 질병이라는 것은 여러 정황 상 100% 확실하며 에이즈 전문가라면 누구나 아는 사실이다. 그들이 에이즈의 '진원지'라는 사실이 잘 알려지지 않은 것은 남성 동성애자들의 거센 반발 때문이다."고 했다.[4]

예방의학 교수도 같은 토론회에서 "신규 감염인을 효과적으로 억제하기 위하여 남성 동성애자 등 감염 취약집단 대상의 에이즈 예방사업이 대폭 강화되어야 한다."고 하였다. 그 근거로 "우리나라는 전체 감염인 중 남자 동성애자가 차지하는 구성비가 70~80%로 추계되고 있는데, 이는 세계에서 가장 높은 수준이다."라고 말했다.[5] 한국에이즈퇴치연맹 상임부회장도 "에이즈가 만연한 사회를 보면 3단계 확산 과정을 거친다. 동성애자에서 양성애자로, 결국 이성애자로까지 퍼지며 급속히 확산된다. 우리나라는 남성이 92%, 여성이 8%로 남성 동성애자들이 대부분인 1단계에 머물러 있다. 그러나 문제는 젊은 층이 빠르게 늘어서 양성애, 이성애로 확산될 가능성이 커진다. 3단계에 이르면 절대적인 숫자가 늘어난다."고 경고하였다.[6]

이제부터 신규 에이즈 감염인의 성비(性比)로부터 남성 동성애로 감염되는 비율을 추산해 보겠다. 2014년 말 한국질병관리본부 자료에 따르면, 누적 내국인 에이즈 감염인은 11,504명이며, 그 중 9,615명이 생존하고 남성 92.4%, 여성 7.6%이다.[7] 연도별 내국인 남성 감염자 비율을 살펴보면, 2010년 93.5%(723/773), 2011년 93.1%(827/888), 2012년 93.1%(808/868), 2013년 93.4%(946/1013), 2014년 94%(1016/1081)이었다. 따라서 최근 남성 감염자의 비율이 대략 93%라고 볼 수 있다. 혈액제재에 의한 감염은 1995년 이후에, 수혈에 의한 감염은 2006년 이후에 보고된 사례가 없다. 2006년 이후의 감염경로별 누적 통계를 보면, 성접촉 99.9%, 수직감염 0.07%, 마약주사 공동사용 0.04%이다.[8]

성 접촉에 의해 100% 감염된다고 가정하면, 전체 누적 에이즈 감염자 92%가 남성이며, 신규 에이즈 감염자 93%가 남성이라는 자료로부터 동성애로 감염되는 비율을 계산할 수 있다. 남녀 감염인이 다른 사람에게 에이즈를 감염시킬 확률이 같다고 가정하면, 신규 남성 감염자 중 동성애로 감염되는 비율은 92%이며, 전체 신규 감염자의 85%가 동성애로 말미암아 에이즈에 감염된다. 여성 감염자가 남성에 비해 3배 더 감염을 시킨다고 가정하더라도, 신규 남성 감염자 중 동성애로 감염되는 비율은 78%이며, 전체 감염자 중 동성애로 감염되는 비율은 72%이다. 위에서 여성이 남성에 비하여 3배 더 감염시킨다는 계산을 한 이유는 여성 에이즈 감염인이 성매매 여성이어서 많이 감염시킨다는 주장이 있어서였다. 하지만, 실제 여성 에이즈 감염인은 성매매 여성이 아니고 일반 주부일 가능성이 높다. 그 이유는 질병관리본부 통계에서 누적 여성 감염인 분포에서 30대, 40대, 50대 감염인의 수가 10대, 20대 감염인의 수보다 많기 때문이다. 따라서 대다수 여성 감염인이 성매매 여성이 아니라 일반 주부라고 보는 것이 합리적이다.

동성애 행위를 하는 남성이 일반 남성에 비하여 에이즈에 감염될 확률이 얼마나 큰지를 계산해 보고자 한다. 남녀 감염인이 타인에게 감염시킬 확률이 같다고 가정하면 신규 남성 감염자 중 동성애로 감염되는 비율은 91.4%이므로, 동성간 성관계를 하는 남성이 일반 남성에 비하여 에이즈에 걸릴 확률이 2,115배 크다. 여성 감염자가 남성에 비해 3배 더 감염을 시킨다고 가정하면 신규 남성 감염자 중 동성애로 감염되는 비율은 77.8%이므로, 동성간 성관계를 하는 남성이 일반 남성에 비하여 에이즈에 걸릴 확률이 697배 크다.[3]

---

[3] 전체 남성의 수 = M, 동성애 행위를 하는 남성의 비율 = x, 동성애 행위를 하는 남성의 수 = (1−x)M, 일반 남성의 수 = xM, 일반 남성이 에이즈에 걸릴 확률 = p, 동성애 행위를 하는 남성이 에이즈에 걸릴 확률 = Np

따라서 'N'은 동성애 행위를 하는 남성이 일반 남성에 비하여 에이즈에 걸릴 확률이 몇 배 더 큰지를 나타낸다. 앞에서 구한 결과에 의해서, 남녀 감염인이 타인에게 감염시킬 확률이 같다고 가정하면 신규 남성 감염자 중 동성애로 감염되는 비율인 y=0.914이고, 여성 감염자가 남성에 비해 3배 더 감염을 시킨다고 가정하면 y=0.778이었다.
(1−x)M*p : xM*Np = (1−y) : y → N = [(1−x)/x]*[y/(1−y)]
2003년 한국성과학연구소 발표 자료에 의하면 서울 남성의 경우에, 동성애자 비율은 0.2%, 양성애자 비율은 0.3%이었다. 따라서 동성애 행위를 하는 남성의 비율을 동성애자와 양성애자를 합한 0.5%로 잡았다(x=0.005).
y=0.914 → N = [(1−0.005)/0.005]*(0.914/0.086) = 199*(0.914/0.086) = 2115
y=0.778 → N = [(1−0.005)/0.005]*(0.778/0.222) = 199*(0.778/0.222) = 697

에이즈와 관련된 논문들은 남성 동성애집단(MSM)을 에이즈 고위험군으로 지목한다. 남성 동성애집단은 남성 동성애자, 남성 양성애자, 가끔 남성과 성관계를 하는 남성 이성애자를 모두 포함한다. 서울대 보고서는 에이즈 감염자의 71%가 남성 동성애집단이라고 추정하였다.[9] 따라서 동성애자가 에이즈에 걸릴 확률은 일반인에 비해 훨씬 높으며, 동성애는 에이즈에 감염될 확률이 높은 위험한 성행위임을 분명하게 나타낸다.

(3) 동성애와 에이즈의 밀접한 관련성을 나타내는 외국 통계

미국 질병관리본부가 만든 HIV 감염경로 현황에 의하면, 〈표5〉와 같이 2011년 13~24세 남성 에이즈 감염자의 94~95%가 동성애로 감염되었다.[1]

감염경로	13 ~ 19세		20 ~ 24 세	
	감염자수(명)	백분율(%)	감염자수(명)	백분율(%)
동성 간의 성접촉	1,664	92.8	6,354	90.8
마약 사용자	23	1.4	117	1.7
동성 간의 성접촉 및 마약 사용자	37	2.1	232	3.3
이성 간의 성접촉	67	3.7	294	4.2
합계	1,794	100	6,998	100

〈표5〉 미국 질병관리본부가 만든 2011년 젊은 남성 HIV 감염경로 현황

2007년의 유엔에이즈 보고서에 따르면, "중남미 지역에는 160만명의 에이즈 환자가 있고, 에이즈 환자의 절반 정도는 동성애를 통해 감염된 것으로 나타났다. 중남미 지역의 HIV 감염자는 현재 정체상태를 보이고

있지만, 안전하지 않은 매춘과 동성애가 늘어날 경우 HIV 감염자가 다시 증가할 수 있다"고 강조했다.[2] 캐나다에서 신규 감염자 남성의 75%가 MSM이고,[3] 프랑스에서 2011년 남성 감염자의 65%가 동성애 때문이다.[4] 방콕에서 2010년 신규 감염자 50%가 MSM이고, MSM 중의 31%가 감염되었다.[5] 2012년 아일랜드에서 HIV 진단을 받은 동성애자와 양성애자 남성은 166명이며, 조사가 시작된 이래로 최고의 수치이며, 2012년 아일랜드에서 HIV에 가장 많이 감염되는 이들은 동성애자와 양성애자 남성이다.[6] [그림 20]처럼 미국에서 2008년부터 2010년까지 증가한 에이즈 감염자의 1~3위가 남성 동성애집단(MSM: male having sex with male)이고, 전체 감염자의 70%이다.[7]

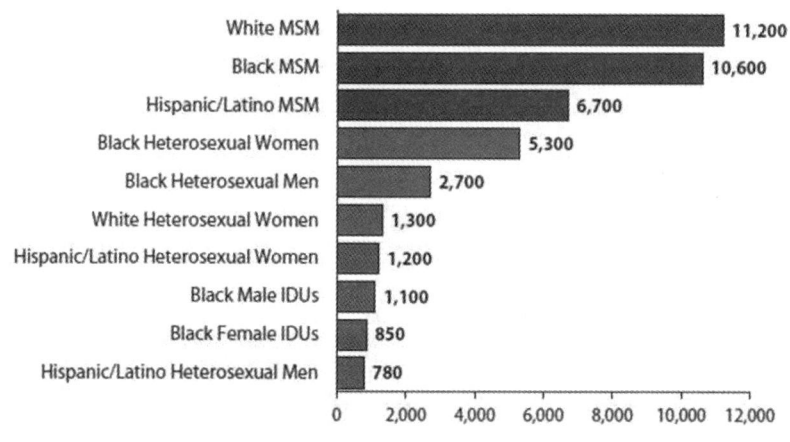

[그림 20] 미국 2008년부터 2010년까지 증가한 에이즈 감염자 분포

또한 미국 존스 홉킨스 대학 연구팀이 의학전문지 '랜싯'에 게재한 보고서에 따르면, 미국, 스페인, 칠레, 말레이시아, 남아프리카 등에서 MSM의 HIV 유병률은 대략 15%이다.[8] 또한 보고서는 똑같이 피임기구를 사용하지 않았더라도, 남성 에이즈 감염자와 미감염자가 항문성교를

할 경우 에이즈에 걸릴 확률은 1.4%로, 이는 남녀가 정상적 방식으로 성관계를 가질 때의 에이즈 감염률보다 무려 18배 높다고 밝혔다. 영국 에이즈 협회 2013년 추계학회 때 잉글랜드 공공보건국의 교수는 남성 동성애자들의 에이즈 감염이 증가하는 것이 전 세계적인 현상이라는 보고를 하였다.[9] 2012년 유엔에이즈 글로벌 보고서에 의하면, 남성 동성애 집단의 HIV 감염률이 일반인에 비해 높은 것은 전 세계적인 현상이다. 에이즈와 동성애가 높은 상관관계를 갖는 이유는 항문 성관계와 난잡한 관계 때문이다.

1978년 결과에 따르면, 백인 남성 동성애자의 15%는 100~249명, 17%는 250~499명, 15%는 500~999명, 28%는 1,000명 이상 파트너와 관계를 가진다. 1997년 결과에 따르면 50세 이상의 성인 동성애자가 일생동안 가진 파트너 수를 조사한 결과, 1명의 파트너를 가진 비율은 2.7%이고, 21.6%는 최빈값인 101~500명, 10.2~15.7%는 501~1000명, 다른 10.2~15.7%는 1000명 이상이었다.[10] 남성 동성애자는 에이즈가 발견된 후에도 인터넷 등을 통해 알게 된 익명의 대상자와 위험한 성관계를 가진다. 위의 통계를 볼 때에 남성 동성애가 에이즈의 주요 감염경로이며, 동성애는 에이즈에 걸릴 확률이 높은, 의학적으로 위험한 성행위임을 부인할 수 없다.

(4) 국내 에이즈 감염인 급증에 따른 경제적인 문제

한국 인구는 약 5,100만 명인데, 2014년에 생존하는 내국인 에이즈 감염인은 9,615명(0.019%)이다. 요즘 에이즈 약이 잘 나와서 수명을 많이 연장할 수 있는데, 다국적기업에서 만들어서 약값이 비싸다. 에이즈 감염자의 1년 의료비를 1,000만원이라고 가정하면, 내국인 에이즈 감염인에 대한 의료비는 1,000억 원이다. 의료비의 90%는 보험에서 지급하고 나머지는 본인부담금이지만, 결국 정부에서 본인부담금을 돌려준다. 따라서 에이즈 감염인의 의료비는 전액 국가 예산에서 지원된다. 암환자와 희귀병환자도 본인부담금이 5% 이상이다. 그런데 에이즈 환자만 전액 지원하고 나중에 간병비까지 지원한다. 영국 인구는 약 6,400만 명인데 2013년에 생존하는 에이즈 감염인은 약 10만 명(0.16%)이다. 미국 인구는 약 32,100만 명인데 2013년에 생존하는 에이즈 감염인은 약 120만 명(0.37%)이다. 따라서 인구 비율로 보면, 영국과 미국의 에이즈 감염자 비율은 한국의 약 10~20배이다. 만약 한국이 영국 또는 미국처럼 동성애를 합법화하면 국내 에이즈 감염인도 10~20배 증가할 것이며, 이들을 위한 1년 의료비는 1~2조원이 될 것이다. 영국과 미국은 재정 구조가 튼튼하여 에이즈 감염자가 많아도 잘 버티지만, 한국의 재정 구조는 그렇게 좋지 못하여 에이즈 감염자가 10~20배로 증가하면 경제적으로 몰락할 것으로 예상된다. 그러므로 동성애자 증가는 에이즈 감염자의 증가를 가져와서 국민 건강에 위해요소로 작용할 뿐만 아니라 국가의 경제발전에도 심각한 악영향을 끼치고 일반 국민에게 세금폭탄을 안길 것으로 예상된다. 그렇다고 해서, 경제적인 이유로 에이즈 감염인들에게 약을 공급하지 않으면 바이러스가 증가하여 수명이 단축되고 타인에게 에이즈를 감염시킨다. 따라서 에이즈 감염인에게 반드시 약을 공급해야만 한다. 그러므로 가장 좋은 해결책은 한국 사회에서 동성애의 확산을 막아서 에이즈 감염인이 증가하지 않도록 하는 것이다.

(5) 동성애자의 헌혈제한 조치는 동성애와 에이즈의 관련성을 나타냄

1회의 성관계로 에이즈에 감염될 확률은 낮지만, 에이즈 바이러스가 있는 피를 수혈 받으면 거의 에이즈에 감염된다. 남성 동성애자들은 에이즈 바이러스를 가지는 비율이 높기에, 상당수 국가들은 남자 동성애자의 헌혈을 제한한다. 예로서, 독일, 아르헨티나, 오스트리아, 벨기에, 브라질, 중국, 홍콩, 필리핀 등의 31개 국가는 남성 동성애자의 헌혈을 전면 금지한다. 반면에, 한국, 호주, 캐나다, 일본, 미국 등의 13개 국가는 남성 동성애자의 헌혈을 조건부로 허용한다. 예로서, 한국은 동성간 성관계를 하면 1년 동안 헌혈을 금지한다. 2013년에 캐나다는 평생 헌혈금지에서 최근 5년간 동성과 성관계를 한 적이 없는 남성에 한하여 헌혈을 허용하였다. 캐나다 혈액원 부총재는 "2011년 남성 간의 성관계를 통한 에이즈 감염 비율이 전체의 47%를 차지했다. 남자 동성애자들의 헌혈을 일정 기간 금지하는 것은 캐나다만이 아니다."라고 말했다. 또한 캐나다 보건부의 원로 의료고문은 "남성 동성 간의 성행위는 위험행위이다. 해부학상의 근거도 충분하고, 과학적인 설명도 가능하다. 위험요소를 알면서 그 혈액을 사용하는 것은 부당한 일이다. 동성애자의 헌혈금지 조치는 위험성을 최소화하기 위한 기본적인 정책이다."라고 말했다. 동성애자의 헌혈제한 조치는 동성애자들이 에이즈 바이러스를 많이 갖고 있음을, 즉 동성애와 에이즈의 밀접한 관련성을 모든 국가들이 알고 있음을 나타낸다.

　에이즈가 동성애로 말미암아 확산된다는 객관적 통계가 있음에도 서구에서 동성애 합법화를 막지 못했다. 동성애자 수가 어느 정도 이상으로 증가하면 어떤 이유도 동성애 확산을 막지 못한다. 다행히 한국의 동성애자 수는 많지 않고 에이즈 환자의 수도 적으므로, 지금 에이즈 환자 증가를 막기 위해서도 동성애 확산을 저지하는 노력을 해야 한다. 위에서 기술한 내용에 대한 반론으로 에이즈 환자가 가장 많은 곳은 아프리카이며 그 이유는 가난이라고 말한다. 그러나 한국과 서구 사회의 경우에는 에이즈 감염 이유가 가난 때문이 아니고 성 접촉 때문이므로 아프리카와 비교해서는 안 된다. 다른 반론으로 여성 대부분이 이성 간 성 접촉에 의해 감염되었다는 통계를 언급하면서, 여성은 오히려 동성 간 성 접촉을 해야겠다고 말한다. 그러나 통계 자료가 의미하는 것은 에이즈가 동성애로 말미암아 남성에게 많이 퍼져 있으며, 여성들은 에이즈에 감염된 남성에 의해 감염되는 경우가 대부분이라는 것이다. 이것을 이유로 여성들은 동성 간 성 접촉을 해야 한다는 주장은 타당하지 않다.

(6) 동성애와 에이즈의 밀접한 관련성을 발표하지 않는 질병관리본부

한국 보건복지부와 질병관리본부는 국내 에이즈가 주로 남성 동성애로 말미암아 감염됨을 알고 있음에도 불구하고, 홈페이지와 에이즈 관련 책자에 전혀 언급하지 않고 있다. 질병관리본부가 에이즈의 주요 감염 경로를 국민들이 알지 못하도록 은폐하는 것은 국민의 건강을 책임지는 정부 기관으로서 취할 태도가 아니다. 반면에 미국과 일본 질병관리본부가 남성 동성애가 에이즈의 주요 감염경로임을 분명하게 밝힌다. 미국 질병관리본부 홈페이지에 '집단별 HIV'란 코너 중 '남성 동성애자와 양성애자'의 '요약 정보'에 "동성애자 및 양성애자 남성이 다른 어떤 집단보다 HIV에 가장 많이 감염된다."고 명시되어 있다. 일본 질병관리본부의 에이즈동향위원회는 3개월마다 감염동향을 발표하고, 매년 종합 결과를 발표하면서, 동성간 성접촉이 에이즈의 주요 감염 경로임을 시인한다. 반면에 한국 국가인권위원회는 동성애와 에이즈의 관련성에 대한 보도를 금지시키고, 한국 질병관리본부와 전문가들은 동성간 성접촉이 주요 감염 경로라는 사실을 밝히기를 두려워한다. 따라서 한국 국민들과 청소년들은 동성애의 위험성을 전혀 알지 못하고 에이즈 감염이 급증하고 있다. 이 상황을 조금만 더 방치하면 에이즈 감염이 폭발적으로 증가할 가능성이 높다. 시급히 동성애와 에이즈의 밀접한 관련성을, 질병관리본부는 홈페이지와 에이즈 관련 책자에 언급하고, 학교 교육을 통하여 학생들에게 알리고, 언론보도를 통하여 국민들에게 알려야 한다.

성역활	바텀(여성역할)			탑(남성역할)		
성병 감염	감염자 없음	파트너 감염	모두 감염	감염자 없음	파트너 감염	모두 감염
콘돔 미착용	1.38%	3.56%	9.44%	0.11%	0.28%	0.75%
콘돔 착용	0.39%	1%	2.64%	0.04%	0.11%	0.28%

〈표6〉 일회 항문 성행위 시 에이즈에 감염될 확률

한국 질병관리본부는 콘돔의 올바른 사용으로 100%에 가까운 HIV 예방효과를 거둘 수 있다고 안내하고 있지만, 실제로는 그렇지 않다. 미국 질병관리본부의 자료를 보면 항문성교 시 콘돔을 사용하더라도 에이즈 감염 비율이 높은 것을 위의 표에서 볼 수 있다.[1] 한국 질병관리본부는 항문성교의 위험성을 바르게 알리지 않고 있기에, 10~20대 남성들이 동성애(항문성교)로 말미암아 에이즈에 감염되는 것을 막지 못하고 있다.

[5] 동성애는 비정상적? Yes!

남자가 남자와 성행위를 하고, 여자가 여자와 성행위를 하는 동성애는 자연의 순리에 어긋난 비정상적인 성행위이다. 남자와 여자는 각각 다른 성(性)기관을 갖고 있으며, 구조적으로 남자와 여자의 성기관이 결합하여 성행위를 하는 것이 마땅한 자연의 순리이다. 남녀의 성기관 주위에는 성행위를 피부마찰 없이 할 수 있도록 음모(陰毛)가 있으며, 여자의 질 내에는 성행위를 부드럽게 하도록 하는 매끄러운 분비물이 나온다. 그리고 성행위의 마지막 단계에서는 사정(射精)이 되어서 정자와 난자가 만나 수정란을 만들고 후손이 태어나게 된다. 반면에 남자가 남자와 더불어, 여자가 여자와 더불어 하는 성행위는 구조적으로 가능하지 않다. 남성 동성애자는 항문성교를 하는데, 항문은 성기관이 아니고 배설기관이다. 병균과 바이러스가 가장 많이 있는 불결한 곳인 항문에다가 성행위를 함으로써 치질, 출혈, 장질환(직장암), 성병 등이 생기며, 간염, AIDS도 잘 감염된다.

동성애가 자연의 순리에 어긋난 비정상적인 성행위임은 너무 자명하다. 비유로 말하면, 동성애는 코로 밥을 먹는 것과 비슷하다. 자연의 순리는 입으로 밥을 먹고 코로는 호흡을 하는 것이다. 특정한 기관의 모든 부분은 어떤 특정한 기능을 하는데 적합하도록 이미 결정되어 있으므로 정해진 특정한 기능을 수행하는 것이 자연의 순리에 맞다. 그런데 기관의 정해진 특정한 기능을 하지 않고 다른 것을 하면서 그 행위가 정상이라고 주장하는 것은 옳지 않으며, 자연의 순리에 맞지 않으므로 결코 정상이라고 볼 수 없다. 따라서 배설기관에 성행위를 하는 동성애를 정상으로 인정할 수 없다. 아래에서 좀 더 자세하게 동성애 행위가 초래하는 문제점들을 살펴보고자 한다. 이 내용은 참고문헌[1]와 [2]에서 발췌하여 인용하였음을 밝힌다.

(1) 항문 성관계로 말미암는 문제점

여러 남성들과 성관계를 가지는 남성들은 난잡한 성관계 그 자체 때문만이 아니라, 남성들 간에 이루어지는 성관계의 특성 때문에 여성들과 성관계를 가지는 남성들보다 더 큰 건강상의 해로움을 입게 될 가능성이 커진다. 남성 간 성관계 행위의 위험성을 요약하면, 남성 동성애자들 간의 성행위는 단순히 항문을 통해서 성관계를 가지는 것뿐만 아니라, 구강-성기, 손항문 등을 통해서도 일반적으로 이루어진다. 구강-항문 성관계가 일반적이지는 않지만, 구강-항문 성관계를 가지는 남성 동성애자들의 경우에 장 속의 병원체에 의해 감염되어 질병이 발생할 확률이 높아진다. 성관계 때문에 생긴 상처에 병원균들이 침투해서 생식기에서 매독이 발병할 수도 있다. 항문 성관계뿐만 아니라 다양한 자극을 위해서 성관계 때에 사용하는 기구들 때문에 상처가 생길 수도 있다. 이러한 행위들은 가끔 이성애자들에 의해서도 행해질 수 있는 것들이지만, 동성애 남성들은 아주 심하게 이러한 행위들을 한다.

항문 성관계는 많은 남성 동성애자들에 의해서 거의 예외 없이 행해진다. 그러나 사람은 신체학적으로 항문 성관계에는 적합하지 않도록 고안되어져 있다. 성기 삽입의 적절함과 관련하여 여성성기와 남성항문은 매우 다르다고 말할 수 있다. 여성 성기에서는 자연스럽게 윤활유가 분비될 뿐 아니라 근육들의 유기적인 연결들에 의해서 지탱되어진다. 여성 성기는 손상되지 않을 뿐만 아니라 마찰에 대해서도 견뎌낼 수 있는 여러 층으로 배열된 편평상피와 점액막으로 구성되어져 있다. 즉, 여성 성기는 성관계를 하는 동안 발기한 남근이 편하게 삽입될 수 있도록 성기의 모양을 바꾸거나 확대시킬 수 있는 두꺼운 근육조직에 의해 둘러싸여 있다. 이러한 근육들은 성관계를 가질 때에 일어날 수 있는 찰과상을 예방해 주는 역할을 한다. 이와 비교하여 항문은 단지 배출하기 위한 통로를 위해서 작은 근육들이 아주 세밀하게 연결되어 있어서, 여성 성기에 비해 훨씬 더 제한적으로 확대된다. 또한 항문은 꼬리뼈에 붙어있어 확장되기가 어렵다. 이 때문에 항문을 통해서 성관계를 가지게 될 때 항문은 찢어지기가 쉽다. 결과적으로 항문을 통해 남성 성기를 받아들이는 사람은 항문과 직장에 상처가 생긴다.

직장의 외벽은 수많은 배상세포[4]와 한 층의 얇은 세포막으로 이루어져 있다. 이와 같은 얇은 세포막은 물과 전해액의 흡수를 촉진시키는 기능을 한다. 배상세포로부터 분비된 점액이 약간의 보호기능을 할 수는 있지만, 항문을 통한 성행위 시 일어날 수 있는 찰과상에 대해서는 효과적인 보호기능을 수행할 수 없다. 항문성행위와 관련하여 발생할 수 있는 가장 일반적인 문제들 중 하나는 항문이 찢어져 파열되는 것이다. 외항문 괄약근은 구조상 괄약근의 움직임을 통해 몸 밖으로 물질을 내보내려고 하는 경향이 강하다. 따라서 역방향으로 갑작스럽게 혹은 힘을 가해서 물체를 삽입시키는 행위는, 즉 항문 안으로 성기를 삽입하는 행위는 항문반사작용을 유발시키고, 물체가 항문 안쪽으로 들어오지 못하도록 괄약근은 자연적으로 수축하게 된다. 또한 여성의 성기와 달리 항문과 직장은 마찰을 방지하는 점액을 배출하는 기능이 매우 부족하다. 결국 점액이 배출되지 않은 상태에서 남성성기가 삽입되거나 혹은 충분히 팽창하지 않은 상태에서 남성성기가 삽입될 경우, 항문 주위나 항문관

---

4) 배상세포는 장의 표면을 매끄럽게 하고, 보호용 점액을 분비하는 단세포 선(腺)을 말한다.

조직은 찢어져서 파열될 수 있다. 다시 말해서 항문 성행위는 항문의 파열을 초래할 수도 있고, 이에 따라 항문의 출혈 또는 기타 여러 합병증들을 유발하는 결과를 초래할 수도 있다.

항문을 통해서 남성 성기를 받아들이는 총 횟수 및 빈도수는 성병에 걸릴 가능성과 외상의 정도에 영향을 주는 것으로 판단된다. '아그뉴'라고 하는 동성애 잡지에는 아래와 같은 글이 실려 있다. "항문과 직장에 행해지는 빈번한 성관계는 그것이 반복되는 항문 성관계이든, 빈번한 관장 혹은 직장 안으로 계속해서 물체를 삽입하는 것이든 직장점막에 염증을 유발할 수 있다. 증상은 항문과 직장 사이의 고통, 설사, 점액의 과잉분배, 위장 내에 고이는 가스, 화농성의 고름, 장에서 일어나는 경련, 고통스러운 배변, 대변의 유출, 치질, 항문·직장의 궤양유발, 가려움, 항문소양증, 직장의 탈장증 등 다양한 형태로 나타날 수 있다."

항문 성관계를 가지는 남자들 사이의 대변 유출에 관한 연구는 항문 성관계를 가지는 사람들의 1/3 이상이 대변 유출 혹은 배변의 긴급성 등을 보고하였다. 상기 연구물은 또한 반복되는 항문 성행위로 인해 누적되는 영향들에 대해 밝혀내고 있다. 이는 대변을 장에 담아두는 압력을 견디는 힘과 항문 성행위의 파트너들이 얼마나 많았느냐 하는 것과 상관관계가 있다. 즉 잦은 항문 성행위 때문에 내부괄약근 손상이 축적되어, 증상이 얼마나 진행되었는지에 따라 대변을 장에 담아두는 괄약근의 힘은 달라진다. 즉 반복된 항문 성행위로 인해 손상된 항문은 대변 유출이라는 결과를 초래하게 된다. 이러한 변실금 현상은 빨리 화장실에 가지 않으면 대변을 줄줄 싸게 되며 나이가 들수록 더 심각해진다는 동성애자들의 고백으로부터도 들을 수 있다.[3]

항문을 통해 남성 성기를 받아들임으로써 생길 수 있는 항문의 외상 그리고 직장 자체가 가지고 있는 특성으로 인해 질병감염은 아주 쉽게 일어난다. 항문 성행위를 하는 동안 생길 수 있는 상처는 그 자체로는 심각한 것이 아니다. 항문에 생긴 상처 자체보다 더 치명적인 것은 이러한 상처에 의한 질병 감염이다. 항문이 찢어짐에 따라 출혈이 발생할 수도 있다. 즉 몸의 체액이 혈액과 함께 섞이게 되고, 그 결과로 아주 다양한 성병 감염이 일어나게 된다. 이러한 과정을 통해서 감염되는 것들에는 편모충, 각종 세균(이질균, 임질 등), 바이러스(B형 간염, 단순포진), 매독균, 장의 여러 병원균 등이 있다.

또한 출산을 위하여 정액의 배출은 면역을 약화시키는 작용을 일으킨다. 왜냐하면 여성의 면역방어 시스템이 약화되어야만 정액 속의 정자들이 그 방어벽들을 피해 나갈 수 있게 되어 수정이 가능해질 수 있기 때문이다. 토끼의 직장 속에 정액을 주입하는 실험을 통해서 정액을 주입받은 토끼는 면역방어시스템이 약화된다는 사실이 밝혀졌다. 이것은 사람의 경우에도 동일하게 적용이 되는데, 정액이 면역시스템을 약화시키는 것이다. 결론적으로 말하면 항문-성기를 통한 성관계는 항문이나 직장의 취약한 특성과 면역을 약화시키는 정액의 효과 때문에 후천성면역결핍증을 일으키는 HIV 등의 질병 전염이 극대화 될 수밖에 없는 조건이 형성된다. 항문을 통한 동성애적 성관계로 인해서 특별히 빈번하게 발생하는 질병의 목록은 다음과 같다. '항문암, 항문 사마귀(일명 곤지름), 요도염, 헤르페스 바이러스 감염증, 인유두종 바이러스(자궁경부암 유발인자), 간염, 임질, 매독, 에이즈'

위의 질병들 중 몇 가지는 이성애자 그룹에서는 매우 드문 일이라서 잘 알려져 있지 않은 것들도 있다. 동성 간 성관계를 가지는 그룹이 이성 간 성관계를 가지는 그룹에 비해서 압도적으로 많은 비율의 발병률을 보여주고 있다. 예를 들어 매독의 경우, 이성애자들과 동성애자들 사이에서 모두 나타나기는 하지만, 1999년에 워싱턴 킹 카운티에서는 매독의

85%가 동성 간 성관계를 가지는 그룹들에서 발생한 것으로 보고되었다. 또한 앞서 언급했듯이, 샌프란시스코의 남성 동성애자들 사이에서 매독은 전염병 수준만큼 만연되어 있다. 항문을 통한 성관계는 동성애자 남성들에게 항문암을 일으킬 수 있는 위험성을 증대시킨다. 1989년에 조사된 자료에 따르면, 남성 동성애 행위자들의 항문암의 비율이 이성애자 남성들의 항문암 비율보다 훨씬 높다는 것을 보여주고 있다. 이와 같이 남성 동성애자들 사이에서 항문암이 만연되고 있다는 사실은 많은 관심을 불러일으키고 있다. 항문암 환자들 중에서 후천성면역결핍증(AIDS)에 감염된 남성 동성애자들의 경우, 이성애자 남성들과 비교하여 그 감염비율에 있어서 두 배 이상이다.

(2) 구강-항문 성관계로 말미암는 문제점

이제부터는 남성 동성애자들 사이에 이루어지고 있는 구강-항문 성관계의 위험성에 대해서 알아보겠다. 전통적으로 장의 병원균들의 감염은 보통 오염된 음식이나 물의 섭취와 연관이 되어 있고, 성적인 방식을 통해서는 전염이 이루어지지 않는 것으로 알려져 있다. 그러나 남성과 성관계를 가지는 남성들 사이에서는 장의 병원균 전염이 구강-항문 성관계 혹은 항문성교 후에 행하는 구강성교 등을 통해서 이루어진다. 장 병원균들은 구강-항문 성관계를 통해서 섭취되거나 혹은 이전 항문 성관계에서 오염되었던 성기를 그대로 다른 남성 파트너의 항문에 삽입함으로써 옮겨지게 된다. 미국에서 증가하고 있는 성병들 중에서 일반적인 성접촉을 통해서는 발병할 수 없는 여러 성병들이 남성들과 성관계를 가지는 남성들에게서 가장 많이 나타나고 있다. 미국에서 성적인 접촉을 통해서 전염되는 성병들의 사례들 가운데 남성들과 성관계를 가지는 남성들이 그 대부분을 차지하고 있다. 이러한 성병들에는 생명을 위협할 정도로 심각한 것들에서부터 미약한 수준에 있는 것까지 매우 다양하다.

구강-항문 성관계로 캄피로박터(식중독 유발), 임질, 살모넬라(식중독 유발), 설사균, 다른 장 병원균 등의 감염이 촉진되고, A형 간염, 세균성 이질균, 요충, 장편모충, 장 기생충 등의 병원체 전염이 동성애 남성들에게 점점 증가하고 있다. 남성과 성관계를 맺는 남성들 사이에서의 이와 같은 성병의 창궐은 '게이 장 증후군'이라고 불리는 새로운 용어를 만들어 냈다. 이러한 새로운 용어의 개념을 비평하는 사람들은 게이 장 증후군 질병이 남성과 성관계 맺는 남성들에만 제한되는 것은 아니고, 장에서 발생하지 않을 수도 있을 뿐만 아니라, 증후군을 구성하지 않을 수도 있다고 한다. 그러나 게이 장 증후군 개념의 핵심요지는 생리학자들이 이전에는 성적인 행위와 관련이 없는 것으로 규정했던 질병들을 성병으로 규정하기 시작했다는 점이다. 게이 장 증후군은 남성과 성관계 맺는 남성들 사이에서 만연해 있는 난치 성병들과 관련하여 새롭게 규정되고, 간편하게 지칭되고 있다. 게이 장 증후군에서 '게이'라는 용어사용에 대한 여러 비판에도 불구하고, 남성과 성관계를 가지는 남성과 성적인 장 병원체 사이에는 확실히 상관관계가 있다.

1991년에 미국질병통제센터는 뉴욕에서 A형 간염이 창궐했다고 발표하였는데, 남성 감염자들 중 78%가 자신을 동성애자 혹은 양성애자라고 밝혔다. A형 간염은 성적인 접촉을 통해서만 감염되는 것은 아니다. 또한 식중독을 일으키는 살모넬라는 항문성교 이후에 행해지는 구강-항문, 구강-질의 성적인 접촉을 통해서 발병한다. 가장 놀랄만한 새로운 발견은 장티푸스가 성적인 접촉을 통해서 감염될 수 있다고 보고된 것이다. 이와 같은 수인성 질병은 열대지방에서 잘 알려져 있는데, 열대가 아닌 지역에서는 보통 오염된 음식물이나 물을 섭취함으로써 감염되는 것으로 미국에서만 400여명의 사람들이 이러한 질병에 감염되었다. 하지만 오하이오 주에서는 성적인 접촉을 통해서 이러한 수인성 질병들이 퍼지고 있다고 조사되었다. 오하이오 주에서 푸에르토리코를 여행했던 한 남성과 성관계를 가졌던 다른 여러 남성들이 이러한 수인성 질병에 감염되었다는 사실이 밝혀졌다.

미국에서는 인간 간염 바이러스 8(HHV-8)은 남성 동성애 행위자들 사이에서만 발병하는 질병이다. 연구자들은 동성 간 성행위를 통해서 후천성면역결핍증(AIDS)에 걸린 남성들이 전에는 아주 희귀했던 '카포시스 사르코마(Kaposi's sarcoma)'라고 불리는 종류의 암에 자주 걸린다는 사실을 오랫동안 지적해왔다. 이성애자들 간의 성관계 혹은 마약을 투여하기 위해 사용하는 정맥주사기로부터 HIV 바이러스에 감염되어 후천성면역결핍증(AIDS)에 걸린 남성들에게서는 일반적으로 이러한 형태의 암이 발생하지 않는다. 최근에 이루어진 연구들을 통해서 HHV-8 간염이 카포시스 사르코마를 유발한다는 것이 밝혀졌다.

영국의 최신 의학저널은 샌프란시스코에 있는 이성애자 그룹과 동성애자 그룹을 조사하였다. 5년의 조사기간 동안, 동성애자 그룹 사람들의 약 38%가 HHV-8 간염 바이러스에 양성반응을 보인 남성과 성관계를 가졌던 것으로 나타났고, 이성애자 그룹에서는 이러한 사람들과 아무도 성관계를 가지지 않았다. 이 연구는 HIV와 HHV-8에 모두 감염된 남성들의 절반이 10년 이내에 카포시스 사르코마에 걸릴 것이라고 예상하고 있다. 이 의학논문은 HHV-8를 전염시키는 성적인 행위가 정확히 어떠한 타입인지에 대해서 명확하게 밝히고 있지는 않다. 다만 이 HHV-8가 침과 같은 체액을 통해서 전염될 수 있을 것이라고 추정하고 있다.

B형 간염 바이러스(HBV)는 남성들과 성관계를 가지는 남성들에게 더욱 만연해 있다. 혈청 연구조사에 따르면, 동성애 남성그룹의 50~75%가

HBV에 감염된 것으로 나타나고 있다. 미국에서만 100,000명 이상의 동성애 남성들이 B형 간염 표면항원을 가지고 있다. 즉 비경구 마약 사용자에 비교할 만한 감염비율을 보여주고 있는 것이다. 동성애 남성들은 B형 간염 표면항원 양성반응을 보이는 이성애자 파트너를 둔 사람들의 감염비율을 훨씬 초과한다. 동성애 남성들의 성적인 활동은 다양한 감염 바이러스에 더 많이 노출되도록 하고 있으며, 바이러스에 더욱 쉽게 감염될 수 있는 통로가 되고 있다. 질병예방센터는 최근 비록 HBV의 비율이 감소되었다 하더라도, 남성과 성관계하는 남성들이 HBV 성병 감염자의 거의 1/3을 차지하고 있다고 보고하였다.

  남성과 성관계를 가지는 남성들 사이에서 발병하는 특정 성병들은 다른 집단의 유사한 성병들보다 더욱 위험하고, 다른 집단의 성병과는 다르다는 점이 보고되고 있다. 그런데 가장 우려할 만한 사실은 남성들과 성관계를 가지는 남성들 사이에 발생하는 질병들이 항생물질에 강한 내성을 보이고 있다는 점이다. 즉 항문 성행위 때문에 항문과 직장 사이에 발병한 임질은 페니실린에 강하게 저항하는 성향이 있다는 사실을 말해 주고 있다. 더 나아가서 남성 동성애자들은 구강성교 또는 항문성교 도중에 전립선을 자극하여 쾌감을 극대화할 목적으로 손이나 주먹을 항문 안으로 집어넣는 행위를 한다. 이는 항문성관계보다 위험하며, 직장과 괄약근 등을 크게 훼손한다. 위의 글을 읽으면서 느꼈겠지만, 말로 설명하기에도 끔찍한 성행위를 하는 동성애는 아름답게 미화해서는 안 되는 정말 난잡하고, 불결하고, 불건전하고, 비정상적인 성행위이다. 많은 사람들이 동성애에 대해서 정확히 알지 못하면서 우호적인 태도를 취하고 있지만 위에서 기술한 것과 같은 동성애에 대한 바른 지식을 가지게 되면 동성애를 정상으로 인정할 수 없는 성행위라는 사실을 받아들일 것으로 기대한다.

[6] 동성애는 비윤리적? Yes!

동성애는 비정상적인 성행위일 뿐 아니라, 윤리도덕에 어긋난 성행위이다. 유교, 가톨릭, 개신교를 포함한 기존의 모든 종교와 도덕은 동성애를 윤리적이라고 보지 않는다. 2007년에 동성애 차별금지법안에 대해서 한국의 7대 종단이 반대하기로 의견을 모은 것도 이를 뒷받침한다. 인천가톨릭대학의 박희중 교수는 가톨릭의 동성애에 대한 입장을 다음과 같이 말했다.[1] '동성애 행위를 심각한 타락으로 제시하고 있는 성경의 말씀을 근거로 교회는 전통적으로 동성애 행위는 문란하다고 가르쳐왔고, 근본적으로 비윤리적인 행위로 평가하고 있다. 동성애를 객관적 관점에서 비윤리적으로 보는 이유는 성행위의 바른 지향 혹은 목적성이 결여되어 있기 때문이다. 교회는 성경의 말씀에 근거하여 인간의 성행위는 양성 사이의 행위일 때만 정상적이라고 가르치고 있다. 동성애 행위는 자위행위, 수간, 비정상적 성행위와 함께 자연을 거스르는 성행위라고 보며, 그런 행위 안에는 생명의 전달 가능성을 원천적으로 배제하고 있기에 비윤리성을 갖는다고 보는 것이다. 신앙교리성이 1975년에 발표한 성윤리의 특정 문제에 관한 선언의 제3항에 동성애 행위는 근본적으로 무질서한 행위이며 어떠한 경우에도 용납될 수 없다고 분명하게 명시되어 있다.'

합동신학대학원대학교의 이승구 교수는 개신교의 동성애에 대한 입장을 다음과 같이 말했다.[2] '하나님께서는 처음부터 남자와 여자를 창조하시고, 그 둘이 한 몸이 되어 자녀를 생산하고, 하나님의 뜻대로 온 세상을 잘 다스릴 것을 원하셨다. 그러므로 창조의 원리에 따르면 이 세상에 창조된 사람은 창조하신 하나님의 의도에 따라서 온 세상을 하나님의 뜻대로 다스려야 하는데, 그런 다스림의 한 부분으로 혼인하여 그의 형상을 닮은 자녀들을 낳고, 그들에게 하나님의 뜻을 가르치고 교육하여 함께 온 세상을 하나님의 뜻대로 다스리는 일을 하도록 하신 것이다. 이 일에는 혼인과 혼인 관계, 가정 제도와 가정교육을 포함한 폭 넓은 교육이 함의되어져 있다. 여기 함의된 혼인 관계는 남자와 여자의 관계, 즉 이성애적 관계이고, 그것도 일부일처의 관계이다. 그러므로 하나님의 창조의 원리에 의하면 남자는 여자와 혼인하도록 하신 것이고, 그런 이성애적 관계를 하나님이 창설하신 것이라고 할 수 있다. 성경은 일관성 있게 분명히 동성애적 행위는 자연적인 방식을 벗어난 부자연스러운 것이며, 옳지 않은 것으로 천명한다. 물론 성경에 의하면 동성애만이 죄악인 것은 아니고, 정상적인 혼인 관계 밖에서의 모든 성 관계가 다 죄악된 것으로 정죄되었다.'

　인하대학교 우남식 겸임교수는 다음과 같이 동성애의 문제점을 지적하였다.[3] '첫째, 동성애는 생명을 잉태할 수 없다. 성 기능은 생식, 즐거움(쾌락), 사랑(신뢰)을 수반한다. 이 셋 중에 하나라도 빠지면 건강한 성이라 할 수 없다. 매춘이나 포르노가 정상(order)일 수 없는 것은 쾌락은 있을지 모르지만 생명이 없고 사랑과 신뢰가 없기 때문이다. 건강한 성인 남녀가 결혼하여 자녀를 낳고 양육하는 것은 인류의 역사를 지탱해 온 보편적 가치이다. 그러나 동성애자들은 성의 기능인 쾌락과 사랑과 신뢰는 있을지 모르지만 생명을 잉태할 수 없다. 둘째, 양육 문제이다. 동성애자들은 생명을 잉태할 수 없기 때문에 입양을 하게 된다. 심리학자 타일러는 가정에서 92%가 3살 이전에 문화화·사회화 과정을 겪는다고 하였고, 심리학자 앨버트 반두라는 모델학습을 강조하였다. 자아심리학의 대표적인 이론가인 에릭슨은 1살부터 5살까지 가정이라는 공간에서 가족, 특히 어머니 역할의 중요성을 강조하였다. 그렇다면 본인의 의

사와 무관하게 동성애자에게 입양된 아이들은 알게 모르게 자의든 타의든 동성 부모 영향 아래서 보호와 가르침을 받으며 자라나게 된다. 그렇게 될 경우 동성애자의 가정에서 자란 아이들이 동성애자가 될 가능성이 높다. 셋째, 가정의 위기이다. 가정은 생명이 창조되고, 행복이 만들어지는 곳이다. 가정은 인간이 만나는 최초의 공동체이고, 행복한 가정에서 자란 자녀가 가정의 소중함과 결혼의 소망을 갖게 된다. 그래서 교육학자 페스탈로치는 가정을 도덕상 학교 중의 학교라고 할 만큼 가정교육의 중요성을 강조했다. 그런데 동성애가 정상으로 인정이 되면 다음 세대의 가정은 이러한 가치를 모두 잃어버리게 된다.'

성은 결혼한 가정 안에서 허용된 축복으로써, 결혼한 남녀가 하나됨을 이루는 과정 중의 하나일 뿐 아니라, 후손을 낳는 귀한 일이다. 이러한 가치를 받아들이든지, 받아들이지 않든지 간에 성은 인류가 자손을 이어가는 유일한 방법임에는 틀림없다. 만약 동성애가 정당한 것으로 받아들여진다면, 성을 통해 인류가 자손을 이어가는 기초를 무너뜨리는 것이다. 다시 말하면, 동성애를 정당화시키는 것은 인류의 생존을 위협하는 문제가 되기에, 동성애가 인류의 보편적 가치가 될 수는 없다. 동성애를 법적으로 보장하면서 인류의 보편적 가치를 무너뜨리는 것은 옳지 않다. 결론적으로 동성애는 비윤리적이며 비정상적인 성행위이기에 사회적으로 반드시 억제되어져야 하며, 백번 양보를 하더라도 학교에서 동성애를 정상이라고 가르쳐서 우리의 자녀들이 동성애자가 되도록 권장해서는 절대로 안 된다.

[7] 동성애자는 행복? No!

동성애자의 삶은 영화와 드라마에서 미화하는 것처럼 그렇게 행복하지 않다. 대부분의 동성애자들은 안정적이고 지속적이고 친밀감이 있고 사랑하는 관계를 강렬하게 갈망하지만 그것을 찾지 못한다.[1] 남성 동성애자의 교제는 외부적인 요인이 아니라 주로 내부적인 요인에 의해서 깨어지며, 남성 동성애자의 교제의 60%는 일 년 이내 깨어지고, 대부분의 여성 동성애자 교제는 3년 이내에 깨어진다. 5년 이상 지속되는 것은 아주 드물며, 남성 동성애자의 실제 삶은 시기, 경쟁, 불안정, 악의, 짜증, 신경질 등으로 가득하다.[2] 동성애자의 관계는 시작부터 가식, 고통, 부정, 지나친 의존, 시기심, 분노로 인하여 괴로워한다고 Pollak은 말했다.[3] 동성애자의 관계에서는 이성애자의 관계보다 2배 정도 성(性) 문제(sexual difficulty)로 어려움을 겪는다.[4] 남성 동성애자와 여성 동성애자의 사귀는 평균기간이 대략 2.5년에 불과하기에, 미국에서 이성애자 부부가 결혼 25주년에 하는 은혼식을 할 가능성이 50%인 것에 비하면 매우 짧다. 2010년에 Karten은 조사한 남성 동성애자의 86%가 정서적으로 만족하지 못하고 동성애에서 벗어나기를 바란다고 했다.[5]

남성 동성애자들은 지속적이고 안정적인 관계를 바라지만, 그들의 일부일처의 관계는 거의 신실하지 못하다. 일부일처의 관계가 어느 정도 정서적인 신뢰를 의미함에도 불구하고 다른 사람과의 우연한 성관계를 지속적으로 가진다.[6] 남성 동성애자 커플이며 정신과의사와 심리학자인 McWhirter와 Mattison은 남성 동성애자들의 관계는 오래 지속되지 못한다는 통념을 깨고자 조사를 하였다.[7] 서로 신실한 관계를 기대하며 시작한 156쌍의 남성 동성애자 커플을 조사한 결과, 오직 7쌍만이 성적인 정절을 지켰으며, 그 7쌍도 5년 이내에 모두 헤어졌다. 여성 동성애자들은 남성 동성애자들보다는 낫지만 신실하지 못하다. 남성 탈동성애자인 Frank Worthen 은 다음과 같이 말했다. '남성 동성애자들은 일생동안 서로 사랑하는 이상적인 꿈을 그리고 시작하지만, 대부분 비인격적인 섹스에 빠지고 서로 이용하고 이용당하는 덫에 빠진다.'[8]

남성 동성애자들의 성에 대해서 연구를 하면 할수록 '강압적', '성행위 과도', '중독성'라는 단어가 떠오른다. 남성 동성애자의 성 중독은 이성애자들보다 세 배 정도 많다.[9-11] Quadland와 Shattls는 '그들은 자신의 성행위가 조절되지 않음을 느끼고, 그들이 원한 것보다 더 많은 성관계를 맺고, 잦은 성관계로 이용을 당하는 느낌을 받는다. 그들의 행동의 동기와 만족이 단순히 성이 아닌 것 같으며, 그들의 성행동 양식이 마치 과식을 하게 만드는 것과 비슷하게 보인다.'라고 말했다.[12] Pincu는 남성 동성애자에게 많이 나타나는 중독에 대해서 다음과 같이 말했다. '그들이 나타내는 흥분은 어린이가 새로운 것 또는 금지된 것을 찾을 때에 느끼는 것과 비슷하며, 희열과 일시적인 자부심을 끊임없이 찾는 강한 동기를 제공한다. 보통 합리화, 최소화, 억압에 대한 방어 등을 사용하여서 그들의 삶에 문제가 있고 조절이 되지 않는다는 것을 인정하지 않으려고 한다.'[13]

에이즈가 발견된 후에 에이즈에 대한 교육을 받고, 친구들이 에이즈로 죽는 것을 보면서도, 모르는 사람과의 문란한 성관계를 가진다는 사실이 그들의 성행위가 중독임을 입증한다. NARTH 소속의 임상의는 자신의 환자 중에 약 30%는 중독이라고 본다.[14] 조절되지 않는 성행위는 그들의 자존심을 증가시키는 것이 아니라 결국 이용하고 이용당하였다는 느낌을 갖고 무력감과 우울증에 빠지게 만든다.[15] 탈동성애자 모임의 관계자는 도움을 요청하는 동성애자들은 자주 그들이 이용을 당했다는 느낌을 토로한다고 말했다. 물론 모든 동성애자가 난잡한 관계를 갖는 것은 아니며, 그들 중의 일부는 금욕적인 생활을 하지만 극히 소수이다. 영국과 웨일즈에서 남성 동성애자들에 대한 오랜 연구에 의하면 남성 동성애자의 6%만이 지난 일 년 동안 성관계를 하지 않았다고 한다.[16] West는 남성 동성애자들의 모임에 가면 성에 대한 이야기에 과도하게 몰두하는 것을 흔히 볼 수 있다고 했다.[2]

많은 동성애자들은 나이가 들면 가족이 없어서 외로움에 시달린다.[17] 결혼하지 않은 나이 많은 동성애자는 더 이상 매력도 없어져서 동성애자들의 모임과 이성애자들의 모임에서 환영을 받지 못하고 자녀도 없고 가족도 없는 미래가 너무 쓸쓸하게 느껴진다. 1998~2001년 사이에 진행된 4개의 독립적인 연구결과에서 동성애자들이 일반적인 이성애자들보다 최소 2배 더 알코올에 의존하고, 남성 동성애자가 남성 이성애자보다 3배 더 자살을 시도한다.[7] 동성애자들이 치료를 받으려고 하는 이유 중에 하나가 죽음에 대한 두려움이다. 에이즈가 발생한 직후에는 안전한 성관계를 하려는 주의가 있었지만, 시간이 흐를수록 점점 더 무시되고 있는 실정이다. 에이즈 환자의 암발생 위험도는 일반인에 비하여 20배이다.[18] 남성 동성애자 수명은 남성 이성애자에 비해서 25~30년 짧고, 알코올중독자보다도 5~10년 짧다.[19] 이렇게 수명이 짧아지는 이유 중의 하나는 동성애자들이 난잡한 성관계를 함으로써 얻게 되는 에이즈와 여러 질병 때문이다. 위에서 기술한 것처럼 동성애자의 삶은 결코 행복하지 않으므로 동성애를 계속 하도록 내버려두는 것은 동성애자들에 대한 진정한 사랑이라고 볼 수 없으며, 동성애자들이 동성애를 끊고 정상적인 삶을 살 수 있도록 최선을 다해 도와주는 것이 올바르다.

III

동성애자 혐오? No!

동성애 차별금지를 반대하는 근본적인 이유 중의 하나는 자녀가 동성애자가 되는 것을 원하지 않는 학부모의 심정에서이다. 자녀가 학교에 가서 동성애가 정상이라고 배우고 동성애하는 방법까지 배워서 동성애자가 되는 것을 정말로 원하지 않는다.

차별에는 부당한 차별과 정당한 차별, 두 종류가 있다. 부당한 차별은 불합리한 직업, 교육 등에서의 차별과 조롱, 모욕, 따돌림 등이며, 정당한 차별은 도덕, 양심, 종교, 사실 등에 근거한 합리적인 비판이다. 동성애자를 포함한 모든 사람에 대한 부당한 차별은 현행 법률에 의해 금지되고 있다. 그런데 차별금지법을 만들면 정당한 차별을 포함한 모든 차별이 금지된다. 그러므로 동성애가 차별금지사유가 되면, 동성애에 대한 합리적 비판이 금지되고 윤리적인 문제가 없는 정상으로 공인되고 공권력에 의해 정상으로 인식하도록 강요된다.

제3장

동성애 옹호자들은 두 가지 핵심 주장을 한다. 하나는 동성애는 선천적이므로 인정해 주어야 한다는 것이며, 다른 하나는 동성애자들을 차별하면 안 된다는 것이다. 대부분 사람이 동성애가 문제가 있더라도 동성애자란 이유로 혐오하면 안 되고 차별을 나쁜 의미로만 인식하기에, 동성애 옹호자의 주장대로 서구에 동성애를 차별금지사유로 포함한 차별금지법이 만들어졌다. 그런데 차별이란 의미에는 나쁘다고 생각하는 혐오 행위만을 포함하지 않는다. 차별의 법적 의미는 분리, 구별, 제한, 배제하거나 불리하게 대우하는 것이다. 그러므로 차별에는 부당한 차별과 정당한 차별, 두 종류가 있다. 부당한 차별은 불합리한 직업, 주거, 교육 등에서의 차별과 조롱, 모욕, 따돌림 등이며, 정당한 차별은 도덕, 양심, 종교, 사실 등에 근거한 합리적인 비판이다. 동성애자를 포함한 모든 사람에 대한 부당한 차별은 현행 법률에 의해 금지되고 있으며, 또한 마땅히 금지되어야 한다. 그런데 차별금지법을 만들면 정당한 차별을 포함한 모든 차별이 금지된다. 윤리적인 문제가 없는 남녀, 장애 등에 대한 정당한 차별은 없기에, 남녀, 장애 등은 차별금지사유가 될 수 있다. 하지만, 윤리적인 문제가 있는 동성애, 중독 등에 대해서는 정당한 차별이 있기에, 동성애, 중독 등은 차별금지사유가 되면 안 된다. 동성애가 차별금지사유가 되면, 동성애에 대한 합리적 비판이 금지되고 윤리적인 문제가 없는 정상으로 공인되고 공권력에 의해 정상으로 인식하도록 강요된다.

동성애 차별금지법을 만들면, 동성애에 대한 표현, 종교, 학문, 양심의 자유가 제한되고, 동성애 반대자들을 처벌하는 동성애 독재가 이루어진다. 이제부터 동성애를 차별금지사유로 포함한 차별금지법을 간단히 '동성애 차별금지법'이라고 부르겠다.

[1] 동성애 차별금지법의 문제점

(1) 동성애를 정상으로 공인하고 개인의 윤리관은 무시

동성애를 윤리적인 문제가 없는 정상으로 공인하고, 동성애를 정상이라고 인식하도록 공권력을 사용하여 강요한다.

동성애를 윤리적 문제가 없는 다른 차별금지대상들과 함께, 예를 들면 성별, 장애, 피부색 등과 함께 동일한 조항에 의해서 동등한 수준의 차별금지를 적용하는 것이기에 법리상 맞지 않다. 성별, 장애, 피부색 등은 자신에게 책임을 돌릴 수 없는 가치중립적인 사유이기 때문에 이를 이유로 차별하면 안 되지만, 동성애는 가치중립적인 사유가 아니라 윤리도덕의 문제이므로 개인의 윤리관에 따라서 비윤리적이라고 판단할 수 있다. 따라서 동성애를 가치중립적인 다른 사유들과 함께 차별금지사유로 포함되는 것은 타당하지 않다. 동성애는 오랫동안 보편적으로 비윤리적인 성행위로 인식되어왔다. 최근 들어서 일부 학자들이 동성애를 정상으로 인식해야 한다고 주장하지만 학술적 주장에 불과하며, 성적으로 문란한 일부 국가들이 동성애에 대한 차별금지법을 갖고 있지만, 전 세계의 대다수 국가는 동성애에 대한 차별금지법을 갖고 있지 않다. 즉, 지구상에 살고 있는 대다수의 사람은 동성애를 비윤리적인 성행위로 보고 있다.

동성애를 정상으로 인식하도록 강요해야 할 합리적 근거가 없다. 즉, 동성애를 비윤리적이고 비정상적이라고 인식하고 행동하는 것을 금지하고 처벌해야 할 합리적 근거가 없다. 오히려 동성애는 명백히 비정상적인 성행위이다. 한국 국민들 사이에도 동성애와 다른 차별금지대상 사이에는 분명한 윤리적 인식차이가 존재한다. 다른 차별금지대상에 대해서 비윤리적이라고 보는 국민이 거의 없는 반면에, 동성애에 대해서는 비윤리적이라고 보는 국민이 상당수 존재하는 것이 현실이다. 상당수의 국민이 동성애를 비윤리적이고 보는 상황에서, 동성애를 비윤리적이라고 보는 것을 낡은 관습이나 종교라고 무시하며 차별이라고 금지시키려는 것은 민주주의의 원칙에도 어긋난다.

차별금지법은 동성애가 비윤리적이 아니라고 명시적으로 기술하고 있지는 않지만, 실질적으로는 동성애가 아무런 윤리적 문제가 없는 정상이라는 것을 전제하고 있다. 동성애를 아무런 윤리적 문제가 없는 다른 차별금지대상과 함께 동일한 법조항에 의해서 동등한 수준의 차별금지를 적용하려는 것 자체가, 동성애는 아무런 윤리적 문제가 없는 정상임을 전제하고 있다. 차별금지법은 현재 국민의 윤리의식을 반영하기보다는, 동성애는 정상이라는 윤리적 잣대를 만들어서 국민에게 일방적으로 강요하고 있다. 동성애를 정상이라고 또는 비윤리적이라고 인식하는 것은 개인의 윤리관에 따라서 결정할 문제이지, 정부가 한 쪽으로 결정하고 그것을 받아들이도록 강요해서는 안 된다. 그런데 동성애를 차별금지법에 포함하면 동성애를 정상이라고 인식하도록 공권력을 사용하여 강요한다. 법은 국민들의 윤리의식을 수렴하여서 만들어져야 하며, 개인의 윤리관은 반드시 존중되어야 한다. 참고로 국회에 발의되었던 차별금지법안의 처벌 조항은, 시정명령 이행하지 아니하면 3천만원 이하 이행강제금, 계속 안 하면 다시 부과, 차별행위가 악의적이면 징벌적인 손해배상, 차별 진정 등을 했다는 이유로 불이익 조치하면 2년 이하의 징역 또는 1천만원 이하의 벌금 등이 있었다.

(2) 동성애를 비윤리적이라고 표현할 자유를 잃고 처벌을 받음

동성애를 비윤리적이라고 인식하고 표현하는 일체의 행위를 차별이라고 금지하고 처벌한다. 동성애를 비윤리적이라고 표현하면 직장에서 해고되며 법원은 정당하다고 판결을 한다.

동성애 차별금지법은 동성애를 비윤리적이라고 표현하는 일체의 행위를 차별이라고 금지하고 처벌한다. 예로서 공공장소에서 동성애가 비윤리적이라고, 비정상적이라고, 나쁘다고 강의, 방송 등을 하면 처벌받는다. 동성애 차별금지법은 동성애를 비윤리적이라고 인식하는 사람의 입을 막고, 동성애를 정상이라고 인식할 때까지 처벌하여 그 생각을 뜯어고치겠다고 하는 무서운 법이다. 차별금지법이 시행되는 외국의 예를 보면,[1] 1997년에 미국 코네티컷 주의 보건국 직원이 한 쌍의 동성애자들에게 성경에서 동성애는 죄이므로 회개하고 구원을 받아야 한다고 조언을 했다는 이유로 파면되었고 법원은 정당하다고 판결을 하였다. 2000년에 Evelyn Bodett는 레즈비언인 부하 직원에게 성경에서는 동성애를 죄로 규정하고 있다는 사실을 말했다는 이유로 회사에서 파면되었고 미국 연방 법원은 그녀의 소송을 기각해서 회사 편을 들었다.

2001년에 Richard Peterson은 동성애를 정죄하는 성경구절을 게시판에 부착했다는 이유로 Hewlett-Packard 회사에서 파면되었고 미국 연방 법원은 정당하다고 판결을 하였다. 2006년 1월에 캐나다의 브리티시컬럼비아 주 캄룹스(Kamloops) 시의 시의원 John Decicco는 "동성애는 비정상이고 비자연적이다"는 발언을 해서 1,000달러의 벌금과 사과하라는 판결을 받았다. 2008년 6월에 청소년 사역자 Stephen Boisson은 대중

매체에서 동성애를 반대하는 발언을 하였다고 7000불의 벌금형을 받았다.[1] 영국 잉글랜드 컴브리아주 워킹턴에서 맥알파인목사가 길에서 설교하던 중, 동성애자의 질문에 동성애는 성경에 나와 있는 죄악이라고 대답을 하여 구금되었다.[2] 동성애를 혐오한다는 발언을 한 것이 아니라 성경에 있는 구절을 말했는데 감옥에 갔다.

이처럼 동성애차별금지법이 한국에서 통과되면 한국에서도 동성애는 비윤리적이라고 공공장소에서 표현할 수 있는 자유가 심각히 제한 또는 금지될 것이다. 동성애 옹호자들은 그러한 일이 일어나지 않는다고 하지만 법원은 법에 의해 판결을 한다. 한국 내에 동성애를 비윤리적이라고 인식하는 상당수 국민이 있음에도 불구하고, 그 견해를 표현할 자유를 제한하게 될 법안을 만들면서 국민적 합의 없이 만드는 것은 옳지 않다. 동성애 차별금지가 적용되면 동성애를 나쁘다고 표현하는 것 자체가 금지되기에, 더 이상 동성애가 정상인지 혹은 죄악인지에 대한 논의조차 할 수 없게 된다. 따라서 차별금지대상으로는 성별, 장애, 인종과 같이 윤리적 논쟁의 소지가 없는 것만을 포함해야 한다. 만약 동성애와 같이 윤리적 논쟁의 소지가 있는 것을 차별금지대상에 포함하려면, 일반 국민들과 함께 동성애를 정상으로 보아야 하는지 혹은 비정상으로 보아야 하는지에 대한 충분한 논의를 거쳐서 국민적 합의를 도출하는 과정이 선행되어야 한다. 따라서 입법과정에서는 반드시 토론회, 공청회, 설문조사 등의 방법으로 국민의 여론을 수렴해야 한다.

(3) 학교는 동성애를 정상이라고 가르쳐서 학생이 동성애자가 될 확률이 커짐

학교는 철저하게 동성애를 정상이라고만 가르쳐야 하고, 외국의 사례처럼 성교육시간에 동성애 동영상을 보여 주며 동성애 방법을 가르쳐서 우리 자녀가 동성애자가 될 확률이 커진다.

동성애를 윤리적인 문제가 없는 정상이라고 법으로 공인을 하면, 동성애를 비정상적이고 비윤리적인 행위로 보거나 죄악으로 보는 견해는 동성애에 대한 혐오나 편견이라고 간주하고 교육목표, 교육내용, 생활지도기준에 포함하거나 이를 교육할 수 없게 된다. 동성애를 비윤리적이라고 가르치는 것이 교육적으로 분명히 잘못된 것으로 밝혀지지 않은 상태에서, 동성애를 비윤리적이라고 가르치는 것은 무조건 편견이라고 간주하고 금지시키는 것은 옳지 않다. 정부는 동성애에 대하여 어떤 것은 편견이고 어떤 것은 옳다고 교육내용을 결정하여서 가르치도록 강요해서는 안 된다. 교육기관은 다양하고 고유한 교육신념, 가치관, 종교관 등에 따라 교육하기를 원하고 있다. 교육기관은 동성애에 대해서도 다양하고 고유한 견해를 가질 수 있고, 또한 그 견해대로 가르칠 수 있는 권리가 있어야 한다. 즉, 동성애에 대한 교육내용과 생활지도기준은 교육기관과 교육자에게 자율적으로 맡겨서 결정할 문제이지, 법적으로 한 쪽 견해를 금지시켜서는 안 된다. 또한 한 쪽의 견해만 일방적으로 교육현장에서 가르치게 되면, 다음 세대에 동성애에 대한 심각한 인식왜곡이 초래된다.

동성애 차별금지법은 학생이 동성애로 물의를 일으키더라도, 동성애란 이유만으로는 어떠한 징계나 제재를 가하거나 기숙사에서 나가게 할 수 없게 한다. 따라서 동성애자가 학교 내에서 얼마든지 동성애를 할 수 있도록 완전히 보장해 주는 반면에, 동성애를 비윤리적이라고 인식하고 거부하는 학생의 권리는 전혀 고려되지 않고 지속적으로 동성애 유혹을 받아서 고통을 당하게 만든다. 또한, 자녀가 학교에서 동성애 유혹을 받는 것을 원치 않아서 학교에서 친구들에게 동성애를 권유하지 못하도록 학교에서 어느 정도의 제재를 가해 주기를 바라는 많은 학부모의 바람도 전혀 고려되지 않는다. 그러기에 학생이나 학부모로부터 민원이 들어 왔을 때에, 학교는 동성애에 대한 교육지침과 생활지도기준을 가지고 동성애에 대한 어느 정도의 징계나 제재를 가함으로써, 건전한 성윤리를 가지는 학생들과 학부모의 권리도 보호해 주어야 한다. 그리고 그러한 징계수준이 적정한지는 학부모, 학생, 교사 등으로 구성된 징계위원회에서 자율적으로 정하도록 하면 된다.

다른 예로, 동성애자인 교원이 수업 시간에 동성애를 정상이라고 가르치든지, 교직원이 개인적으로 학생을 불러서 동성애 유혹을 할 때에도 동성애를 비윤리적이라고 인식하는 학생 또는 학부모가 그것을 막을 수 있는 제도적 장치가 있어야 한다. 이러한 안전장치도 없이 동성애 차별금지를 학교에 적용하면 건전한 성윤리를 가진 학생 또는 학부모는 무방비 상태에서 당할 수밖에 없으며, 학교 내에 동성애가 확산되는 것은 막을 수 없다. 현재 한국 사회에는 동성애가 학교 내에 확산이 되고 자녀가 동성애자가 되는 것을 원하지 않는 국민이 훨씬 많기에, 법과 조례를 만들 때에 이 점을 반드시 고려해야 한다. 법과 조례가 아무런 안전장치 없이 동성애 차별금지를 시행하였을 때에는 많은 사회적인 저항이 생기게 되고 불필요한 사회적인 혼란으로 많은 학생들과 학부모들이 고통을 당하게 될 것이다. 이러한 점을 고려하여서 미연에 동성애자와 건전한 성윤리를 가진 국민의 입장을 모두 고려한 법과 조례를 만들어야 한다.

동성애 차별금지법이 통과되면, 학교는 반드시 동성애를 정상이라고 가르쳐야 한다. 학교에 동성애 단체를 만들어 공개모집을 하더라도 막을 수 없으므로 우리 자녀가 동성애자가 될 확률이 커진다. 동성애를 정상이라고 공인하는 외국에서는 성교육 시간에 동성애 동영상을 보여 주고 동성애하는 방법까지 가르쳐 주며, [그림 21]과 같은 만화로 동성애가

[그림 21] 아빠의 룸메이트(Daddy's Roommate)

괜찮은 것으로 가르치고, 교사들은 학생에게 '동성애는 매우 좋은 것이며 부모가 동성애는 잘못된 것이라고 말하면 그렇게 말해서는 안 된다고 해야 한다.'고 가르친다. 동성결혼을 합법화한 미국 매사추세츠 주에서는 '게이와 레즈비언 긍지의 날'이 되면 초등학생에게 철저하게 동성애와 동성결혼이 정상이라고 가르친다. 캐나다 토론토의 교육청은 1학년(6세) 아이들을 대상으로는 사람의 성기에 대해, 3학년(8세)때는 동성애와 성별 정체성(여성과 남성 대신 동성, 양성, 트랜스젠더의 개념)에 대해, 6학년 학생에게는 자위의 즐거움을, 그리고 7학년 학생에게는 이성간 성행위 및 항문 성행위를 가르친다.[1] 이러한 교육 커리큘럼에 대해 학교는 학부모에게 사전 공지를 할 필요가 없으며 학부모가 자녀의 수업참여 여부를 결정할 권한도 허용되지 않는다. 이런 식으로 가르치기에 한 세대만 지나면 모든 국민이 동성애와 동성결혼을 정상이라고 인정하게 된다. 동성애를 공인하는 외국에서는 문화와 교육을 통하여 어린 청소년들에게 동성애는 괜찮다는 인식을 심어 주어서 청소년 동성애자가 급증하고 있다. 이러한 사태를 한국 사회에서 일어나는 것을 동성애 옹호론자들은 정말 원하고 있는지 묻고 싶다. 동성애 차별금지를 반대하는 근본적인 이유 중의 하나는 자녀가 동성애자가 되는 것을 원하지 않는 학부모의 심정에서이다. 자녀가 학교에 가서 동성애가 정상이라고 배우고 또한 동성애하는 방법까지 배워서 동성애자가 되는 것을 정말로 원하지 않는다. 자녀가 성적으로 방탕한 삶을 산다는 것과 동성애자가 된 것 사이에는 부모가 느끼는 충격과 고통은 다르다.

(4) 건전한 성윤리를 가진 국민의 권리가 제한 또는 금지

동성애자의 권리와 건전한 성윤리를 가진 국민의 권리가 충돌할 때에, 동성애자의 권리만을 옹호하고 건전한 성윤리를 가진 국민의 기본적인 권리는 제한 또는 금지된다.

동성애 차별금지법은 동성애자의 권리와 건전한 성윤리를 가진 국민의 권리가 충돌할 때에, 동성애자의 권리만을 옹호하고 건전한 성윤리를 가진 국민의 기본적인 권리 또는 자유가 심각히 제한 또는 금지되는, 즉 역차별을 받는 결과를 낳는다. 동성애 차별금지법은 동성애자의 인권을 완전히 보장해 주는 반면에, 건전한 성윤리를 가진 국민의 권리 또는 자유는 심각히 제한 또는 금지됨으로써 법의 형평성을 잃는다. 동성애자가 손가락질을 당하고 조롱받고 괴롭힘을 받는 것을 원치 않지만, 성적 지향(동성애)에 대한 차별을 금지한다고 하다가 건전한 성윤리에 가진 국민의 권리가 제한되고 금지되는 것은 올바르지 않다. 동성애자의 권리를 보호해 주면서 동성애를 비윤리적이라고 보는 대다수 국민의 권리도 보장하는 형평성이 있는 법과 조례가 제정되어야 한다.

차별금지법이 시행되는 외국의 예를 보면, 2002년에 동성애자들은 미국 미시간 주의 Ferndale 시의회에 압력을 가하여 경찰서에서 자원봉사를 하는 침례교 목사 Tom Hansen의 면직을 요구하였다. 그 이유로 동성애는 죄악이라는 견해를 가지고 영적 폭행을 저지른 자라고 동성애단체가 주장하였다. 시의회는 해임은 하지 않았지만 그의 반동성애 의견은 정죄되어야 한다고 결의하였다. 2002년에 Rolf Szabo는 Kodak 회사의 동성애 포용정책에 반대하고 다양화 체감훈련에 불참하겠다는 그의 주장을 이유로 23년 동안 다니던 회사에서 파면되었다. 미국 아이다호 주는 동성결혼 주례를 거절한 목사에게 180일의 감옥형과 매일 1000달러의 벌금을 내도록 했다.[1] 2011년 영국 브리스톨 지방법원은 동성애자 커플에게 방을 주지 않은 70대 부부에게 3600파운드 손해배상금을 지급하라고 명령했고, 미국 뉴멕시코 인권위는 레즈비언 커플의 결혼기념 촬영을 거부한 사진사에게 약 690만원의 벌금형을 선고했으며,[2] 미국 워싱턴주 법무부는 동성 간의 결혼식에 꽃 판매를 거부한 꽃집 주인을 차별금지법을 어겼다는 이유로 2000달러의 벌금을 법원에 청구했다.[3] 미국 뉴욕주 법원은 동성결혼식 장소 대여를 거부한 농장주에게 1만3천 달러의 벌금형을 선고했으며,[4] 미국 오리건 주에서 제과점을 운영하는 부부는 동성결혼식 케이크 제작을 거부한 후, 13만5천 달러 벌금형과 135만 달러의 위자료를 지급하라고 판결을 받았다.[5] 미국 매사추세츠 주의 가톨릭 입양기관은 동성 커플에게 입양을 하지 않기 위해 활동을 중단하였고, 미국 뉴욕 대법원은 유대교계열 대학교에 동성 커플이 학생기숙사에 들어갈 수 있도록 하라고 명령하였고, 미국 캘리포니아는 동성애를 반대하면 면세혜택 박탈을 추진하겠다고 했다. 이 법은 보이스카우트, YMCA, YWCA 등의 기독교단체를 겨냥하고 있다. 이처럼 동성애차별금지법은 동성애를 비윤리적이라고 인식하는 국민의 권익은 전혀 보호받지 못하게 한다.

(5) 동성애자들이 치유를 받을 수 없음

동성애를 정상으로 간주하므로 동성애를 끊도록 상담하는 것을 금지하고 어떠한 도움도 주지 못하도록 막는다. 이런 의미에서 차별금지법은 동성애자들을 불행하게 만드는 나쁜 법이다.

동성애 차별금지법은 동성애는 더 이상 수치심이나 모욕감을 느낄 필요가 없는 정상적인 행위로 간주하므로, 학교에서 동성애자인 학생을 불러서 동성애를 끊도록 상담이나 설득조차 할 수 없으며, 그러한 상담을 하면 법에 의해 처벌을 받는다. 왜냐하면 그 학생을 불러서 동성애는 안 좋은 것이니까 끊으라고 권유하면, 그 학생은 동성애란 이유로 수치심, 모욕감, 두려움을 느끼게 하였다고, 즉 차별을 하였다고 할 테니까, 동성애로 물의를 일으키더라도 어떤 노력도 할 수 없으며 지켜 볼 수밖에 없다. 따라서 동성애 차별금지법은 동성애자를 불러서 상담하고 권유하여서 동성애를 끊도록 하는 일체의 행위를 하지 못하게 함으로써, 동성애자들에게 동성애를 끊고 건전한 삶을 살도록 하는 어떤 도움조차 주지 못하게 한다. 어린 청소년이 동성애에 빠지면 동성애를 끊도록 학교에서 도와주어야 하는데, 어떠한 도움도 주지 못하도록 막는다. 실제로 동성애 차별금지법을 시행하는 국가에서는 의사의 동성애를 치유하는 행위가 위축이 되어서, 동성애에서 벗어나기를 원하는 많은 동성애자들이 의사의 도움을 빌지 못하고 어려움을 겪고 있다. 최근에는 미국 몇 개의 주에서 동성애치료금지법이 통과되어 동성애를 치료하는 것을 원천적으로 금지하여 동성애를 끊고 건전한 삶을 살도록 하는 어떤 도움도 주지 못하게 한다. 앞에서 기술하였듯이 동성애자의 삶이 결코 행복하지 않기에, 동성애를 계속 하도록 내버려두는 것을 동성애자들에 대한 진정한 사랑이라고 보기 어렵다. 이런 의미에서 동성애 차별금지법은 동성애자들에게 정말 나쁜 법이다.

[2] 동성애 차별금지가 법제화되면 나타나는 문제점

동성애 차별금지법이 만들어진다면 동성애 확산을 막으려는 모든 건전한 노력을 금지시키고 처벌하기에, 한국 사회에 동성애가 확산되고 그로 인한 피해자들이 생기며 다양한 사회병리현상들이 심화될 수 있다. 종교이념으로 세워진 학교라 하더라도 동성애를 비윤리적인 행위라고 가르칠 수 없고 동성애를 정상이라고만 가르쳐야 하고, 동성애로 물의를 일으키는 학생을 징계할 수 없으며, 그 학생을 불러서 동성애를 하지 않도록 상담할 수 없다. 동성애 차별금지는 동성애를 정상으로 간주하기에, 동성애에 빠져있는 사람들에게 동성애를 하지 않도록 권면하며 동성애 확산을 막으려는 일체의 건전한 노력을 법으로 금지시키고 처벌을 함으로써, 동성애 확산을 속수무책으로 바라보도록 만든다. 동성애 차별금지가 법적으로 발효되면, 동성애를 우호적으로 표현하는 영화, 동성애자들의 성적행위를 노골적으로 묘사하는 음란물 등의 문화제작물들이 더욱 많아지고, 언론매체도 동성애를 옹호하는 내용만을 소개해야 한다. 이러한 언론과 문화들은 청소년들의 호기심을 자극하여서 동성애의 확산을 부추기게 될 것이다.

법에 의해서 동성애가 보호를 받고, 교육에서 동성애를 정상이라고 가르치고, 문화는 동성애를 하도록 유혹할 때에, 한국 사회에서 동성애 확산은 더 이상 피할 길이 없다고 본다. 동성애는 동성애에 먼저 빠져 있는 사람에 의해서 은밀하게 전파되는 속성을 갖고 있기에, 동성애자의 숫자가 어느 정도 이상으로 증가되고 나면 걷잡을 수 없이 많아질 가능성이 있다. 특히 한국의 중·고등학교와 대학교의 기숙사에서는 동성 간의 단체숙식이 보편화되어 있기에, 동성애 확산이 급속히 진행될 수도 있다. 동성애자의 숫자가 그 사회에 어느 정도 이상으로 많아지면, 더 이상 억제할 수가 없고 강력한 압력단체가 되어서 법과 정치에 영향을 미친다. 한국은 아직 그런 단계에 이르지 않았다고 보기에, 지금이 동성애가 확산되지 않도록 노력할 시기라고 생각된다. 그런데 일부 인권단체에서 동성애자들의 인권을 고려한다면서 동성애를 공인하고 동성애 확산을 부추기며 사회문제화하려고 한다.

동성애가 사회에 확산되고 나면 피해자가 생기며 건전한 동성 간의 우정도 의심을 받고 학창시절에 깊은 우정관계를 맺는 데에 두려움을 갖게 만들며, 결혼율의 감소, 저출산문제, 에이즈의 확산 등의 사회병리현상을 더욱 심화시킬 수 있다. 특히 앞에서 자세히 설명을 하였듯이 동성애가 한국 사회에 확산되고 나면 에이즈도 확산될 가능성이 높아진다. 동성애는 중독성이 강해서 한번 경험하고 빠지게 되면 끊고 빠져 나오기가 매우 어렵다. 알코올, 마약 등과는 달리 동성애는 두 사람에 의해서 이루어지기에, 한 사람이 빠져나오려고 해도 상대방이 쉽게 허락하지 않으면 계속 유혹에 시달린다. 따라서 우리의 자녀가 동성애에 빠지지 않으려면 동성애를 아예 경험하지 않아야 하며, 그러기 위해서는 우리 사회에 동성애를 은밀하게 유혹하는 동성애자의 숫자가 적어야 한다. 일단 동성애자가 그 사회에 많아진 후에는, 더 이상 안전지대기 없으며 청소년을 포함한 모든 사람들은 동성애의 유혹에 시달리게 되며 동성애를 강요받는 피해자들도 생기고, 동성 간의 성매매와 성폭력도 생기게 된다.

동성애 차별금지법은 동성애를 나쁘다고 표현하지 못하므로, 동성결혼이 잘못되었음도 표현하지 못하여 결국 합법화된다. 동성결혼이 합법화되면 일부일처제의 정상적인 결혼제도가 붕괴되고 일부다처제, 일처다부제, 근친혼 등도 허용된다. 동성 간의 결혼이 허용되면 일부다처제 등의 허용을 반대할 근거가 없어지기 때문이다. 또한 동성결혼이 허용되면 동성애자들이 입양을 하는데, 입양된 아이들이 불행하다. 동성애자의 동거 기간이 짧기에 자주 헤어지는데, 보호시설로 돌아가든지 혹은 계속 따라다녀야 하기 때문이다. 남성 동성애자들은 평균적으로 10명 이상과 살기 때문에 계속 바뀌는 새 부모와 함께 살아야 하는 어려움을 겪는다. 그리고 동성애자에게 입양되어 자란 아이는 나중에 동성애자가 될 확률이 높다. 국내에서도 동성결혼의 전 단계인 생활동반자법을 발의하려는 시도가 있었다. 생활동반자법은 동성 또는 이성의 동거인에게 배우자의 권리를 주는 법이다. 생활동반자법은 혼인은 아니지만 배우자로서의 실질적인 권리를 주기 때문에, 이 법이 통과하면 결국 동성결혼이 합법화된다. 서구도 유사하게 시민결합 제도를 도입한 국가들은 10년 후에 동성결혼을 합법화하였다. 따라서 동성결혼의 전 단계인 생활동반자법 제정을 막아야 한다.

IV

마무리 글

최근 한국 사회에 동성애가 확산되는 것은 외국의 영향, 동성애를 미화하는 매스컴, 동성애자의 노력 등의 영향도 있겠지만, 특히 국가인권위원회(약칭 '인권위')의 영향이 매우 크다. 2001년에 성적지향(동성애) 차별금지 조항이 삽입된 국가인권위원회법이 제정된 후에, 인권위가 합법적으로 동성애 확산을 주도적으로 집요하게 하고 있다. 그러므로 한국의 동성애 확산을 근원적으로 막으려면 인권위법에서 동성애 차별금지 조항이 조속히 삭제되어야 한다.

한국에는 건전한 윤리의식을 가진 자들이 각계각층에 포진하고 있기에, 건전한 윤리의식을 가진 자들이 조금만 열심을 내고 힘을 합쳐서 목소리를 내면 충분히 동성애 확산을 막고 건전한 사회를 유지할 수 있다. '누군가 하겠지'라는 안일하고 방관적인 태도를 취하고 있으면 나중에 우리의 자녀가 학교에서 동성애를 배우는 날이 오며, 그 때에 땅을 치며 후회를 하여도 세상의 흐름을 막을 수 없는 상황이 될 것이기에 지금 깨어서 최선을 다해야 한다.

[1] 동성애가 확산되는 이유

(1) 서구에서 동성애가 확산된 이유

서구에서 동성애가 확산된 이유는, 첫째로 동성애자들의 결집된 힘이다. 1969년에 미국 뉴욕의 무허가 술집인 스톤웰에 있던 동성애자들을 검거하려는 경찰에 동성애자들이 격렬하게 저항하였고, 이것을 기념하여 1970년에 1주년 가두행진에 5천명이 참여하였으며, 1988년에 워싱턴시의 가두행진에는 60만 명이 참여하였다. 1993년에 동성애자 단체 중의 하나인 인권운동기금에 직원이 39명이었고 예산이 600만 달러이었다. 미국의 동성애자 비율은 1% 밖에 되지 않지만, 이들이 힘을 합쳐서 미국을 바꾸었다. 돈이 있는 사람은 돈을 바쳤고, 과학자들은 자신의 재능을 사용하여 동성애를 옹호하는 논문을 썼고, 어떤 사람은 자신의 일생을 바쳐서 단체의 직원이 되었다. 이러한 힘이 결집하여 미국이란 나라를 자신의 세계로 만들었다. 이처럼 세상이 악해지는 것은 저절로 되는 것이 아니고, 악한 자의 노력에 의해 이루어진다. 따라서 세상이 악해지는 것을 막기 위해서는 단순히 말을 해서는 안 되며, 악한 자의 노력을 능가하는 헌신이 있어야 한다. 둘째는 전문가 단체들의 동성애지지 선언이다. 동성애를 옹호하는 전문가들이 지속적으로 동성애가 선천적인 것으로 오해하게 만드는 논문들을 발표하였고 언론은 대서특필하였다. 그 결과, 전문가 단체에 속한 사람들이 동성애에 옹호하는 방향으로 기울어지었고, 결국 전문가 단체들이 동성애를 지지하는 성명서를 발표하게 되었다. 일단 전문가 단체들이 동성애를 옹호하게 되면, 대다수의 국민들이 동성애를 반대하더라도 점차적으로 국민들의 여론이 바뀌게 된다. 다행히 한국의 동성애자 단체는 강력하지 않고, 전문가 단체도 동성애를 지지하는 성명서를 발표하지 않았다. 하지만, 앞으로 동성애자 단체가 성장하고 동성애를 지지하는 전문가들이 증가할 가능성이 높다. 따라서 경건한 의식을 가진 전문가들이 자신의 영역에서 갖고 있는 재능을 사용하여 동성애의 문제점을 지적하는 논문들을 지속적으로 발표하여, 전문가 단체에 속한 사람들이 동성애에 옹호하는 방향으로 기울어지지 않도록 해야 한다.

셋째는 인터넷 등으로 확산된 음란물의 영향이다. 상당수 사람들이 어릴 때부터 음란물에 노출되어 성적인 죄악에 무감각하게 되었다. 성적인 죄에 무감각하게 된 사람들이 모든 영역, 법조계, 학계, 정치계, 종교계 등에서 동성애를 지지하는 두터운 층을 형성하였다. 음란물은 일반인들의 경건을 파괴하여 동성애의 확산을 막는 힘을 잃어버리게 만든다. 수천년 전부터 동성애는 계속 있어왔지만 현대와 같이 합법화는 되지 않았다. 왜냐하면 사회의 대다수 사람들이 동성애를 잘못된 것이라고 인식하고 용납하지 않았기 때문이다. 비유로 하면, 우리 몸에 있는 면역이 몸에서 생기는 암세포를 없애는데, 면역 기능이 약해지면 몸 안에서 암이 커지는 것을 막지 못한다. 마찬가지로, 동성애는 암과 같은데, 음란물에 의해 대다수 국민의 경건이 파괴되면, 암과 같은 동성애가 자라는 것을 막을 수 없다. 음란물이 동성애가 확산될 수 있는 토양을 미리 만들어 놓는다고 볼 수 있다.

(2) 한국에서 동성애가 확산되는 이유

최근 한국 사회에 동성애가 확산되는 것은 외국의 영향, 동성애를 미화하는 매스컴, 동성애자의 노력 등의 영향도 있겠지만, 특히 국가인권위원회(약칭 '인권위')의 영향이 매우 크다. 2001년에 성적지향(동성애) 차별금지 조항이 삽입된 국가인권위원회법이 제정된 후에, 인권위가 합법적으로 동성애 확산을 주도적으로 집요하게 하고 있다. 인권위의 동성애 옹호 활동을 간략하게 요약하면 다음과 같다.[1] 2003년 3월 31일에 청소년 유해매체물 심의 기준에서 동성애를 삭제토록 권고하였으며,[2] 이 권고에 의해 2004년 4월에 청소년보호법의 시행령에서 동성애가 청소년 유해 조항에서 삭제되었다. 2005년에는 동성애를 옹호하는 인권위 연구용역보고서를 채택하였고,[3] 그 보고서에는 동성애확산 우려하는 신문 기사, 동성애가 윤리도덕에 어긋난다는 공문, 이성애가 정상이라는 상담 등을 동성애 차별로 간주하였으며, 동성애자를 위한 법령 개정, 교과서 개편, 동성결혼을 합법화하기 위한 정책 제안이 있다.

2006년에는 성적지향을 포함한 차별금지법을 제정하라고 정부에 권고하였고,[4] 2007년에는 법무부가 성적지향을 포함한 차별금지법을 입법에 고하였다. 그 때 많은 국민들이 반대하여 결국 법안이 폐기되었다. 2010년에는 헌법재판소에 군대 내의 동성애를 금지하는 군형법 제92조 6항을 폐지하라는 의견서를 제출하였다.[5] 2011년에는 한국기자협회와 '인권보도준칙'을 제정하여 동성애 성행위에 대한 반대의 견해가 담긴 표현과 동성애와 에이즈 등 질병과의 관계를 보도하는 것을 금지하였으며,[6] 이로 인해 대부분 언론에서 동성애 지지보도가 급증하였다.[7] 이외에도 인권위는 마포구청에 동성애옹호 현수막게시 등을 권고한 적이 있다. 위에서 언급한 인권위의 활동은 동성애자들의 억울한 차별을 규제하는 차원이 아니라, 동성애 자체를 정상으로 인정하도록 한다.

인권위의 동성애 옹호 활동 영향으로 인하여 동성애를 정상으로 보는 도덕교과서가 만들어져 전국의 고등학생에게 가르쳐왔다. 그 교과서는 학생의 건전한 성윤리를 무너뜨리고 동성애를 옹호하는 근거만 제시하고 잘못되거나 왜곡된 근거를 제시하며 자연스럽게 동성애는 정상이라는 결론에 도달하게 하고, 동성애 인터넷 사이트를 방문하는 과제도 있어 동성애 유혹에 빠지게 만들었다. 다행히 많은 국민이 교과서 수정을 요구하는 민원을 교육부에 제출하여 교과서에서 동성애는 정상이며 도덕적인 문제가 없다는 내용이 삭제되었다. 교과서 내용, 인터넷, TV드라마 등의 동성애 옹호 영향에 의해 현재 10~20대는 동성애를 50% 이상이 옹호하고 있다. 그로 인해 동성애로 말미암아 10~20대 에이즈 감염자 수가 급증하며, 20대 증가율보다 10대 증가율이 더 크다.

인권위법에 성적지향 차별금지조항이 있기에 성적지향을 포함한 차별금지법을 제정하려는 시도가 계속되고 있다. 인권위법의 존재가 동성애 차별금지법이 제정되는 위험성을 낳고, 결국 건전한 성윤리를 가진 국민들의 자유와 권리가 탄압을 받지 않을까 하는 두려움을 준다. 그러므로 한국의 동성애 확산을 근원적으로 막으려면 인권위법에서 동성애 차별금지 조항이 조속히 삭제되어야 한다. 인권위법에서 성적지향 차별금지 조항을 삭제되더라도 인권위가 동성애자의 억울한 차별을 구제하는 것은 허용되며, 동성애자의 기본적인 인권은 헌법에 의해 보장된다. 따라서 동성애자들이 당하는 억울한 차별을 이유로, 인권위법에서 동성애 차별금지 조항을 삭제하는 것을 반대해서는 안 된다.

[2] 우리의 마음 자세와 앞으로의 대책

(1) 동성애와 차별금지법에 대한 바른 지식을 전해야 한다.

동성애 옹호자들은 동성애는 유전이고 선천적인 것이며 치유가 불가능하므로 그들을 인정해 주어야하며 동성애자들을 차별하면 안 된다고 주장한다. 이러한 주장들은 이미 외국의 동성애 옹호자들이 동성애를 정상으로 인정받기 위해 사용했는데, 똑같은 방식을 한국의 동성애 옹호자들이 한국에도 적용하여 자신들의 목적을 이루고자 하므로, 이 책은 자세히 그러한 그들의 주장이 잘못되었음을 밝히려고 하였다. 동성애 옹호자의 잘못된 주장이 한국의 온라인에 널리 퍼져 많은 분들이 오해하고 있다. 상당히 많은 국민이 동성애 옹호자들의 주장에 영향을 받아 동성애에 대한 나약한 태도를 취한다. 동성애에 대한 확실한 지식을 가지고 동성애 옹호자의 주장이 잘못되었음을 트위터, 페이스북, 블로그 등을 통해 널리 퍼트려야 한다. 동성애는 유전도, 선천적인 것도, 치유불가능도 아니라는 사실과 동성애는 비정상적이며 에이즈와 밀접한 관계가 있고 동성애자는 불행하다는 사실을 알려야 한다. 또한 차별에는 나쁜 의미만 있는 것이 아니고 윤리적인 구별도 포함함을 알려야 한다. 동성애가 차별금지법에 포함되는 것을 반대하는 이유는 동성애자들이 억울한 차별을 받도록 하려는 것이 아니고, 동성애에 대한 윤리적인 구별을 유지하기 위해서이다. 동성애가 차별금지법에 포함되면, 국민에게 동성애는 정상이라는 윤리관을 강요하며, 학교에서 동성애를 정상으로 가르치며, 동성애를 비윤리적이라고 인식하고 행동하면 직장에서 해고된다. 또한 동성애를 끊고 새 삶을 살도록 도와주는 것까지 막는다. 동성애가 차별금지법에 포함되는 것을 반대하는 것은 동성애를 비윤리적이라고 인식하는 건전한 성윤리를 가진 국민의 권리를 보장받기 위해서이다. 정부, 국회, 법조계, 과학계 등에 널리 알려 잘못된 법과 정책이 만들어지지 않도록 해야 한다. 특히 많은 전문가들이 헌신하여 잘못된 주장을 반박하는 논리를 지속적으로 개발하고 논문 등의 전문 자료를 통해서 바른 지식을 퍼트려야 한다.

(2) 자신이 먼저 경건한 삶을 살아야 한다.

동성애를 비롯한 성적인 죄악과 싸우려면 먼저 자신이 철저하게 경건한 삶을 살아야 한다. 저쪽의 무기는 음란이고 우리의 무기는 경건이다. 그런데 경건은 음란을 이긴다. 한 명의 경건한 사람은 음란한 사람 천명을 이길 수 있다. 어두움은 빛을 이길 수 없다. 빛이 지는 이유는 어두움이 이겨서 아니라, 빛이 진정한 빛을 잃어버려서이다. 우리가 진짜로 경건하면 70~80%는 이겼다고 보면 된다. 우리의 적은 동성애자가 아니고 자기 자신이다. 우리가 음란한 동영상을 보는 순간, 우리는 이 싸움에서 진 것이다. 겉으로 아무리 경건하게 포장하더라도, 마음속에서 음란한 동영상이 돌아가고 있으면 이길 수 없다. 24시간 철저한 경건한 삶만이 이 싸움에서 이기는 길이다. 우리 자신이 철저한 경건한 삶을 살면서 다음 세대에 의인을 만들어야 한다. 의인이 있는 한 그 사회는 무너지지 않는다. 지금은 스마트폰이나 인터넷을 몇 번 클릭하면 음란물을 접할 수 있기에, 우리가 먼저 경건한 본을 보이면서 다음 세대에게 철저한 경건한 삶을 살라고 요구해야 한다. 진짜로 경건한 사람만이 다음 세대에 영향을 주며 진짜 의인을 만들어낸다. 경건함을 회복하면 동성애 문제는 저절로 해결될 수 있다. 은밀한 삶에서 철저한 거룩함을 회복하는 운동에 지도자들이 앞장서고 본을 보여야 한다.

(3) 사회를 향하여 적극적으로 목소리를 내어야 한다.

사회를 향하여 거룩함을 힘차게 외치고 정부, 국회 등에 적극적으로 의견을 제출하여야 한다. 한국 내에서 동성애 옹호세력이 급속히 증가하고 있기에 한 두 사람의 힘만으로는 동성애 확산을 막기 어려우며, 동성애 확산을 우려하는 많은 국민들이 연합하여서 분명한 반대목소리를 정부 및 관계기관에 내어야 한다. 아직까지 한국 내에 동성애자의 수가 그렇게 많지 않으며 대다수 국민이 동성애에 대해 부정적인 인식을 가지고 있기에, 지금이라도 동성애 확산을 우려하는 국민 여론을 잘 조직화하여서 체계적으로 반대한다면 충분히 동성애확산을 막을 수 있다. 한국에는 건전한 윤리의식을 가진 분들이 각계각층에 포진하고 있기에, 건전한 윤리의식을 가진 분들이 조금만 열심을 내고 힘을 합쳐서 목소리를 내면 충분히 동성애 확산을 막고 건전한 사회를 유지할 수 있다. '누군가 하겠지'라는 안일하고 방관적인 태도를 취하고 있으면 나중에 우리의 자녀가 학교에서 동성애를 배우는 날이 오며, 그 때에 땅을 치며 후회를 하여도 세상의 흐름을 막을 수 없는 상황이 될 것이기에 지금 깨어서 최선을 다해야 한다. 바른 사회는 저절로 만들어지지 않으며, 민주주의 국가에서 목소리를 내지 않는 의견은 고려되지 않는다. 지금 조금만 헌신하면 충분히 막을 수 있는 일이 나중에는 도저히 막을 수 없게 될 수 있다. 정부, 국회 등을 향해 목소리를 내어 세상의 법과 제도 안에서 공의가 이루어지도록 해야 한다. 이 시대에는 동떨어져 살 수 없으며 자녀들이 학교 교육의 영향을 받으므로, 법과 제도가 공의에 위배되지 않도록 끊임없이 경계해야 한다. 서구는 동성애를 정상이라고 인정하는 법과 제도들이 막지 못하여, 자녀들은 학교에서 동성애와 동성결혼이 정상이라는 교육을 받으며, 바른 윤리관을 갖고 공공장소에서 표현할 수 있는 자유를 잃어버리고 고통을 당하고 있다. 이러한 서구를 바라보며 그러한 전철을 밟지 않도록 우리들은 깨어 노력해야 한다.

(4) 체계적이고 조직적으로 동성애 확산을 막아야 한다.

각 지역별로 동성애문제대책위를 구성하여 장단기 대책을 세우고 각 지역의 퀴어축제를 막으며 이미 제정된 동성애 옹호 조례를 개정하고, 그 지역 국회의원을 설득하여 동성애 옹호 법(차별금지법, 생활동반자법)이 만들어지지 않도록 하고, 이미 만들어진 동성애 옹호 법(국가인권위원회법)을 개정해야 한다. 법조인, 의료인, 과학자, 언론인 등의 각 영역별로 전문가모임을 구성하여 동성애 옹호 내용을 반박하는 전문자료를 만들어야 한다. 지역별 조직, 전문영역별 조직, 시민단체 등의 연합체를 만들어 정부와 국회에 압력을 넣고, 인권위의 동성애 옹호활동을 저지하고 국가인권위원회법을 개정하고 교과서를 바꾸고 질병관리본부가 동성애와 에이즈의 밀접한 관계를 밝히도록 요청해야 한다. 동성애 문제점을 알리는 자료를 제작하고 온라인과 오프라인에서 동성애 실체를 알려야 한다. 또한 후원구조를 탄탄하게 만들어 각 조직이 원활하게 운영되어야 한다. 동성애자들을 위한 상담소를 만들고 말기 에이즈 환자들을 위한 쉼터를 만들어야 한다. 에이즈는 거의 동성애로 말미암아 감염되었지만, 그럼에도 불구하고 아무도 돌아보지 않는 말기 에이즈 환자를 보살펴 주어야 한다. 이렇게 함으로써, 동성애 자체는 반대하지만 동성애자들은 진정으로 사랑함을 몸으로 보여주어야 한다. 그래야만 동성애자들을 불쌍히 여기는 일반인들을 설득할 수 있다. 다음 세대에 바른 성윤리를 전하기 위해 교과서에 동성애 옹호내용이 들어가지 못하게 하고, 성문화센터에서 동성애 옹호교육이 이루어지지 않도록 해야 한다. 전국의 50여개 성문화센터는 성교육강사를 양성하여 각 학교에 보내는데, 대다수 성문화센터는 강사를 양성할 때에 동성애 옹호교육을 실시하고 있으므로, 이것을 하루 빨리 막아야 한다.

(5) 동성애와의 싸움은 반드시 이긴다는 믿음을 가져야 한다.

서구 유럽과 미국이 동성결혼을 인정하였기에, 한국도 결국 동성애를 인정한 법이 만들어질 것이라는 부정적인 마음을 가지면 이 싸움에서 이길 수 없다. 오히려 한국에서 시작한 거룩한 바람이 전 세계를 덮어서 현재 타락한 국가들이 바른 윤리도덕으로 돌아오게 될 것이라는 희망은 왜 가지지 않는가? 미래가 어떻게 진행될지는 아무도 모르지만, 싸움의 최전선에서 싸우는 군사는 자신의 행위와 노력으로 위대한 일이 일어날 것이라는 기대를 가지고 나아가야 한다. 그렇지 않고 패배의식을 갖고 겉으로 흉내만 내면 그 일은 신이 나지 않고 성공할 가능성이 매우 낮다. 그러므로 동성애에 대한 싸움은 절대 지지 않고 반드시 이긴다는 믿음을 가져야 한다. 인간의 인체 구조에 근거한 상식으로 볼 때 동성애는 비정상적인 것이 자명하다. 우리의 주장이 진리이며, 현재 한국의 동성애자 수는 아주 적다. 한국에는 건전한 윤리의식을 가진 분들이 각계각층에 있으므로, 건전한 윤리의식을 가진 분들이 힘을 합쳐 목소리를 내면 충분히 동성애 확산을 막고 건전한 사회를 유지할 수 있다.

미국과 서구 국가들이 동성애를 인정하는 법을 만든 것은 사실이지만, 동성애를 인정하는 대부분 국가는 포르노를 합법화하여 성적타락을 법적으로 허용하는 나라이다. 대부분 국가들이 경제적으로 부유해지면서 성적으로 타락하였고 그중 하나가 동성애이다. 2012년에 미국 콜로라도 주와 워싱턴 주는 마약소지를 합법화하였다. 그러므로 선진국이라고 생각되는 국가들이 경제로는 선진국인지 몰라도 윤리도덕으로는 후진국이다. 윤리도덕적인 관점에서 후진국들이 하는 것을 따라가는 것은 옳지 않다. 한국만은 경제적으로 부유해지면서 성적타락이 일어나지 않는 본보기 국가가 되어야 한다. 그래서 유럽과 미국의 무너진 성윤리를 한국이 다시 일으키고 그들이 바른 길로 돌아올 수 있도록 도움을 주어야 한다. 한국이 그러한 일을 할 수 있다는 강한 신념으로 최선을 다하는 것은 한국만을 위한 길이 아니라 전 세계의 윤리도덕을 지키는 길이다.

  2015년에 영국 변호사가 한국에 와서 전국을 순회하며 강의할 때, 영국 사람들은 한국만은 동성애가 합법화되지 않고 영국을 구해 주기를 바라고 있다고 말했다. 영국은 이미 동성애가 합법화가 되었고 스스로의 힘으로는 돌이킬 수 없기에 한국만이 유일한 희망이라고 말을 들을 때에 한국인으로서의 자부심과 사명감을 느꼈다. 지금 전 세계의 사람들이 한국만은 무너지지 않고 그들을 도와주기를 기다리고 있다는 사실을 느끼며, 한국의 윤리도덕을 지키는 일에 정말 최선을 다해야겠다는 다짐을 했다. 한국이 건전한 성문화를 지켜서 전 세계의 윤리도덕을 지키는 파수군 역할을 감당하리라고 믿으며, 이 올바른 일에 모두 동참해 주시길 바란다. 타락해 가는 이 시대에 부족하고 연약한 우리들의 조그마한 헌신으로 경건한 국가를 가야 할 것이다.

부록

성별정체성 차별금지의 문제점
질문과 답변

성별정체성 차별금지의 문제점

성별 정체성(gender identity)이란 자신의 성별에 관한 인식, 즉 자신을 남성 혹은 여성으로 인식하는 것을 뜻한다. 따라서 성별 정체성에 대한 차별금지는 트랜스젠더(transgender)에 대한 차별금지를 포함하게 된다. 트랜스젠더는 남성이나 여성의 신체를 지니고 태어났지만 자신을 반대의 성(性)을 가진 사람이라고 인식하는 사람을 가리킨다. 즉, 육체적 성과 정신적 성이 일치하지 않은 것을 말한다. 트랜스젠더 모두가 성전환 수술을 받거나 원하는 것은 아니며, 어떤 트랜스젠더는 성전환 수술을 거부하기도 한다. 트랜스젠더 중에서 성전환수술을 받은 사람을 트랜스섹슈얼(transsexual)로 세분하기도 한다.

트랜스젠더는 자신의 육체의 성과 정신의 성이 지향하는 바가 일치하지 않는 성 정체성 혼란의 일종이며, 이러한 성정체성 장애를 성전환증이라고 부른다. 성전환증이란 '성적 주체성 장애의 가장 심한 형태로서 사춘기 이후에도 자신의 선천적 성에 대해 지속적으로 불편감과 부적절감을 느끼며 2년 이상 일차 및 이차 성징을 제거하고 상대 성징을 획득하려는 집착에 사로잡혀 있는 상태'를 말한다. 이러한 사람들은 어려서부터 반대 성의 놀이, 행동, 태도, 복장 등을 보인다.

트랜스젠더의 원인에 대해서는 확실히 규명되지 않았지만, 동성애가 선천적으로 결정되는 것이 아니고 후천적인 요소들에 의해 더 영향을 받으므로, 트랜스젠더도 선천적인 영향보다는 후천적인 영향에 의해서 형성된다고 추측된다. 의학계에서는 성전환증의 진단을 받고 치료를 계속하여도 위 증세가 치유되지 않는 사람에 한하여 성전환 수술을 하되,

성전환 수술은 복원이 불가능하므로 정신과 진단 및 호르몬 치료를 받고 반대의 성으로 정신적·사회적 적응이 이루어진 사람에 한하여 엄격한 진단 아래 최후의 방법으로 시술하여야 한다고 본다.

성전환 수술은 본래의 성기와 생식능력을 제거하고 반대 성의 성기를 재건하는 예민한 수술로서 10시간 이상이 걸리며, 생명의 위협을 무릅써야 할 뿐만 아니라 몇 천만 원 정도의 고비용이 든다. 우리나라에서 성전환증을 가진 자의 숫자에 관한 신뢰할만한 통계자료는 없지만, 미국 정신과학회가 1994년 남성에서 여성으로의 성전환증자는 3만 명 당 1명, 여성에서 남성으로의 성전환증자는 10만 명 당 1명이라고 보고한 내용을 한국에 대입하면 1,000 여명 정도로 추산된다.

트랜스젠더에 관한 바른 입장은 주어진 성(gender)을 중심으로 자신의 성정체성을 확립하고 그것을 건전하게 발전시켜 가도록 힘쓰도록 해야 한다는 것이다. 성기 성형수술이 기술적으로 가능한 오늘날에도 그런 수술이 적용될 수 있는 유일한 경우는 양성의 성징(性徵)을 모두 가지고 태어난 사람들(intersex people)의 경우라고 본다. 성전환수술을 반대하는 이유는 다음과 같다.[1] 첫째, 성은 출생 때 부여받은 것으로 성을 인위적으로 바꾸는 것은 바람직하지 않으며, 수술로 반대 성으로 완전하게 전환하는 것은 사실상 불가능하므로 실제로는 성적인 장애자가 되는 것이다. 여성으로 성전환 수술을 받은 남성은 난자를 생산할 수도 없고 임신을 할 수도 없다. 마찬가지로 남성으로 성전환을 한 여성은 정자를 생산할 능력이 없다. 따라서 남성도 여성도 아닌 성적 불구를 만드는 수술이라고 본다. 둘째, 트랜스젠더는 정신적, 심리적 상담과 교육으로 성적 정체성 혼란의 예방과 치료가 가능하다고 본다. 육체의 변경을 통한 성전환은 실질적으로 불가능하지만, 정신상의 성 의식 전환은 인간의 결단 여하에 따라 가능하다. 성 정체성은 신체의 성적 구조가 주(主)가 되고 주관적인 성 의식은 신체의 성적 구조를 보조하는 형식으로 이해되어야 한다. 왜냐하면 신체의 성적 구조는 전환이 불가능하지만 주관적인 성 의식을 바꾸는 것은 쉽지는 않지만 의지를 굳게 하고 훈련하면 불가능한 것은 결코 아니기 때문이다. 셋째, 성전환수술을 한 사람은 자녀를 낳을 수 없기에 가정의 의미와 자녀 출산 및 양육의 소중함을 약화시킬 수 있다. 트랜스젠더는 사회 전체의 성 관념과 윤리와 문화 전반에 영향을 주기 때문에 청소년들에게 신중하게 가르쳐야 하며, 특히 트랜스젠더를 윤리적인 문제가 없는 정상이라고 가르치는 것은 매우 위험하다고 본다.

존스 홉킨스 병원에서 정신의학과 대표를 맡았고, 현재 정신의학과 석좌 교수를 맡고 있는 폴 맥휴 박사는 트랜스젠더는 치료할 정신 질환이며, 성을 전환하는 것은 생물학적으로는 불가능하고 인권 문제라고 하면서 성전환수술을 권장하는 사람들은 정신 질환을 부추기는 것과 같다고 말했다.[2] 그는 성전환 수술은 생물학적인 성과 다를 것이라는 "추측 장애"에 걸린 사람들을 위한 해결책이 아니며, 성전환자의 장애는 아주 위험할 정도로 마른 사람이 거식증에 걸려 있지만, 거울을 보며 자신이 비만이라고 느끼는 증상과 비슷하다고 했다. 또한 그는 최근 조사에 의하면 처음엔 성이 바뀐 것 같이 느끼던 아동들 중 70~80%가 자연스럽게 그 감정이 사라졌다고 했다. 오바마 정부와 각종 미디어에서는 이해와 치료, 예방 방지법이 필요한 성별 착란 증세를 옹호가 필요한 권리 중 하나로 인식하게 만들었다고 말했다.

성별정체성(트랜스젠더) 차별금지를 반대하는 이유를 설명하면, 차별의 법적 의미는 분리, 구별, 제한, 배제하거나 불리하게 대우하는 것이다. 따라서 트랜스젠더 차별금지에는 두 가지 의미가 있다. 트랜스젠더들을 손가락질하고 조롱하고 괴롭히는 것을 금지하는 의미와 함께 트랜스젠더를 윤리적 문제가 없는 정상이라고 인정하는 의미가 있다. 트랜스젠더를 차별금지사유로 지정하면 위의 두 가지 의미가 모두 포함하기에, 트랜스젠더를 법적으로 정상이라고 공인하게 된다. 동성애와 마찬가지로 트랜스젠더도 개인의 윤리관에 따라 비윤리적이라고 판단할 수 있기에 차별금지사유에 포함되어서는 안 된다.

트랜스젠더의 인식이 어떻게 형성되었는지 확실하지 않지만, 타고난 것은 아니며 어떤 이유에서인지 왜곡된 성 정체성을 갖게 되었다고 본다. 그러한 인식을 가진 사람들을 불쌍히 여기고 바른 성 정체성을 갖도록 도와주어야 하지만, 트랜스젠더를 정상이라고 인정할 수는 없다. 트랜스젠더는 스스로를 반대의 성이라고 인식하기에 결국 같은 성을 사랑하게 되므로 동성애자가 될 가능성이 높다. 따라서 트랜스젠더를 인정하면 동성애를 인정하는 결과를 낳는다. 성별정체성(트랜스젠더)을 차별금지사유로 지정하면 교육 현장에서 트랜스젠더를 정상이라고 가르쳐야 하므로 성 정체성이 확립되지 않은 청소년들에게 잘못된 영향을 준다.

트랜스젠더가 인간으로서 가져야 할 인권은 존중되어야 하지만, 트랜스젠더 차별금지는 정상적인 성윤리를 가진 국민이 역차별을 받게 되는 결과를 초래할 수 있다. 트랜스젠더 차별금지를 시행하는 미국 매사추세츠의 교육부는 트랜스젠더들이 자신이 원하는 화장실을 사용할 수 있도록 하였고, 선생들은 학생이 학교에서 어떤 성정체성을 가지고 있는지 부모님께 말씀드릴 수 없도록 하였다.[3] 이 규정은 학생이 학교와 집에서 다른 성정체성을 가지고 생활 할 수 있도록 하고, 교육부는 이것을 학생의 인권을 보호해주기 위함이라고 말한다. 또한 다른 학생의 성정체성을 인정해주지 않는 학생은 처벌 대상이 된다. 예로서 남자 트랜스젠더가 여자 화장실에 들어갈 수 있으며, 그러한 것을 불평하는 여자는 차별하였다는 이유로 처벌을 받는다.

다른 예로서 미국 워싱턴에 있는 대학교의 차별금지 규칙이 트랜스젠더 남자가 어린 여자아이들에게 나체를 드러내는 것을 막지 못한다. 근처의 고등학교 학생과 수영클럽 어린이도 이 대학교 탈의실을 함께 쓰는데, 45세의 남자가 여자 탈의실에 종종 나체로 그의 성기를 드러냈다. 17살 딸을 둔 어머니가 딸의 말을 듣고 수영코치에게 말했고, 여자 수영코치는 그 남자를 꾸짖은 뒤 내쫓고 경찰에 신고했다. 하지만 그가 트랜스젠더라는 것을 나중에 안 코치는 오히려 그 분께 사과를 했으며, 경찰도 이런 쪽으로 범죄의 규정이 애매하여 법정은 아무런 조치도 취하지 않을 것으로 보인다고 말했다. 반면에 그는 수영장에서 쫓겨났을 때 차별대우를 받은 것처럼 느꼈다고 말했다. 2014년부터 미국 캘리포니아는 공립 초중고등학교에서 트랜스젠더는 자신이 원하는 성별의 화장실, 탈의실, 샤워장을 사용할 수 있게 되어, 17세 남학생이 트랜스젠더라고 주장하며 여학생 스포츠팀에 가입해서 샤워장도 같이 쓰게 되었다.[4] 이제는 남자가 여자 화장실 등을 들어오는 것을 막을 수 없게 됨으로써 성폭력의 위험이 더욱 증가하게 되었다.[5] 또한 뉴욕은 2015년 12월에 성전환자에게 "그녀" 또는 "그"라고 부르면 25만 달러까지의 벌금을 내는 법안을 만들었다.[6] 이처럼 자연의 섭리인 남녀의 성별을 무시하는 성별정체성에 대한 차별금지는 건전한 성윤리를 무너뜨린다.

부록 2

질문과 답변

앞의 본문에 있는 내용을 질문과 답변이란 방식으로 간략하게 요약하였으며, 흔히 질문되어지는 것에 대한 답변을 제시하였다.

[1] 동성애는 선천적이어서 어쩔 수 없이 한다는데, 동성애가 선천적이지 않다는 증거는 무엇인가?

유전이라는 뜻은 동성애를 나타내게 하는 유전자가 있다는 것이다. 만약 동성애가 유전자에 의한 것이라면, 이미 동성애는 사라졌어야 한다. 왜냐하면 동성애자들은 아이를 낳을 수 없다. 아이를 낳아야 유전자가 다음 세대로 내려갈 수 있는데, 아이를 낳지 못하기에 유전자가 다음 세대로 내려갈 수 없고, 따라서 동성애는 이미 사라졌어야 한다. 만약 동성애가 유전자에 의해서 나타난 현상이라면, 일반적 관점에서 많은 유전자가 관련되었을 것으로 추측되고, 동성애란 행동양식은 여러 세대에 걸쳐 천천히 변화되어야 한다. 그런데, 실제 상황은 전혀 그렇지 않다. 가계조사를 해 보면, 갑자기 동성애자가 나타났다가 갑자기 사라진다.

동성애가 유전자 손상을 일으키는 돌연변이의 결과라는 주장도 있다. 그런데, 다운증후군과 같이 한 두 개의 유전적 결함에 의해서 나타나는 유전질환은 전체 인구 중에서 0.25% 이하의 빈도를 가지고, 모든 유전질환자를 합치더라도 전체 인구의 1% 정도 밖에 되지 않는다. 서구 사회의 동성애의 빈도는 대략 2~3%이기에, 동성애가 유전적 결함에 의해서 나타난 현상이라고 보기에는 빈도가 너무 높다. 조사에 의하면 동성애자의 수가 나이가 많아질수록 감소한다. 만약 동성애가 유전이면 나이가 들어도 감소하지 말아야 한다. 또한 자란 환경에 따라 동성애의 빈도가 다르다는 것이 설문조사를 통하여 밝혀졌다. 청소년기에 큰 도시에서 자랐으면 동성애자가 될 확률이 높고 시골에서 자랐으면 동성애자가 될 확률이 낮다.

동성애가 유전은 아니지만 태어날 때부터 동성애를 하도록 신체구조가 형성되었다는 주장이 있다. 예로서 두뇌에 의해, 혹은 태아기에 성호르몬 이상을 겪어서 동성애를 하도록 신체가 형성되었다는 것이다. 성적 지향이 정신적 성향이기에 두뇌에 의해 정해지며 동성애자의 두뇌는 태어날 때부터 일반인과 다른 특징을 가질 것으로 추측했다. 예전의 과학은 태아의 8~24주에 남성호르몬 증대가 일어나기에 두뇌에 영향을 주고, 그 시기에 성호르몬 이상으로 동성애자가 될 것으로 추측했다. 이러한 추측에는 두뇌 구조가 임신 기간에 정하여져 일생 변하지 않고, 성적지향도 두뇌에 의해 정해져 일생 변하지 않는다는 가정이 있다. 최근 과학은 두뇌 구조가 임신 기간에 결정되어 일생 변하지 않는다고 보지 않고, 임신 24주 이후에도 여러 번 성호르몬 증대가 있으며, 태어났을 때 남녀 두뇌가 크게 다르지 않고, 태어난 후 환경 영향을 받아 두뇌발달이 이루어진다고 본다. 성인 두뇌도 경험, 습관, 훈련 등으로 변화됨이 두뇌촬영으로 확인됐다. 따라서 태어날 때 특별한 두뇌를 가져 어쩔 수 없이 동성애자가 되었다는 주장은 맞지 않다.

동성애가 선천적인 것이 아니라는 가장 강력한 증거는 일란성 쌍둥이의 동성애 일치비율이다. 1952년의 첫 연구에서 일란성 쌍둥이의 동성애 일치비율이 100%였고, 1991년 연구에서는 52%이었다. 첫 연구는 교도소와 정신병원 수감자를 대상으로 한 것이어서 신뢰성이 떨어지고, 1991년 연구도 친동성애 성향의 언론매체를 통하여 조사 대상을 모집하였기에 신뢰성이 떨어진다. 연구결과 수치를 높이기 위해 의도적으로 많은 동성애자인 쌍둥이가 응모했을 수 있기 때문이다. 2000년 이후로 국가가 가지고 있는 자료를 사용하여 세 번의 대규모 설문조사를 한 결과, 일란성쌍둥이의 동성애 일치비율은 대략 10% 내외였다. 쌍둥이는 동일한 유전자를 갖고, 출생하기 전에 자궁 내에서 동일한 생물학적 영향을 받고, 같은 부모와 환경 하에서 자라났기에 동일한 후천적 영향을 받는다. 동일한 유전자를 갖고 동일한 선천적, 후천적 영향을 받은 일란성 쌍둥이의 일치비율이 10% 밖에 되지 않는다는 것은, 유전적, 선천적, 후천적 영향을 모두 합쳐도 동성애자가 되는데 적은 효과를 준다는 것을 나타낸다. 따라서 이 사실로부터 동성애는 유전도 아니고 선천적이지도 않다는 것이 분명하다.

[2] 동성애가 선천적인 것이 아닌데도 불구하고, 왜 많은 분이 동성애가 선천적인 것으로 오해하고 있는가?

많은 분이 동성애를 선천적인 것으로 오해하는 이유가 있다. 1990년대 초에 동성애가 유전이고 선천적인 것으로 오해하게 만드는 논문들이 몇 편 발표되었다.

(1) 동성애는 유전이라는 오해

1993년에 동성애자인 해머는 동성애가 X염색체 위의 Xq28이란 유전자집단 존재와 상관관계가 있다고 사이언스라는 학술지에 발표했다. 사이언스는 유명한 학술지이므로, 서구 언론은 동성애 유전자를 발견하였다고 대서특필하였다. 그런데 1999년에 라이스 등은 Xq28 유전자집단에 존재하는 유전자를 조사한 결과, Xq28 존재가 동성애와 관련이 없다고 사이언스에 발표했다. 2005년에 해머를 포함한 연구팀이 더 많은 대상을 조사하여서 동성애와 Xq28 존재와의 관련성을 부인하였고, 1993년 결과와 다른 이유를 자세히 설명하면서 자신의 결과를 번복하였다. 하지만, 이러한 결과는 언론에서 다루지 않아서 일반인들이 동성애는 유전이라는 오해를 갖게 만들었다.

(2) 동성애는 두뇌 때문이라는 오해

1991년에 동성애자인 리베이는 남성 동성애자 두뇌의 특정 부분이 여성과 비슷하다는 결과를 사이언스에 발표하였다. 이 결과는 사람들로 하여금 동성애자는 동성애를 하도록 만드는 두뇌를 갖고 태어나는 것으로 오해하게 만들었다. 2001년에 바인 등은 같은 영역을 조사하여서 두뇌의 뉴론 수가 남녀 차이는 있지만, 남성 동성애자와 남성 이성애자 차이는 없다고 발표했다. 1992년에 알렌 등은 양쪽 뇌를 연결하는 전교련을 관찰하면 남성 동성애자가 여성처럼 크다고 발표하였지만, 2002년에 행하여진 연구에서는 아무런 차이를 발견할 수 없었다. 양쪽 뇌를 연결하는 뇌량을 관찰하면 남성 동성애자가 여성과 비슷하다고 발표했지만, 그 뒤로 행하여졌던 22번의 연구에서는 남녀의 차이를 발견할 수 없었다. 동성애가 두뇌 때문이라는 연구 결과가 약 10년 후에 번복되었지만, 그 사이에 일반인은 동성애는 선천적이라는 오해를 갖게 되었다.

(3) 동성애는 태아기의 호르몬 때문이라는 오해

태아기의 호르몬과 관련된 연구로는 2000년에 윌리엄 등에 의하여 Nature에 발표된 손가락 길이의 비에 관한 것이 있다. 여성의 둘째손가락 길이가 넷째손가락 길이와 거의 같지만 남성의 둘째손가락 길이가 넷째손가락 길이에 비하여 짧다는 연구 결과가 있었고, 태아기의 호르몬이 손가락 길이의 비에 영향을 미친다는 결과가 있었다. 윌리엄 등은 손가락 길이의 비를 측정하였는데, 여성 동성애자는 남성 쪽으로 가까웠다. 이 결과를 토대로 여성 동성애자가 여성 이성애자에 비해 태아기에 호르몬의 영향을 더 받은 것으로 추론했다. 그런데 미국의 여성 동성애자 비율을 1.8%이라고 가정하면, 손가락길이의 비가 남성 쪽으로 가까워지면 여성 동성애자가 될 확률이 2%에서 2.2%로 조금 증가하지만, 같은 손가락길이의 비를 가지는 대다수 여성은 이성애자로 남아 있다. 손가락길이의 비가 태아기의 호르몬에 의해 영향을 받는다고 가정하면, 위의 결과로부터 태아기 호르몬이 여성 동성애자가 될 확률을 조금 증가시킨다고 볼 수 있지만, 태아기 호르몬이 어쩔 수 없이 동성애자가 되게 할 만큼 강력한 효과를 주지 않음을 잘 나타낸다.

(4) 형의 숫자가 많을수록 남동생이 동성애자가 될 확률이 높다는 오해

형의 숫자가 많을수록 남동생이 동성애자가 될 확률이 높다는, '형 효과'를 나타내는 결과도 있지만 의문을 제기하는 논문도 있다. 2006년에 약 이백만 명의 덴마크 국민을 대상으로 조사한 결과, 형 효과는 발견되지 않았다. 이 형 효과가 어린 남동생이 나약할 때에 나타나는 형들의 부정적인 반응 때문이거나, 남자 형제 사이에서 흔히 있는 레슬링과 같은 다양한 피부 접촉 때문이라는 해석도 있다. 형 효과에 대한 생물학적 해석은 어머니가 태아에게 면역 반응을 일으켜서 동성애 성향을 갖도록 만든다는 것이다. 즉, 첫 번째 남자 아기를 가졌을 때에 어머니 몸에 생겨진 남성에 대한 항체가 두 번째 남자 태아의 뇌를 공격하여 동성애 성향을 갖게 만든다는 논리이다. 어머니 몸에 생긴 항체가 남성-특이성 단백질에 반응한다면, 가장 남성적인 장기인 고환을 공격해야 하며, 그로 인하여 정액의 질(quality)이 떨어지고 고환암 등의 증상이 나타나야 하는데, 동성애자들에게서 그러한 증상이 나타나지 않는다. 태아의 뇌를 공격했다면 읽고 쓰는 것에 대한 학습 장애도 같이 나타나야 한다. 그런데 남성 동성애자는 오히려 말을 더 잘하며 학습 장애를 가지고 있지 않다. 또한 형 효과로 설명될 수 있는 동성애자들은 전체의 17% 밖에 되지 않는다. 결론적으로 남자 형제간의 형 효과는 확실하게 입증되지 않았으며, 그 효과를 생물학적으로 설명하려는 어머니의 면역반응 이론은 여러 문제점을 가져서 설득력이 없다.

위에서 몇 가지 예를 들었는데, 1990년대 초에 동성애가 선천적인 것으로 오해하게 만드는 논문들이 발표되었고, 대략 10년이 지난 후에야 그 논문 결과가 잘못되었음이 밝혀졌다. 그 사이에 서구 사회에 동성애는 선천적이라는 오해가 확산이 되었고, 동성애자들이 그러한 결과를 사용하여 어쩔 수 없이 동성애를 하니까 정상으로 인정해 달라는 주장을 하였으며, 그것이 많은 사람에게 설득시켜서 결국 서구 사회는 동성애를 정상으로 인정하게 되었다. 그런데 한국의 인터넷에 동성애 옹호자들이 이미 잘못된 것으로 밝혀진 논문 결과들을 퍼트려서 한국 사회에 동성애는 선천적이라는 오해를 확산시키고 있으며, 서구처럼 동성애를 정상으로 인정받으려고 한다.

[3] 동성애가 다양한 동물에서 나타나므로 자연의 법칙에 어긋난다고 할 수 있는가?

동성애 옹호자들은 동성애가 다양한 동물의 종에 관찰되므로 반자연적(unnatural)이지 않다고 주장한다. 이 주장에 대한 몇 가지 반론을 제시하고자 한다.

(1) 동물의 동성애는 보편적인 현상이 아님

전 세계 동물의 종류는 150만 종 이상이라고 보는데,[1] 동성애를 하는 동물로 거론되고 있는 수는 이에 비하면 아주 작다. 즉, 동성애는 동물들에게서 희귀하게 나타나는 현상이다. 또한 특정한 동물이 동성애를 한다고 하더라도, 그 특정한 동물의 소수 개체들만 동성애를 한다. 만약 특정한 동물의 대다수가 동성애를 한다면, 그 동물은 개체 수가 줄어들어서 결국 멸종을 하게 된다. 결론적으로 동성애는 동물에서도 보편적인 현상이 아니다.

(2) 비정상적인 현상이 소수의 집단에서 발견될 수 있음

소수의 집단에게서 나타난 현상을 자연적이라고 볼 수 없다. 소수의 인간에게서도 살인, 성폭력, 강도, 절도 등의 현상이 나타난다. 이러한 현상이 인간에게서 발견되었다고 하더라도, 그 현상을 자연적이라고 보든지 비윤리적이지 않다고 보지 않는다. 더군다나 소수의 동물 집단에게서 나타난 현상을 자연적이라고 볼 수는 없다.

(3) 환경오염물질 노출 결과 또는 갈등완화를 위한 행동임

동성애를 지지하는 일부 사람들은 동성애가 동물의 세계에서도 흔히 일어나는 일이라고 말하지만 이것은 잘못된 해석이다. 이러한 주장에 대하여 경희대 생물학과의 조류전문가인 유정칠교수님께서 적은 반론을 인용하겠다. 동물의 세계에서 동성애는 매우 드물게 관찰될 뿐만 아니라, 아주 비정상적인 환경에서만 간혹 나타난다. 예를 들어, 검은머리물떼새 (Oystercatcher)는 원래 전형적인 일부일처제인 새로, 둘 중 어느 한 쪽이 죽을 때까지 평생 부부관계가 지속된다. 이 새는 수명이 길고, 이전에 사용했던 번식지를 매년 재사용하기 때문에 번식지와 배우자를 차지하기 위한 경쟁이 매우 심하다. 이미 자신의 세력권을 확보한 암컷과 침입자인 암컷 사이에는 폭력적인 충돌이 자주 발생해 몇 주 혹은 몇 달 동안 암컷 간 싸움이 지속되기도 한다.

1998년 세계 최고의 권위를 자랑하는 영국의 과학저널 「네이처(Nature)」에 흥미로운 기사가 실렸다. 10여년간 검은머리물떼새를 연구하던 네덜란드의 그로닝겐 대학의 조류학자 Heg와 van Treuren(1998)은 서로 죽도록 싸우던 검은머리물떼새의 암컷들이 갑자기 싸움을 멈추고 서로의 관심을 끌려는 신호를 보내며 암컷이 다른 암컷에 올라타는 모습을 관찰했다.[2] 이들은 이러한 동성애적 행동이 간혹 검은머리물떼새에서 일어나는 이유를 다음과 같이 해석했다. 검은머리물떼새가 원래 일부일처제이지만, 간혹 두 마리의 암컷과 한 마리의 수컷이 일부다처제를 형성하여 번식을 하기도 한다. 처음에는 암컷들이 서로 번식할 수 있는 장소를 차지하기 위해 격렬하게 싸우다가도 간혹 싸움을 멈추고 일부다처제로 가는 경우가 있다. 이때 암컷들 간에는 그동안의 싸움으로 인해 생긴 갈등을 완화시키기 위해 한 암컷이 다른 암컷 위에 올라타는 친밀행동을 보이는데, 동물에서는 이러한 행동을 동성애적 행동이라고 표현한다. 결국, 동물에서의 동성애적 행동은 수컷이 다른 수컷을 암컷보다 더 선호하거나 또는 암컷이 수컷보다 암컷을 더 선호하거나 사랑해서 일어나는 행동이 아니라 실제는 성내갈등(intrasexual conflicts)을 완화하기 위한 행동으로 무리내의 평화를 위한 행동의 일환일 뿐이다.

이러한 무리 내에서의 갈등을 진정시키기 위한 동성애적 행동은 모계를 중심으로 무리를 지어 사는 피그미침팬지라고도 불리는 보노보(Bonobo, 학명: Pan paniscus)에서도 볼 수 있다.[3] 또한 모계 중심으로 무리를 지어 사는 아메리카들소(American Bison)를 포함한 가축들에서도 일부 동성애적 행동이 일어나는데,[4] 모두 무리생활에서의 갈등을 진정시키고 무리 사회의 안정을 기하기 위한 친밀행동이지, 수컷이 암컷보다 수컷을 선호한다거나, 암컷이 수컷보다 암컷을 선호하는 성적 취향을 반영하는 행동은 아닌 것이다. 무리생활을 하는 동물에서 동성애적 행동이 일어나는 것은 대부분 성내갈등(intrasexual conflicts)을 완화하기 위한 행동이지만, 일부는 환경오염물질에 노출되어 성적 이상 행동이 일어난다는 연구들도 있다. 2010년 영국의 권위 있는 과학저널 네이처(Nature)는 수은(Mercury)이 흰따오기(white ibis) 수컷에서의 동성애적 행동을 유발한다는 연구결과를 발표하였다. 수은에 중독된 둥지 중 약 13-15%의 둥지에서 새끼를 성공적으로 키우지 못했는데, 그 원인 중 상당 부분이 수컷들끼리 짝을 맺었기 때문이었다고 보고했다.[5]

 2011년(온라인판은 2010) 영국의 왕립학회의 권위 있는 학회지 Proceedings of the Royal Society B는 흰따오기가 메틸수은(methylmercury, MeHg) 0.05-0.3ppm에 노출되면 흰따오기의 생식행동에 영향을 미쳐 수컷끼리 짝짓는 비율이 55%까지 증가된다는 연구결과를 발표했다.[6] 동물에서 동성애적 행동이 일어나는 것은 대부분 수컷들 간의 서열 다툼이나, 또는 암컷암컷끼리 번식을 위해 경쟁할 때 생기는 성내갈등(intrasexual conflicts)을 완화시키기 위한 행동이다. 또 다른 원인 중 하나는 수은(Mercury)이나 살충제에 들어있는 메틸수은(methylmercury)과 같은 환경오염물질에 노출되면 수컷들 간에 짝짓는 이상 행동이 나타난다고 알려져 있다. 결국, 동물세계에서의 동성애적 행동은 수컷이 암컷보다 다른 수컷을 더 선호하거나 또는 암컷이 수컷보다 다른 암컷을 더 선호하거나 사랑해서 일어나는 행동이 아니라, 무리 내에서의 수컷들 또는 암컷들 간의 싸움으로 인해 생긴 성내갈등(intrasexual conflicts)을 완화하기 위한 것으로 무리내의 평화를 위한 친밀행동이거나, 환경오염으로 인한 내분비계 교란 때문이지 그들의 성적 취향을 반영하는 것은 아니다. 이러한 사실을 토대로 유정칠교수님께서는 동물 세계에서 동성애가 흔하게 나타나는 것처럼 온라인상에 퍼져있는 내용은 올바르지 않으며, 동물 세계에서의 동성애는 비정상적인 환경에서 매우 드물게 나타난다고 강조하였다.

[4] 동성애는 자신의 의지에 관계없이 만들어진다는 주장을 반박하는 근거는 무엇인가?

동성애 옹호자들은 동성애가 자신의 의지와 상관없이 형성되고 동성애자들은 형성된 자신의 성 정체성에 따라 행동하는 것뿐이므로, 동성애는 정상이며 도덕적인 책임을 물을 수 없다고 주장한다. 이 주장을 반박하는 근거로는, 첫째, 성 정체성(성적지향)이 자기 의지에 관계없이 만들어진다는 것을 뒷받침할 어떠한 과학적 근거도 없다. 현재까지 밝혀진 과학적 사실 중에는 성 정체성(성적지향)이 자기 의지에 관계없이 만들어진다는 것을 확실하게 증명할 수 있는 것이 하나도 존재하지 않다. 수많은 학자들이 성정체성(성적지향)에 관한 가설을 내 놓고 논문을 쓰지만, 어떤 과학적 사실도 성정체성(성적지향)이 자기 의지에 관계없이 만들어진다는 것을 증명하지 못하였다. 유전자, 두뇌, 태아기의 호르몬 등에 관한 몇 개의 연구들이 성적지향이 유전이며 선천적인 것을 증명하는 것처럼 오해가 되었고 매스컴에 의해 확산되었지만, 결국에는 그렇지 않음이 밝혀졌다. 그러기에 과학적 자료에 기초하여 성정체성(성적지향)이 자기 의지에 관계없이 만들어진다는 것이 확인되었다고 말할 수 없다. 오히려 과학적 자료는 동성애(성적지향)가 유전도 아니고 선천적인 것도 아니라는 것을 더 뒷받침한다.

둘째, 성정체성(성적지향)이 자신의 의지와 관계없이 만들어진다는 것은 과학적으로 확인할 수 없다. 앞에서 성정체성(성적지향)이 자신의 의지와 관계없이 만들어진다는 것을 뒷받침할 과학적 근거가 현재까지 발견되지 않았다는 것을 말씀드렸는데, 여기서는 성정체성(성적지향)이 자신의 의지와 관계없이 만들어지는지 혹은 관계가 있는지는 과학적인 방법으로 확인이 불가능하다는 것을 말씀드리고 싶다. 사람의 마음은 매우 신비하며, 아직 모르는 것이 훨씬 많다. 사람의 어떤 행동양식이 형성되는 과정에 자신의 의지가 몇 % 관여하고, 의지와는 상관없는 요소들이 몇 % 관여하는지를 현재의 과학 수준으로는 알 수 없다. 그러기에 성정체성이 자신의 의지와 관계없이 만들어진다는 주장은 과학적인 방법으로는 진위를 규명조차 할 수 없다.

또한 어떤 행동양식이 자신의 의지와 관계없이 형성된다는 것은 상식적으로 타당하지 않다. 인간은 자동적으로 작동하는 로봇이나 기계가 아니라, 자신에게 주어지는 요소들에 대하여 의지적으로 선택하고 반응한다. 형성된 행동양식에 자신의 의지가 어느 정도 관여하는가는 알 수 없지만, 모든 행동 양식의 형성에는 어느 정도 자신의 의지가 영향을 미친다고 보는 것이 합리적하다. 그러기에 성정체성이 자신의 의지와 관계없이 만들어진다는 주장은 과학적인 방법으로 확인이 되지 않을 뿐 아니라, 합리적이지도 않다.

셋째, 성정체성이 100% 자기 의지에 의해 선택되는 것이 아니라고 주장하는 경우에 대한 답변이다. 성정체성이 전혀 자기 의지와 관계없이 만들어진다고 주장하는 것이 아니고, 성정체성이 100% 자기 의지에 의해 선택되는 것이 아니라고 주장하면 그 말은 맞다. 즉, 성정체성은 어느 정도의 자기 의지와 어느 정도의 외부 요소에 의해 형성되었다고 보는 것은 타당하기 때문이다. 사실 인간의 모든 행동 양식은 100% 자기 의지에 의해서만 형성되었다고 볼 수 없다. 가정폭력, 알코올중독 등 인간의 모든 행동 양식은 어느 정도의 자기 의지와 어느 정도의 외부 요소에 의해서 형성되었다고 보아야 타당하다. 그렇지만 '성정체성이 100% 자기 의지에 의해서 선택되어지는 것이 아니다.'라고 하면, '성적 소수자는 도덕적으로 문제가 없다.'라는 결론을 얻을 수 없다.

어떤 행동 양식이 도덕적으로 문제가 없다는 결론을 얻으려면, 그 행동 양식이 형성될 때에 자기 의지가 전혀 없든지 혹은 거의 없어야 한다. 그런데, 성정체성이 100% 자기 의지에 의한 것이 아니라는 근거를 사용하여, 성적 소수자는 도덕적으로 문제가 없다는 결론을 도출하는 것은 논리적으로 맞지 않다. 성정체성은 전혀 자기 의지에 관계없이 만들어지므로 성적 소수자는 도덕적으로 문제가 없다는 논리는 일관성이 있다. 반면에, 성정체성을 100% 자기 의지로 선택하지 않는다는 약간 불분명한 기술을 한 후에 도덕적으로 문제가 없다는 결론을 이끌어 내는 것은 타당하지 않다.

따라서 성정체성이 전혀 자기 의지와 관계없이 만들어진다는 주장은 과학적인 방법으로 확인이 되지 않을 뿐 아니라, 합리적이지도 않다. 반면에, 성정체성이 100% 자기 의지에 의한 것이 아니라는 주장, 즉 성정체성이 어느 정도의 자기 의지와 어느 정도의 외부 요소에 의해 형성되었다는 주장은, 합리적이지만 도덕적으로 문제가 없다는 결론을 이끌어 낼 수 없다. 어떤 행동 양식이 100% 자기 의지에 의해서가 아니라 의지와 상관없는 어느 정도의 외부 요소에 의해 형성되었으므로 도덕적으로 문제가 없다는 결론을 이끌어낸다면, 가정폭력, 알코올중독 등 인간의 모든 행동 양식은 도덕적으로 문제가 없다는 결론을 얻게 된다.

[5] 동성애가 어린 나이에 형성된다면, 그 아이에게 동성애에 대한 책임을 물을 수 있는가?

동성애를 처음 인식하는 나이를 설문조사해 보면, 아주 어린 나이에서부터 청소년기까지 고르게 분포되어 있다. 그런데 설문조사를 할 때에 동성애자들이 처음 인식한 나이를 적게 답변하여 동성애가 자신의 의지와 무관하게 형성되었다는 것을 나타내고자 했을 가능성을 배제할 수 없다. 또한 프로이트의 인격발달 이론에 따르면 약 6-10세를 잠재기(latency period)라고 하는데, 이 시기에는 동성끼리 어울린다. 즉, 잠재적 동성애 기간이다. 그러나 사춘기가 되면 성호르몬이 나오면서 관심이 이성에게로 옮겨간다. 이것이 정상적인 정신성발달(psychosexual development)이다. 그러므로 어린 나이에는 누구나 동성과의 친밀한 시기를 가지는데, 그것을 동성애 성향이라고 오해할 가능성이 높다. 그리고 정신분석에서는 잠재기 이전의 인격발달에 문제가 있거나 잠재기에 문제가 있으면, 잠재기 상황이 연장되어 사춘기 이후로도 고착(fixation)이 되거나, 사춘기 이후로 넘어갔다가 심한 좌절을 겪어 잠재기로 퇴행(regression)하면, 그 결과가 동성애라고 본다. 또한 동성애자들이 자신의 동성애를 정당화하기 위해 동성과의 친밀감을 가졌던 경험과 추억을 일부러 회상하여 주장할 가능성도 있다.

어린 나이에 동성애 성향이 형성된다고 하더라도 자신의 선택이 관여하지 않았을 것이라고 단정하면 안 된다. 왜냐하면 어린 나이에도 분명한 자유의지가 있어서 선택을 하기 때문이다. 우리가 가지고 있는 습관들 중에 상당수는 특별히 결심하고 선택함으로써 형성된 것이 아니고 우리도 모르는 사이에 형성되었다. 그렇다고 해서 그러한 습관들이 우리의 선택과 무관하다고 볼 수는 없다. 우리가 무심코 선택하여 반복한 행동들에 의해서 습관이 형성되었기 때문이다. 마찬가지로, 동성애 성향도 외부로부터 오는 수많은 자극들에 대한 무수한 선택들에 의해 형성된다고 볼 수 있다. 과학자들이 자신의 선택에 의하지 않고 동성애 성향이 형성된다고 주장하더라도, 그러한 주장에 흔들릴 필요가 없다. 인간의 선택과 의지는 과학의 영역이 아니기 때문에, 동성애 성향이 선택이나 의지에 의하지 않았다는 과학자들의 주장은 과학적 증거에 근거한 것이 아니라 자신의 신념으로부터 나온 것이다.

여기서 강조하고 싶은 것은 부모의 양육 태도, 친구나 문화의 영향, 자신만의 특이한 경험 등에 의해 청소년기에 동성애 성향이 형성될 수도 있지만, 그렇다고 동성애자로 확정되어진 것은 아니고 그 동성애 성향은 매우 유동적이다. 어린 청소년의 마음에 동성애의 씨앗이 떨어진 것은 자신의 의지와 무관한 요소들에 의한 것일 수 있지만, 그 씨앗이 그 마음 안에서 계속 자라서 결국 성인 동성애자가 되게 한 것은 자신의 선택과 의지에 의해서이다. 어린 청소년의 마음에 떨어진 동성애 씨앗은 자신의 의지에 의해 충분히 제거가 가능하며 정상적인 성인으로 성장할 수 있다. 청소년기의 동성애 성향이 쉽게 바뀔 수 있다는 것을 나타내는 여러 연구 결과들이 있다. 2007년 미국 ADD-Health survey에 따르면, 아래 그림처럼 16세 때에 양성애자(bisex) 또는 동성애자(same-sex)라고 답한 학생의 대부분이 1년 후인 17세에 이성애자(opposite-sex)로 바뀌었다 (Savin-Williams and Ream, 2007).[1] 이처럼 청소년이 느끼는 자신의 성 정체성은 쉽게 바뀔 수 있다.

앞의 본문에서 언급했듯이 Rosario 연구팀은 성장과정을 따라가면서 조사한 결과, 동성애자의 57%는 그대로 동성애자로 남아 있었지만 나머지는 변화되었고, 뉴질랜드에서는 1000명의 어린이들의 성장과정을 따라가면서 조사한 결과, 21~26세 사이에 1.9%의 남성이 이성애자로부터 떠났으며 1%는 이성애자로 돌아왔다. 이처럼 청소년의 동성애 성향은 확정적인 것이 아니고 매우 유동적임을 알 수 있다. 그러므로 청소년의 동성애 성향을 교육을 통해 권장하면 그 성향이 강화되고, 청소년의 동

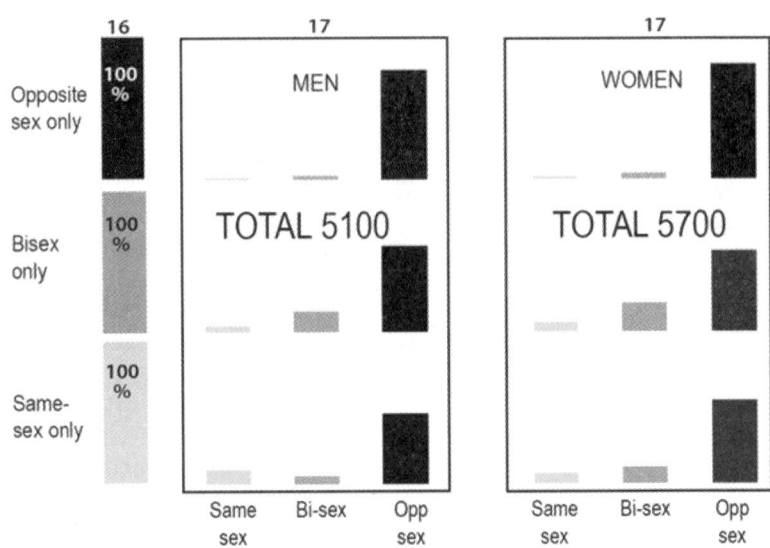

[그림 22] 청소년의 동성애 성향에 대한 조사

성애 성향을 교육을 통해 억제하면 큰 부작용이 없이 이성애자가 되게 할 수 있다. 청소년의 동성애 성향을 권장할지 억제할지는 윤리관의 차이이다. 동성애가 도덕적인 문제가 없다는 윤리관을 가지면 청소년의 동성애 성향을 권장할 것이며, 동성애를 비도덕적이라고 보는 윤리관을 가지면 청소년의 동성애 성향을 억제할 것이다.

최근 서구 사회는 동성애가 도덕적인 문제가 없다는 윤리관을 갖고 청소년의 동성애 성향을 권장함으로써, 청소년들이 자신의 마음에 생겨난 동성애 성향을 제거하려고 노력하지 않으며, 그 성향을 받아드리고 실제 행동으로 옮겨 그 성향을 강화시킴으로써 결국 동성애자로서의 성 정체성을 가지게 된다. 이러한 이유로 서구 사회의 동성애자 숫자는 최근에 증가하는 추세이다. 학교 교육으로 청소년의 마음에 생긴 동성애 경향을 억제하고 정상적인 성정체성을 갖도록 유도하면 충분히 정상적인 성정체성을 가질 수 있음에도 불구하고, 서구 사회는 왜곡된 성윤리를 정상이라고 가르치는 어리석음을 저지르고 있다. 한국만은 그러한 잘못을 따라가지 말기를 간절히 바란다.

[6] 동성애를 개인이 선택한 취향으로 존중해 주어야 하지 않을까요?

동성애가 선천적으로 결정되지 않는 것처럼, 이성애도 선천적으로 결정되지 않고 후천적인 영향에 의해 형성된다는 주장이 있다. 동성애와 이성애 모두 후천적인 영향에 의해 형성되기 때문에, 동성애를 이성애와는 다르게 비정상이라고 볼 수 없으며 자신이 선택한 하나의 취향으로 존중해 주어야 한다는 주장이 있다. 이 주장에 대한 반론으로 다음과 같다. 인간은 육체와 정신으로 구성되어 있다. 육체는 부모로부터 물려받은 유전자에 의한 선천적인 영향을 많이 받는 반면에, 정신은 태어난 후에 경험하는 교육, 문화 등의 후천적인 영향을 많이 받는다. 육체의 성은 정자와 난자가 만나서 수정란이 될 때에 결정되며, 수정란에 있는 염색체와 유전자에 의해 정소, 난소, 성 기관 등이 만들어진다. 따라서 육체의 성은 선천적으로 결정된다고 말할 수가 있다. 육체의 성은 뚜렷하게 남성과 여성, 두 가지 성으로 구별된다. 아주 낮은 확률로 남성도 여성도 아닌 간성이 만들어지기도 하지만, 이것은 정상적인 성의 한 종류라고 볼 수 없으며, 선천적인 성 기형이라고 보는 것이 타당하다. 여기서 이야기하려는 동성애자들은 분명하게 남성 또는 여성의 몸을 가지고 있기 때문에, 간성을 더 이상 고려하지 않겠다.

성 인식의 형성은 육체로부터 오는 선천적인 영향과 교육, 문화 등에 의한 후천적인 영향을 모두 받는다고 볼 수 있다. 후천적인 영향은 선천적인 영향보다 훨씬 더 강력하고 직접적인 반면에, 선천적인 영향은 간접적이다. 이성애는 정상적인 정신성 발달(psychosexual development)

에 의해 자연스럽게 형성된다. 이성애 형성과정에 교육, 문화 등의 후천적인 영향이 강력하지만, 선천적으로 결정된 자신의 생물학적 성이라는 토대 위에 형성되었기 때문에 후천적으로 결정되었다고 말할 수 없다. 선천적인 생물학적 성이라는 토대 위에서 후천적인 영향에 의해 이성애라는 행동양식이 형성되었다고 볼 수 있다. 다르게 말하면, 이성애는 선천적으로 예정되어 있는 경로를 따라 후천적인 도움을 받아서 형성되었다는 것이다. 이런 의미에서 이성애는 선천적이며, 육체와 정신이 서로 부합하는 정상적인 성 인식이라고 볼 수 있다.

반면에 동성애 형성과정에 미치는 선천적인 영향에 대한 명확한 과학적 증거가 없다. 1990년대 초반에 유전자, 두뇌 등에 의해 동성애가 결정되는 것으로 오해하게 만드는 연구 결과들이 나왔지만, 결국 그 결과들이 잘못되었음이 밝혀졌다. 선천적으로 결정된 생물학적 성과 일치하는 정소, 난소, 성기관 등이 육체를 구성하고 있기 때문에, 생물학적 성과 부합하는 이성애는 육체로부터 선천적인 영향을 받았다고 볼 수 있다. 하지만, 동성애는 생물학적 성에 근거한 육체로부터 나타나는 일반적인 경향과 반대이므로, 육체의 형성과정이 정상이 아니라는 증거가 없으면, 동성애가 선천적인 영향을 받았다고 말할 수 없다. 다시 말하면, 이성애는 선천적인 생물학적 성이란 토대와 부합하기 때문에 선천적인 영향이 있다고 간주할 수 있지만, 동성애는 선천적인 생물학적 성과는 부합하지 않기 때문에 분명한 증거가 없으면 선천적인 영향이 있다고 볼 수 없다. 따라서 현재의 과학적 자료들로부터 유추해 볼 때에 동성애는 후천적인 영향에 의해 형성되었다고 보는 것이 합리적이다. 성 인식의 형성 과정에 후천적인 영향이 선천적인 영향보다 훨씬 더 강력하고 직접적이기 때문에, 동성애는 후천적인 영향에 의해 왜곡된 성 인식이 육체로부터 오는 선천적인 영향을 강제적으로 억누름으로 나타난다고 볼 수 있다.

좀 더 정확하게 말하면, 성 인식은 후천적인 영향과 선천적인 영향에 의해 자동적으로 형성되는 것이 아니고, 여러 영향을 받았을 때에 자의식이 의지에 의해 결정한 것이다. 자기 의지의 결정에 의하지 않고 저절로 인간의 행동양식이 정해지지 않는다. 마음에 생긴 성향, 느낌 등을 자신의 의지로 판단하고 행동함으로써 습관이 되며 행동 양식이 형성되는 것이다. 따라서 동성애도 후천적인 영향을 자기 의지로 받아드려서 행동으로 옮김으로써 형성되었다고 볼 수 있다. 이렇게 자신의 의지에 의해 형성된 동성애이란 행동양식은 육체로부터 오는 선천적인 영향을 억누르고 지속적으로 행동하게 만든다. 따라서 동성애가 후천적인 영향을 받고 형성되었다고 하더라도, 선천적인 생물학적 성과 부합하지 않으므로 정상적이라고 볼 수 없다. 동성애를 선천적인 성과 부합하는 이성애와 동등하게 간주할 수 없다.

[7] 타고난 동성애와 그렇지 않은 동성애, 두 종류가 있다는 주장은 어떻게 반박하나요?

최근에는 동성애가 타고난 것이라는 주장에 대한 과학적 근거가 없고 과학자들과 일반인들이 더 이상 현혹되지 않으니까, 동성애자들 중에는 동성애를 타고난 사람과 그렇지 않은 사람, 두 종류가 있다는 새로운 주장을 한다. 그런데 두 종류를 구별할 수 있는 과학적 방법은 제시하지 않고, 타고나지 않은 사람은 동성애를 끊을 수 있지만 타고난 사람은 끊을 수 없다고 주장한다. 이러한 주장은 과학의 범주에 속하지 않고 신념에 속한다. 과학은 반증이 가능해야 하는데, 위의 주장은 반증할 수 없다. 동성애를 끊으면 타고나지 않는 사람이 되고, 끊지 못하면 타고난 사람이 되기 때문이다. 즉, 위의 주장은 과학적 사실에 근거한 것이 아니고 그럴듯한 논리에 불과하다. 위의 주장이 합리적이기 위해서는, 먼저 두 종류의 동성애자들을 구분할 수 있는 생물학적인 특징을 제시해야 한다. 무조건 두 종류가 있다고 하는 것은 전혀 과학적이지 않다.

위의 논리처럼 동성애가 선천적이라는 그럴듯한 논리로는, 동성애를 선천적으로 타고났는데, 나중에 환경이나 경험을 통해 그것이 드러나게 되었다는 주장이 있다. 이 경우에도 동성애가 선천적으로 타고났다는 것을 나타내는 과학적인 증거는 없기 때문에, 단순히 그럴듯한 논리에 불과하다. 동성애가 선천적으로 타고났는데 나중에 드러났는지, 혹은 후천적으로 형성되었는지를 분간할 아무런 방법이 없다. 위의 주장은 단순한 논리이기 때문에, 위의 주장이 틀렸다는 것을 증명하기도 어렵다. 이제는 동성애 옹호자들이 동성애가 타고난 것이라는 주장을 뒷받침할 과학적 증거가 더 이상 없으니까, 이제는 과학이 아닌 신념에 속한 주장을 해서 일반인들을 현혹하는 것 같다. 동성애 옹호자들은 동성애가 타고난 것이라는 주장을 포기하지 않고 조금씩 말을 바꾸어 현혹하는데, 이것에 넘어가는 사람들이 있어서 너무 안타깝다.

[8] 남성도 여성도 아닌 제3의 성이 있다는데, 그러면 동성애를 인정해야 하지 않을까요?

육체의 성은 정자와 난자가 만나서 수정란이 될 때에 결정되며, 수정란에 있는 염색체와 유전자에 의해 정소, 난소, 성 기관 등이 만들어진다. 따라서 육체의 성은 선천적으로 결정된다고 말할 수가 있다. 육체의 성은 뚜렷하게 남성과 여성, 두 가지 성으로 구별된다. 그런데 아주 낮은 확률로 남성도 여성도 아닌 간성(intersex)이 만들어진다. 간성이 생기는 이유로 성염색체 이상에 의한 것과 그 이외의 원인에 의한 것으로 나눌 수 있다. 성염색체는 정상 여성은 XX, 정상 남성은 XY인데, 성염색체 이상에 관련된 가장 일반적인 발달 장애로는 X 하나만 있는 터너증후군과 XXY, XXYY, XXXY 등을 가지는 클라인펠터증후군이 있다.

터너증후군은 외형은 여성이지만, 난소의 결함 때문에 2차 성징이 결여되고 가슴이 발육되거나 임신을 할 정도로 여성성이 발달되지 않는다. 또한 작은 몸집을 갖고 성인이 되어도 키가 작다. 여성호르몬을 투여하면 유방이 발달하고 생리가 시작하게 된다. 클라인펠터증후군은 감수분열 과정에서 무작위로 생기는 성염색체의 비분리 현상에 의해 생기며, 사춘기에 남성호르몬이 잘 분비되지 않음으로 인하여 여성형 유방이 발달하며 고환과 음경의 크기가 작고 생식능력이 결여된다. 또한 지능이 낮고 정신적 장애가 있는 경우도 있다. 터너증후군과 클라인펠터증후군, 두 경우는 사춘기에 증상이 나타나면서 어려움을 겪는다. 최근에는 호르몬 투여와 수술 등의 방법으로 증상을 많이 호전시킬 수 있다.

위에서 설명한 간성들을 제3의 성이나 정상적인 성의 한 종류로 볼 수 없으며, 수천 명에 한 명꼴로, 즉 아주 낮은 확률로 나타나는 선천적인 성 기형이라고 보아야 한다. 국내 문헌에 따르면, 클라인펠터증후군을 가진 환자들 중의 일부는 사춘기에 여성의 2차 성징이 나타나므로 남성 동성애자로 행동한다고 되어 있다. 이러한 경우는, 클라인펠터증후군 자체가 동성애를 일으키는 생물학적인 요인이 된 것이 아니고, 자신이 가진 외모가 또래 친구들과 다름을 깨닫고 청소년기에 느끼는 불안정한 성정체성으로 말미암았을 수 있다. 즉, 선천적인 생물학적 요인이 아니고 후천적인 심리학적 요소에 의해서 동성애자로 행동한다고 보아야 한다. 따라서 간성은 선천적인 성 기형의 일종이며 동성애의 직접적인 요인은 아니다. 그러므로 남성도 여성도 아닌 제3의 성은 존재하지 않으며, 아주 낮은 확률로 생기는 간성을 가진 사람들이 동성애자가 될 확률이 높다는 것을 핑계로, 정상적인 몸을 가진 사람들이 동성애자가 되는 것을 합리화해서는 안 된다.

[9] 요즘도 동성애가 선천적이라는 학술 논문들이 나오는데, 그러면 동성애의 선천성을 부인할 수 없지 않을까요?

요즘도 동성애는 선천적일 수 있다는 학술 논문들이 나오지만, 분명하게 동성애의 선천성을 입증하는 논문들이 아니다. 오히려 현재까지 축척된 과학적 자료들은 동성애는 선천적 아님을 나타내고 있다. 1990년대에 동성애가 선천적이라는 논문들이 나왔을 때는 많은 학자들이 그러한 주장에 휩쓸렸지만, 그 후의 연구들로 결과들이 번복되면서 더 이상 그러한 주장에 현혹되지 않으며 이제 동성애의 선천성을 주장하는 논문을 쉽게 받아들이지 않는 학계 풍토가 조성되었다. 그동안 동성애에 관련된 연구 결과들이 왜곡된 적이 제법 있었으며, 객관적이어야 할 연구 결과들이 왜곡되어지는 이유를 살펴보고자 한다.

첫째, 조사 대상의 수가 적을 때에 그 결과가 평균에서 벗어난 값을 가질 가능성이 있다. 이것을 통계적으로 요동(fluctuation)이라고 부르며, 평균에서 벗어난 값을 가지는 이유는 우연이며, 특별한 과학적 근거가 있기 때문이 아니다. 예를 들어서, 적은 수의 동성애자들의 코 높이를 측정하였을 때에, 우연히 그 결과가 일반인들의 코 높이와 다를 수 있다. 이때에 동성애자가 일반인과 다른 코 높이를 갖는다는 결과가 우연히 생겼는지, 혹은 코 높이를 결정하는 어떤 생물학적인 요인이 동성애를 일으키는 요인으로 작용했는지를 구별할 수 없다.

동성애자가 일반인과 다른 코 높이를 가진다는 결과가 나오면, 학술지에서 동성애에 관련된 흥미 있는 결과라고 판단하고 출판할 수 있다. 반면에 동성애자가 일반인과 비슷한 코 높이를 가진다는 결과가 나오면, 이 결과는 학술지에 실리기 어렵다. 왜냐하면 일반적으로 코 높이와 동성애가 관계가 없다고 생각하기에 흥미 있는 결과가 아니다. 따라서 조사 대상의 수가 적을 때에 어떤 생물학적 현상과 동성애가 연관이 있다는 결과가 나오면 학술지에 실릴 가능성이 있지만, 차이가 없다는 결과는 발표되지 않는다. 이러한 이유로 지난 몇 십년동안 동성애와 특정한 생물학적 현상이 연관이 있다는 논문들이 제법 많이 발표되었다. 또한 그 연구 결과가 발표되었을 때에 흥미가 있다고 언론이 대서특필하였으며, 일반인들은 동성애와 특정한 생물학적 현상이 연관이 있는 것으로 오해하게 되었다. 우연이 아니고 통계적으로 의미가 있는 연구 결과인지를 확인하려면, 여러 연구팀에서 조사해서 일관된 결과가 나오거나 대규모로 조사했을 때에도 같은 결과가 나와야 한다. 이처럼 어떤 결과가 과학적으로 의미 있는 결과인지를 판단하는 데는 어느 정도 시간이 길린다.

둘째, 동성애의 형성에 영향을 미치는 원인과 동성애로 말미암은 결과가 뒤바뀌어서 해석될 수가 있다. 예로서, 1991년에 리베이가 남성 동성애자의 특정 두뇌 부분이 여성과 비슷하다는 결과를 발표하였다. 그런데 이 결과를 죽은 사람의 두뇌로부터 얻었기에, 이 결과가 의미하는 것이 태어날 때부터 여성과 비슷한 두뇌를 가져서 어쩔 수 없이 동성애를 하게 되었다는 것인지, 혹은 동성애자로서 일생동안 살았던 결과로서 특정 두뇌 부분이 변형된 것인지를 분간할 수 없다. 즉, 동성애자로서 살아온 길과로 말미암아 나타난 생물학적 득성이 동성애의 원인으로 왜곡될 수 있다.

셋째, 과학자 또는 조사대상자들에 의해 의도적으로 연구결과가 왜곡될 수 있다. 앞에서 언급한 이유들은 의도적이지 않기에 윤리적 문제가 없지만, 세 번째 이유는 의도적으로 왜곡하기에 윤리적으로 문제가 된다.

예로서, 1993년에 Xq28과 동성애가 관련이 있다고 발표한 해머는 의도적으로 결과를 왜곡하였을 가능성이 있다. 1995년 사이언스 잡지에 '해머 논문의 공저자이며 연구팀 중 한 명이 해머가 데이터를 선별했다고 고발하였으며 연구윤리국에서 조사하고 있다.'는 내용이 실렸다 (Marshall, 1995: 1841). 고발한 사람은 연구팀에서 해고되었으며, 연구윤리국이 밝히지는 못했지만, 이 고발을 미루어 볼 때 결과가 편집되었을 가능성이 농후하다. 해고당할 것을 무릅쓰고 거짓으로 고발할 가능성은 극히 낮기 때문이다. 특히 1993년의 결과는 40 가계의 소규모 집단을 대상으로 한 것에 비해, 2005년에 보다 많은 450명을 조사했을 때에 동성애와 관련 없는 것으로 밝혀진 것으로 보아서, 1993년 결과가 편집되었을 가능성이 있다.

다른 경우로는 조사대상자에 의해 결과가 왜곡될 수 있다. 예로서 1991년에 쌍둥이의 동성애 일치비율을 조사할 때에, 일란성 쌍둥이인 동성애자들이 의도적으로 많이 조사에 동참함으로써 일란성 쌍둥이의 동성애 일치 비율을 증가시켰다. 이것을 지원자오류(volunteer error)라고 부른다. 이러한 왜곡이 일어나는 이유는 연구를 수행하는 과학자 또는 조사대상자들이 의도적으로 자신들이 원하는 결과를 얻으려고 하기 때문이다. 특히 동성애 옹호자들이 과학을 이용하여 자신들의 정당성을 확보하려고 하기에, 동성애 관련 결과가 종종 왜곡되어지곤 하였다. 따라서 동성애를 옹호하는 결과를 접하였을 때에 누가 어떤 방식으로 도출하였는지를 신중하게 살펴보며 그 내용을 비판적으로 검토해야 한다.

[10] 미국 여러 단체가 동성애치료를 반대하는 성명서를 발표했다면, 동성애를 정상으로 인정해야 하지 않을까요?

미국의 소아과학회, 심리학회, 상담협회 등의 여러 단체에서 동성애 치료를 반대하는 성명을 발표한 것은 사실이다. 하지만, 미국 여러 단체의 성명서들은 과학적이고 객관적인 자료에 근거한 것이라기보다는 그 단체에 소속된 회원의 다수가 지지하는 정치적인 결정이다. 1973년에 미국정신의학협회가 동성애를 질병목록에서 제외시킨 것은 동성애자들의 압력과 로비에 의해서였다. 1970년 학술대회에서부터 동성애자의 입장을 인정해 달라고 3년간, 시위, 세미나장 난입, 마이크 뺏기, 소란, 위장 입장, 전시장 난동 등을 전개하였다. 1971년 학술대회 때는 토론 세션을 하나 배정받았음에도 불구하고 여러 차례의 시위를 일으켰다. 이러한 게이인권운동가들의 정치적이고 조직적이고 공격적이고 집요한 요구와 게이 정신과의사들의 호소에 이은 논쟁과 타협 끝에 1973년 APA이사회는 개정 중에 있던 DSM-III(Diagnostic and Statistical Manual of Mental Disorders, the 3rd edition)의 성도착증 범주에서 동성애를 빼기로 하였다. 그러나 미국 정신분석학회와 여러 정신과의사들이 반대하여 결국 전체 정신의학협회 회원의 우편투표를 통하여 동성애를 질병목록에서 제외할 지를 결정하자는 결론을 내렸다.

이때에 동성애단체는 정신의학협회 회원명부를 토대로 조직적인 운동을 전개하였으며, 그 결과 회원의 34%가 투표에 참여하였고, 투표자의 58%가 동성애는 정신질환이 아니라는 입장을 취하였다. 그리하여 1973년 12월에 미국정신의학협회 이사회에서 동성애 조항을 정신질환진단통계매뉴얼에서 사제하기로 결정하였다. 그 후에 미국 내에서 동성애사의 숫자는 지속적으로 증가하였고 더 큰 압력단체로 성장하였다. 위에서 언급한 미국 여러 단체의 성명서들은 1993년~1999년에 만들어졌으며, 그때에는 이미 미국 내의 동성애 단체는 무시하지 못할 정도의 영향력을 미국 사회에 행사하고 있었으며, 언론, 교육, 문화 등의 모든 영역에서 동성애를 정상으로 인정하도록 만드는 분위기가 형성되었다.

성적지향(성정체성)이 자기 의지에 관계없이 만들어진다는 것을 뒷받침할 과학적 근거도 없고, 과학적으로 확인할 수도 없으며, 동성애가 선천적이라는 논문 발표는 제법 있었지만 결국 아닌 것으로 밝혀졌다. 그러므로 위에서 언급된 성명서 내용들은 과학적 자료에 근거한 것이라기보다는 사회의 분위기에 영향을 받은 소속 회원의 다수가 지지하는 정치적인 결정이다. 현재 서구유럽과 미국은 동성애를 정상이라고 인정하고 동성 결혼까지도 합법화하려고 한다. 이러한 국가들에 속한 여러 협회의 성명서 내용에 근거하여 동성애에 대한 윤리적 판단을 하는 것은 매우 위험하다.

성명서 내용들이 과학적이고 객관적인 자료에 근거하였으며 우리들이 볼 때에도 그러한 근거에 동의할 수 있으면, 그러한 성명서 내용을 받아드려야 한다. 하지만 성명서 내용들이 과학적이고 객관적인 자료에 근거하지 않고 소속 회원의 다수가 지지하는 정치적인 결정일 때에는 무조건 그 성명서 내용을 수용하는 것이 아니라 우리의 입장에서 따져 보아야 한다. 미국의 상황과 한국의 상황이 같지 않기 때문이다. 미국에서는 동성애를 정상이고 도덕적으로 문제가 없다고 보는 국민이 더 많을 수 있지만, 한국에서는 동성애를 도덕적으로 문제가 있다고 보는 국민이 더 많다.

미국 여러 단체에 속한 회원들이 성적 소수자에 대한 전문적인 지식을 가진 전문가들이기에, 그 성명서 내용을 신뢰해야 한다고 주장할 수 있다. 하지만, 그러한 주장은 성명서가 객관적이고 과학적인 자료에 근거한 것이 아니고 단지 다수가 지지하는 정치적인 결정일 때에 적용될 수 없다. 왜냐하면 단순히 다수가 지지하는 정치적인 결정은 그 사회의 전체적인 흐름으로부터 무시할 수 없는 영향을 받기 때문이다. 예를 들어서, 러시아의 성적 소수자에 관련된 전문가협회에서는 동성애를 도덕적으로 문제가 없다는 결정을 내리기 어렵다. 왜냐하면 러시아의 대부분 국민이 동성애를 도덕적으로 문제가 있다고 보기 때문이다.

다른 예로서, 유럽과 미국에서는 포르노가 합법화되어 있다. 만약 유럽과 미국의 문화 관련 협회에 속한 회원들에게 포르노를 합법화하는 것이 타당한지를 설문조사하면, 다수가 포르노를 합법화하는 것이 타당하다고 답할 것이다. 질문하는 내용에 대해 많은 전문적인 지식을 가지고 있고 해서 정치적인 결정을 객관적으로 내린다고 볼 수 없다. 그러기에 외국에서 내린 결정(성명서)이라고 무조건 따라가야 한다고 주장하는 것은 옳지 않다. 서구 사회는 성적으로 문란하므로 그들이 내린 결정에 따라가지 말고 한국의 미풍양속을 지키길 바란다.

또한 성명서 내용을 자세히 보면, 그 내용이 서로 상반된다. 미국소아과학회는 성정체성을 바꾸는 것은 불가능하기에 바꾸려고 하는 치료를 금해야 한다고 주장하였고, 미국정신의학협회는 회복요법을 경험한 많은 환자들이, 즉 동성애에서 벗어난 분들이, 동성애는 잘못되고 불행하게 만든다고 말하므로 동성애 치유는 잘못이라고 주장하였다. 즉, 미국소아과학회는 동성애 치유가 불가능하다는 주장을 하고, 미국정신의학협회는 동성애를 치유받는 분들이 동성애는 잘못이라고 말한다고 주장함으로써 동성애 치유가 가능하더라도 동성애 치유를 하면 안 된다는 주장을 한다. 다시 말하면, 동성애 치유가 되든지 안 되든지 상관없이 동성애 치유는 잘못이라고 주장함으로써, 그들이 동성애를 치유하는 것이 잘못이라는 선입견을 가지고 있음을 엿볼 수 있다.

참고로 동성애 치유는 충분히 가능하다는 것을 앞에서 자세히 설명하였다. 동성애는 강한 중독성을 가져서 치유가 매우 어렵지만 불가능한 것은 아니다. 알코올 중독도 강한 중독성을 가져서 치유가 매우 어렵지만, 그래도 가족들과 함께 알코올 중독을 치유하려고 애를 쓰면 치유되는 분들이 있다. 마찬가지로 동성애 치유도 가족들의 도움과 본인의 강한 의지가 있으면 불가능한 것만은 아니다. 마지막으로 강조하고 싶은 것은 미국정신의학협회가 동성애를 정신질환에서 제외하였다는 결정 자체가 동성애가 정상이고 바람직하며 윤리도덕적인 문제가 없다는 것을 뜻하지는 않는다. 예를 들어서 간통, 수간, 근친상간도 정신질환은 아니지만 비윤리적인 성행위이다.

[11] 동성애가 차별금지법에 들어가서는 안 되는 이유가 무엇인가?

차별의 법적 의미는 분리, 구별, 제한, 배제하거나 불리하게 대우하는 것이므로, 차별금지는 손가락질하고 조롱하고 괴롭히는 것을 금지하면서, 분리, 구별조차해서는 안 되는, 즉 윤리적 문제가 없는 정상으로 공인하는 의미도 포함한다. 그러므로 차별금지법에는 대다수의 국민들이 차별을 해서는 안 된다는 공감대를 형성된 것만을 차별금지사유로 지정해야 한다. 성별, 인종, 피부색 등은 자신에게 책임을 돌릴 수 없는 가치중립적인 사유이기 때문에 이를 이유로 차별하면 안 되지만, 동성애는 윤리도덕의 문제이므로 개인의 윤리관에 따라서 비윤리적이라고 판단할 수 있다. 따라서 동성애를 가치중립적인 다른 사유들과 함께 차별금지사유로 포함되는 것은 타당하지 않다. 동성애를 차별금지법에 포함하면, 국민에게 동성애를 정상이라고 인식하도록 공권력을 사용하여 강요하게 된다. 동성애를 정상이라고 인식하든지, 비윤리적이라고 인식하든지는 개인의 윤리관에 따라서 결정할 문제이지, 정부가 한 쪽으로 결정하고 그것을 받아들이도록 강요해서는 안 된다. 법은 국민의 윤리의식을 수렴하여 만들어져야 하며, 개인의 윤리관은 존중되어야 한다.

동성애를 비윤리적이고 비정상적이라고 인식하고 행동하는 것을 금지하고 처벌해야 할 합리적 근거가 없다. 한국 사회에 상당수의 국민이 동성애를 비윤리적이라고 보는데도 불구하고, 동성애를 비윤리적이라고 보는 것을 낡은 관습이나 생각이라고 무시하며 잘못된 것이라고 간주하고 금지시키려는 것은 민주주의의 원칙에도 어긋난다. 동성애는 일반적인 국민의 정서에도 어긋나며, 보편적이며 바른 성윤리에 반하는 비윤리적인 행태이다. 한국 내에 동성애를 비윤리적이라고 인식하는 상당수의 국민이 있음에도 불구하고, 동성애를 비윤리적이라고 인식하는 상당수 국민의 인권과 자유를 광범위한 영역에서 제한하고 침해하게 될 법을 만들면서 국민적 합의 없이 만드는 것은 옳지 않다.

동성애를 포함한 차별금지법이 만들어지고 나면 동성애를 비윤리적이라고 표현하는 것 자체가 금지되기에, 더 이상 동성애가 정상인지 혹은 비윤리적인지에 대한 논의조차 할 수 없게 된다. 동성애와 같이 논쟁의 소지가 있는 것을 차별금지사유에 포함하려면, 동성애를 반드시 정상으로 보도록 강제를 할 것인지 혹은 개인의 윤리관에 맡겨야 할 것인지에 대한 충분한 논의를 토론회, 공청회, 설문조사 등의 방법으로 거쳐서 국민적 합의를 도출하는 과정이 선행되어야 한다. 그러한 과정이 없이 상당수 국민의 인권과 자유를 광범위한 영역에서 제한하고 침해하게 될 차별금지법을 만들려고 하는 것은 독재 시대에나 있는 일이라고 본다.

[12] 동성애를 차별금지법에서 차별금지사유로 포함하면 안 된다고 주장하는데, 그러면 동성애자들을 차별해도 좋다는 뜻인가?

차별이란 의미 안에 대부분 사람들이 나쁘다고 생각하는 혐오행위만 포함하는 것이 아니라 좀 더 광범위한 의미를 갖고 있다. 차별의 법적의미는 분리, 구별, 제한, 배제하거나 불리하게 대우하는 것이므로, 동성애 차별금지에는 두 가지 의미를 포함한다. 동성애자를 손가락질하고 조롱하고 괴롭히는 것을 금지하는 의미와 함께 동성애를 분리, 구별조차해서는 안 되는, 즉 동성애를 윤리적 문제가 없는 정상이라고 인정해야 하는 의미가 있다. 동성애자를 손가락질하고 괴롭히는 것을 금지하는 의미에는 찬성하지만, 동성애를 윤리적 문제가 없는 정상이라고 인정해야 하는 의미에는 반대한다. 그런데 차별금지법에 동성애를 포함하면 두 가지 의미가 모두 포함되므로 동성애를 차별금지법에 포함하면 안 된다고 주장한다. 동성애를 윤리적 문제가 없는 정상이라고 인정해야 하는 의미의 동성애 차별금지를 한국 사회에 적용할 때에 많은 문제를 일으켜 대부분 국민이 우려하는 사회적 혼란을 초래할 것이다.

[13] 동성애를 포함하는 차별금지법이 통과되면 어떤 문제가 생기는가?

차별금지법이 통과되면 공공장소에서 동성애를 비윤리적이라고 강의, 방송 등을 할 경우 처벌받는다. 차별금지법은 동성애를 비윤리적이라고 인식하는 사람의 입을 막고, 동성애를 정상이라고 인식할 때까지 민형사상 처벌(2년 이하의 징역, 일천만원 이하의 벌금, 삼천만원 이하의 이행강제금, 5배까지의 징벌적 손해배상)을 하여서 그 생각을 뜯어 고치겠다고 하는 무서운 법이다. 표현의 자유조차 앗아가는 독재와 같은 법이다. 이렇게 되면 더 이상 동성애가 확산되는 것을 막으려는 어떠한 조치도 할 수 없으며, 동성애 확산을 속수무책으로 바라보도록 만든다.

그렇지 않아도, 한국 사회에 동성애를 우호적으로 표현하는 영화가 증가하고, 인터넷에서 동성애자의 성적행위를 노골적으로 묘사하는 음란물을 손쉽게 접할 수 있는데, 법이 동성애를 보호하고, 학교에서 동성애를 정상이라고 가르치면, 한국 사회에 동성애가 확산되는 것을 막을 수 없다. 동성애가 확산되면, 결혼율의 감소, 저출산문제, 에이즈의 확산 등의 사회병리현상이 심화되며, 청소년을 포함한 모든 사람들은 동성애의 유혹에 시달리고 동성 간의 성폭력도 증가한다. 특히 국내 에이즈 환자의 대다수가 동성애로 감염되고 있기에 에이즈 확산이 가장 우려된다.

차별금지법이 통과되면 학교는 동성애를 정상이라고 가르쳐야 하고, 친구에게 동성애 유혹을 하더라도 제재를 가할 수 없다. 학교 내에 동성애 단체를 만들어 공개 모집을 해도 막을 수 없고, 학교는 동성애 단체를 적극 후원해야 한다. 동성애자인 학생을 불러서 동성애를 끊도록 상담하고 설득할 수조차 없다. 동성애를 정상이라고 공인하는 외국에서는 성교육 시간에 동성애 방법까지 가르친다. 미국 매사추세츠 주는 초등학생에게 철저하게 동성애와 동성결혼이 정상이라고 가르친다. 캐나다 토론토는 유치원부터 동성애는 정상이란 교육을 단계적으로 실시하고, 초등학교 7학년 때는 동성애 방법을 구체적으로 가르친다.

동성애를 공인하는 국가에서는 교사가 학생에게 '동성애는 매우 좋은 것이며 부모가 동성애는 잘못된 것이라고 말하면 그렇게 말해서는 안 된다고 해야 한다.'고 가르친다. 이런 식으로 가르치기에 한 세대만 지나면 모든 국민이 동성애를 정상이라고 인정하게 된다. 동성애를 공인하는 외국에서는 문화와 교육을 통하여 어린 청소년들에게 동성애는 괜찮다는 인식을 심어 주어서 청소년 동성애자가 급증하고 있다. 이러한 사태를 한국 사회에서 일어나는 것을 동성애 옹호론자들은 정말 원하고 있는지 묻고 싶다. 그리고 결국에는 외국과 같이 동성결혼을 합법화하는 방향으로 진행한다.

건전한 성윤리를 가진 국민의 기본적인 권리 또는 자유는 제한 또는 금지됨으로써 역차별을 한다. 1997년 미국 보건국 직원이 동성애자에게 동성애는 죄라고 조언을 했다는 이유로 파면되었고 법원은 정당하다고 하였다. 2000년에 직장에서 동료 직원에게 동성애를 죄라고 설명했다는 이유로 파면되었고 미국 법원은 정당하다고 하였다. 2006년 1월에 캐나다 시의원은 "동성애는 비정상이다"는 발언을 해서 1000달러의 벌금과 사과하라는 판결을 받았다. 소수자 인권 보호도 중요하지만, 다수의 억울한 피해자를 만드는 법은 옳지 않다. 외국에서 동성애 옹호론자들이 먼저 동성애가 포함된 차별금지법을 통과시킨 후에 동성애를 반대하는 사람들의 입을 막고 점차적으로 동성결혼을 합법화하는 과정을 밟았으며 한국에도 그 방법을 적용하려고 한다. 동성애가 포함된 차별금지법이 통과되면 더 이상 동성애의 흐름을 막을 수 없다는 사실을 인식하고 절박한 마음으로 차별금지법에 동성애가 삽입되지 않도록 노력해 주었으면 좋겠다.

[14] 동성애가 바람직하지 않더라도, 동성애자들의 인권도 존중되고 차별해서는 안 되지 않을까요?

동성애자도 존귀한 인간이므로 인간으로서 가지는 권리는 존중되어야 한다. 하지만, 주의할 점은 존중되어야 할 인권 안에는 인간으로서 마땅히 누려야 할 권리만 포함된다. 예를 들어, 살인, 도둑질, 동성애, 간음 등의 죄악을 지을 권리는 인권에 포함되지 않는다. 따라서 동성애자도 인간으로서의 권리는 존중받아야 하지만, 동성애 자체를 인권이라는 이름으로 존중할 수는 없다. 자신의 집에서 동성애를 하는 것까지 막을 수는 없지만, 타인에게 죄악된 영향을 미치는 활동을 하는 권리는 제한할 수밖에 없다.

차별금지법에 동성애가 포함되는 것을 반대하는 이유는 동성애자의 인권을 보호하는 차원을 벗어나 동성애 자체를 윤리적 문제가 없는 정상으로 인정하게 되기 때문이다. 동성애자들을 손가락질하고 괴롭히는 것은 반대하지만, 건전한 대다수의 국민을 위해서 건전한 성윤리에 기초한 권리와 행위도 보장이 되어야 한다. 그러한 예로, 교육을 통해서 동성애를 비윤리적이라고 가르치는 것을 허용하며, 동성애로 물의를 일으킨 학생을 불러서 하지 않도록 상담하고 권고할 수 있어야 하며, 반성의 기미가 없이 반복적으로 할 때는 어느 정도의 징계를 가할 수 있어야 한다. 동성애자를 차별하지 말아야 한다는 이유로 모든 건전한 성윤리에 기초한 행위도 금지시키면, 더 이상 동성애가 확산되는 것을 막을 길이 없다. 그렇게 되면, 학교에서 성교육 시간에 동성애 동영상을 보여주고 동성애 하는 방법을 가르치게 되고, 학교 내에서 동성애자 단체를 만들고 공개모집하더라도 막을 수 없고, 외국과 같이 동성 간의 결혼도 허락해 달라고 주장할 것이다. 대다수의 국민들은 한국 사회에 동성애가 확산되고 자신의 자녀가 친구로부터 동성애 유혹을 받아서 동성애자가 되는 것을 원하지 않는다. 따라서 건전한 성윤리에 가지는 대다수 국민의 권리를 보장하는 범위 내에서 동성애자의 인권이 보호되어야 한다.

[15] 동성애자를 정죄하기보다는 긍휼히 여겨야 하지 않을까요?

아무리 죄를 지은 사람이라 하더라도 이해하고 긍휼히 여기며 사랑으로 품어주어야 한다. 그렇지만 죄는 분명히 지적해 주어야만, 죄를 회개하고 새 삶을 살 수 있게 된다. 그런 의미에서 동성애자들에 대한 진정한 사랑은 동성애를 끊고 새 삶을 살 수 있도록 도와주는 것이다. 동성애자를 사랑한다고 하면서 동성애가 비윤리적이라고 지적하지 않는 것은, 그 사람으로 하여금 파멸에 이르도록 방임하는 무책임하고 잘못된 사랑이다. 동성애자에 대한 진정한 사랑은 동성애자들을 배려하고 품어주고 그들을 이해하면서, 동성애 자체는 비윤리적인 것임을 분명히 인식하게 하고 끊도록 도와주는 것이다. 그런데 동성애 차별금지법은 동성애 자체를 정상이며 비윤리적인 것이 아니라고 간주한다. 그러기에 동성애 차별금지법은 동성애자들이 동성애를 끊도록 도와주는 것이 아니라, 오히려 동성애를 끊도록 도와주는 모든 행위를 금지하여 동성애자가 불행에 이르는 것을 가만히 쳐다보게 만든다. 이런 의미에서 동성애 차별금지법은 동성애를 끊으려고 하는 동성애자에게 정말 나쁜 법이다.

물론 우리가 동성애자들에게 동성애는 비윤리적이라고 말하는 것과 더불어, 동성애자들을 품어주고 이해하려고 하는 노력은 꼭 필요하다. 그래야만 그들이 마음 문을 열고 변화될 수 있기 때문이다. 그렇지만 동성애에 대해서 잘못을 지적하지 않고 무조건 품어주고 사랑하려고 하는 것은 잘못된 것이다. 특히 현대의 동성애 인권단체들은 그들을 향하여 불쌍히 여기고 품어주고 이해하려고 노력하는 것 자체를 거부하고 싫어하며, 자신들이 하는 동성애를 정상적인 사랑으로 인정해 달라고 요구하는 상황에서는 더욱 그러하다. 잘못을 지적하지 않고 품어주고 이해하려는 것은 그들의 주장을 인정하는 것이다. 어떤 분은 동성애는 끊을 수가 없기에 할 수 없이 인정해 주어야 한다고 주장하지만, 이것은 옳지 않다고 본다. 앞에서 자세히 기술한 것처럼 동성애를 끊기가 쉽지는 않지만 불가능한 것은 아니며, 위의 주장은 동성애자들도 하여금 끊을 수 있다는 자신감을 미연에 잃어버리고 동성애에 매이게 만든다. 앞에서 언급한 것처럼 동성애자의 삶이 결코 행복하지 않기에 동성애를 계속 하도록 내버려두는 것을 진정한 사랑이라고 보기 어려우며, 가능한 동성애를 끊을 수 있도록 주위에서 도와주어야 한다.

한 가지 추가로 언급하고 싶은 것은 한국에서 동성애자들은 약자가 아니고, 국가인권위원회라는 막강한 국가기관에 의해 보호를 받는 강자라는 점이다. 대다수 언론들이 동성애를 옹호하며, 정부기관도 동성애자의 눈치를 보며, 동성애를 합법화한 외국도 한국 정부에 압력을 넣고 있다. 2015년 6월에 있었던 퀴어축제에 17개 국가의 대사가 참석하였다. 그런데도 동성애자들은 약자인 것처럼 행동하여 동정심을 사서 법과 조례들을 자신들에게 유리하게 만들려고 한다. 차별금지법이 만들어지고 국민의 과반수가 동성애에 우호적이 되면, 자신들과 의견이 다른 사람을 호모포비아라고 부르며 직장에서 쫓아내는 탄압을 무자비하게 가할 것으로 예상한다.

[16] 동성애는 개인의 성적 자유에 속하기에 마음대로 하도록 허용해야 하지 않을까요?

동성애는 개인의 성적 자유에 속하기에, 동성애를 하기 원하는 사람들은 마음대로 하도록 허용해야 한다는 주장은 사회의 윤리도덕을 전혀 고려하지 않는 위험한 생각이다. 개인의 자유도 사회의 기본질서를 유지하는 윤리도덕의 테두리 안에서 허용되는 것이지, 마음대로 무엇이든지 할 수 있는 것을 의미하지 않는다. 무엇이든지 마음대로 하도록 허용하면, 좋을 것 같지만 사회의 윤리도덕은 금방 무너지게 되고 동물적인 사회로 변한다. 특히 성적인 죄악을 허용하면 할수록, 더욱 많은 사람들이 죄악을 짓는 방향으로 가려는 경향이 있다. 예를 들어서 포르노를 제작 또는 배포하는 것을 허용하면, 더 많은 포르노가 제작 또는 배포될 것이고, 더 많은 사람들이 포르노를 보게 된다. 따라서 성적인 죄악은 반드시 윤리도덕의 테두리에 의해서 규제되고 억제되어야 한다. 그렇다고 동성애자들을 처벌하고 감옥에 가두자거나 침실에까지 들어가서 동

성애를 못하도록 하자는 뜻은 아니고, 동성애를 공인하고 합법화해서는
안 된다는 뜻이다.

[17] 동성애를 잘못된 것이라고 단정할 수 있는가? 현대의 도덕규범은 옛날과 다를 수 있고, 옛날에는 남녀차별을 나쁘다고 생각하지 않았다. 잘못된 것들이 많은데, 유독 동성애를 반대하는가?

　옛날에 행하였던 잘못된 예들을 언급하면서, 동성애를 그와 같은 부류로 취급하는 것은 마땅하지 않다. 동성애 자체를 살펴보고 잘못된 것인지 아닌지를 판단해야 한다. 다시 말하면, 예전에는 남녀차별이 잘못된 것임에도 불구하고 옳게 여기고 살다가 현대에 와서는 잘못임을 알게 된 것처럼, 지금 동성애를 비윤리적이라고 보는 관점이 나중에 남녀차별처럼 잘못된 것으로 밝혀질 수 있다는 주장에는 논리적인 비약이 있다. 다른 것들을 예로 들면서 동성애도 똑 같은 부류로 간주해서는 안 되며, 동성애 자체를 살펴서 비윤리적인지 아닌지를 판단해야 한다. 옛날의 도덕규범과 현재의 도덕규범이 다를 수 있다는 주장은 윤리도덕을 시대에 따라 얼마든지 변할 수 있는 상대적이고 주관적인 것으로 보며 대다수의 의견에 따라 결정된다는 인본주의에 기초하고 있다. 하지만, 사람의 생각이나 시대에 따라 변하지 않는, 그래서 반드시 지켜야 하는 절대적인 도덕규범이 존재하며, 동성애와 같은 성윤리도 그러한 도덕규범에 속한다고 본다.

　많은 다른 잘못된 것에 대해서는 열심히 반대하지 않으면서, 왜 동성애에 대해서만 열심히 반대하느냐는 주장에 대해서는 실제 상황을 염두에 두지 않은 것 같다. 이 시대에 가장 이슈가 되는 성윤리 주제 중 하나가 동성애이다. 예전에는 혼전순결과 같은 것들이 더 뜨거운 주제이었을

수 있다. 왜냐하면 예전에는 동성애를 대부분의 사람들이 비윤리적이라고 받아들이고 있었기에 이슈 자체가 안 되었던 것이다. 만약 동성애가 점차 확산이 되어 대다수의 사람들이 동성애를 용인하게 되면 동성애가 더 이상 이슈가 되지 않을 것이다. 그 때에는, 우리가 지금 동성애보다 훨씬 심하다고 보는 주제가 이슈가 될 수 있다. 그렇기 때문에 현재 핫이슈가 되는 주제에 대해서 제대로 대처하지 않는 것은 그 주제에 대한 우리의 주장을 포기하겠다는 것과 같다. 사실 최선을 다해서 노력을 해도 그 주제에 대한 우리의 주장이 제대로 반영되지 못할 가능성이 있다. 하물며 그 주제에 대한 노력을 해야 하느냐 안 해야 하느냐로 논란을 하고 있다면 당연히 그 싸움은 진 것이다. 그리고 세상의 주장을 받아들인다고 해서 싸움이 끝난 것이 아니고, 세상은 더 심한 주제를 가지고 싸움을 걸어온다. 그러기에 세상의 주장을 받아들이면 평안해질 것이라는 순진한 생각을 버리고, 이기든지 지든지 상관없이 현재의 싸움에 최선을 다해야 한다.

[18] 동성애자들이 겪고 있는 억울한 고통은 어떻게 해결해야 하는가?

차별금지법에서 동성애를 삭제하라는 요구는 동성애자의 인권을 무시하라는 뜻은 아니며, 동성애자를 비윤리적이라고 인식하는, 건전한 성윤리를 가진 국민의 권리를 보장해 달라는 뜻이다. 동성애자의 기본적인 인권이 보장되기를 바라지만 차별금지법에 차별금지사유로 동성애를 포함하면, 동성애자를 비윤리적이라고 인식하는 수많은 국민의 권리와 자유가 제한되고 금지된다. 현행법을 적용만 잘하여도 동성애자들이 겪고 있다고 주장하는 어려움을 충분히 해소할 수 있다고 보지만, 만약 부족한 부분이 있다면 건전한 성윤리를 훼손하지 않는 범위 내에서 현행법을 개정하든지 개별법을 제정하는 것이 바람직하다고 본다.

동성애 차별금지법을 반대하는 운동을 전개하면서, 동시에 상담사역자들과 연대하여 동성애자들이 동성애를 끊고 바른 길을 가도록 도와주는 일을 해야 한다. 차별금지법을 반대하는 이유 중에 하나가 차별금지법은 동성애자를 상담하고 권유하여 동성애를 끊도록 도와주는 일체의 행위를 하지 못하게 한다. 동성애자들에 대한 진정한 사랑은 동성애를 끊고 새 삶을 살 수 있도록 도와주는 것이다. 동성애자를 사랑한다고 하면서 동성애가 비윤리적이라고 지적하지 않는 것은, 그 사람으로 하여금 파멸에 이르도록 방임하는 무책임하고 잘못된 사랑이다. 동성애자에 대한 진정한 사랑은 동성애자들을 배려하고 품어주고 그들을 이해하면서, 동성애 자체는 비윤리적인 것임을 분명히 인식하게 하고 끊도록 도와주는 것이다. 그런데 동성애 차별금지법은 동성애 자체를 정상이라고 간주하기에, 동성애를 끊도록 도와주는 모든 행위를 금지하여 동성애를 끊지 않고 계속 유지하여 파멸에 이르도록 방치하도록 한다. 동성애 차별금지법은 동성애자들에게 정말 나쁜 법이라고 본다.

[19] 절충안으로서 동성애 차별금지법을 수용하되 어느 정도 종교의 자유와 표현의 자유를 보장받으면 어떨까?

동성애에 대한 차별을 법으로 금지하되 어느 정도 종교의 자유와 표현의 자유 등을 보장하는 단서를 넣자는 의견인데, 그 보장이 어느 정도인가가 관건이다. 만약 예외를 허용하는 단서조항이 종교기관에 대해서만 국한하고 그 안에서만 표현의 자유를 보장한다면, 그것은 대다수의 사람들이 사는 일반사회와 교육현장에서는 동성애를 정상으로 인정하고 종교기관 내에서만 동성애를 비윤리적이라고 표현하는 것을 허락하기에,

그것은 표현의 자유라고 부르기보다는 표현의 감옥이라고 부르는 것이 낫다. 그러한 법이 통과되고 난 후에, 한 세대만 지나고 나면 모든 사람들은 동성애를 정상이라고 인정하게 되고 동성애를 비윤리적이라고 보는 종교인들만 왕따가 되고 바보가 된다.

삶의 모든 영역에서 동성애자의 인권을 보호하면서 동성애를 비윤리적이라고 인식하는 국민의 인권도 동시에 존중하는 법과 정책이 만들어지는 것이 바람직하다. 그러기 위하여 법을 제정할 때에 건전한 성윤리를 보장하는 범위 내에서 동성애 차별금지가 이루어져야 한다. 예를 들면, 개인의 윤리관을 존중하고 직장이나 교육현장 어디에서든지 동성애에 대한 윤리적 표현, 행동, 결정이 보장되어야 한다. 그리고 동성애자의 인권과 동성애를 비윤리적이라고 보는 국민의 인권이 서로 충돌할 경우에 대한 구체적인 내용을 시행령에 담아두고 법원의 판단에 따르도록 한다.

[20] 게이, 레즈비언, 양성애자, 트랜스젠더 등 다양한 사람들이 같이 살아가고 있는데, 왜 이러한 다양성을 거부하고 인정하지 않으려고 하는가?

우리도 다양성을 거부하는 것이 아니다. 우리는 동성애자가 커밍아웃했을 때 감옥에 넣자고 주장하지 않으며, 그들의 인권을 탄압하자거나, 그들이 권리를 제한하자거나, 그들이 동성애는 정상이라고 말하는 것을 금지하자고 주장하지도 않는다. 그들의 인권이 존중받고 보장받는 것을 원한다. 오히려 차별금지법은 다양성을 부정한다. 어떤 사람은 동성애를 정상이라고 생각하지만, 어떤 사람은 동성애는 비윤리적이라고 생각한다. 각자 나름대로의 윤리관을 가지고 살아간다. 그런데 차별금지법은 이러한 윤리관의 다양성을 인정하지 않고, 동성애는 정상이라는 확일화된 윤리관을 갖도록 강요하기에 잘못된 법이다. 즉, 차별금지법은 윤리관의 다양성을 부정한다.

[21] 동성애가 비윤리적이라고 표현할 때에, 동성애자들은 상처를 받고 모멸감을 느끼므로, 동성애가 비윤리적이라고 표현하는 것을 금지시켜야 하지 않을까요? 동성애자에게 돌을 던지면서, 그러한 권리를 계속 보장해 달라는 것을 올바르다고 볼 수 있을까요?

동성애는 정상이라는 의견과 동성애는 비윤리적이라는 의견은 서로 평행선이다. 한쪽 의견이 맞으면, 반대쪽 의견은 틀린 것이다. 한쪽 입장에서 생각하면, 반대쪽 사람의 행동과 표현은 잘못된 것이고 마음에 상처를 준다. 동성애자의 입장에서 생각해 볼 때에는, 동성애는 비윤리적이라고 표현하는 것이 그들에게 상처를 주고 모멸감을 느끼게 할 것이다. 반면에 동성애를 비윤리적이라고 인식하는 사람의 입장에서 볼 때에는, 자신의 자녀가 학교에서 동성애를 정상이라고 배워서 동성애자가 되었을 때에 느끼는 마음의 아픔은 너무 크다. 또한 동성애를 비윤리적이라고 인식하고 표현하는 것은 잘못된 것이므로 실제적인 처벌(징역, 벌금)을 받아야 한다고 할 때에, 그 사람이 받는 억울함과 마음의 상처는 말로 다할 수 없다. 한쪽 편의 의견을 가진 사람의 마음에 상처를 주지 않게 하려고, 반대쪽 편의 의견을 가진 사람들을 감옥에 가두고 벌금을 내게 하는 것은 올바른 해결 방법이 아니다.

양쪽의 입장이 서로 상반되며 서로에게 양보할 수 없는 현실이기에, 이 경우에는 정부와 공권력은 중립을 지키고 한쪽의 입장만을 옹호해서는 안 된다. 그런데 차별금지법은 동성애를 비윤리적이라고 인식하고 표현할 때에 처벌(징역, 벌금)함으로써, 한 쪽 입장만을 옹호한다. 동성애를 비윤리적이라고 인식하고 행동하는 것을 처벌을 해서라도 막아야 한다는 법은 철저하게 동성애자의 입장만을 고려하고 동성애를 비윤리적이라고 인식하는 것은 잘못이라고 전제하였다. 동성애자들이 상처를 받지 않도록 하겠다고 사람들을 감옥에 가두고 벌금을 내게 하는 것은 정부와 공권력이 선택할 방법은 아니다.

이러한 방식은 문제를 해결하는 것이 아니라 한 쪽을 탄압하고 억압하여서 더 큰 문제를 만들어 낸다. 동성애자들은 마음의 상처를 받지 않고 기분이 좋을지 몰라도, 반대 쪽 사람들은 감옥에 가고 벌금을 내어야 하기에 더 큰 상처와 현실적인 고통을 겪는다. 그리고 동성애를 비윤리적이라고 생각하는 것이 감옥에 갈만큼 정말 그렇게 잘못되고 나쁜 것인가? 왜 한쪽 입장만을 고려하는 법을 만들려고 하는지 이해할 수 없다.

[22] 유엔에서 차별금지법을 권고하고 있다는데, 그렇다면 만들어야 하지 않을까요?

유엔이 한국에 차별금지법을 권고하고 있다는 말은 과장되고 왜곡된 것이다. 한국교회언론회의 논평에서 발췌하여 설명을 드리고자 한다. 2012년 유엔인권이사회 국가별 정례인권검토(UPR)에서 인도네시아, 팔레스틴, 차드, 인도, 칠레, 호주, 우즈베키스탄, 쿠바, 모르코, 스페인, 캐나다 등이 한국에 차별금지법 제정을 요구한 것을 유엔이 권고하였다고 오해하는 것이다. UPR에 참석하였던 법무부 인권과장은 2012년 12월 27일 법률신문에 기고문을 통해 "국가인권위원회와 시민단체들이 외국의 유엔인권대사들에게 한국의 문제점을 발언해 달라고 로비하였다"고 적었다. 이 말이 맞는다면, 형식적으로는 외국의 유엔인권대사들이 한국에 제정을 요구한 것이지만, 내용면으로 보면 우리나라 국가인권위와 일부 시민단체들의 입김이 작용하고 있는 것이어서 '유엔이 차별금지법 제정을 권고하였다'는 주장은 국민을 기만하는 것이나 마찬가지이다.

두 번째는 한국에 입법을 요구한 국가들의 면면을 살펴보면, 한국에 '보편적 차별금지법' 제정을 요구한 유엔 인권대사들이 소속된 국가의 대부분은 보편적 차별금지법이 없다. 또한, 여성차별, 종교박해, 아동노동, 장기독재국가도 포함되어 있다. 이러한 나라들이 우리나라에 '한국의 인권상태 개선을 위해 보편적 차별금지법을 제정하라'고 요구하면 오히려 반론을 제기해야 할 법무부가 '예, 바로 제정하겠습니다!'라는 공손한 태도를 보인 것이다. 이는 국가인권위, 시민단체, 법무부가 각본에 따라 하는 것이 아닌가 하는 의문을 품게 한다. 또한 UPR은 각국의 유엔인권대사가 타국에 하고 싶은 말을 하는 것이므로, '유엔이 권고하였다'라고 권위를 부여하는 것은 무리라고 본다.

동성애에 대한 전 세계적인 상황을 보면, 불과 23개 국가만이 동성결혼을 법적으로 인정하고, 약 80개의 국가들이 동성애를 엄격히 법으로 금지하고 있다. 해당 국가들은 동성애자에게 구금형, 태형, 징역형과 같은 비교적 가벼운 형벌에서부터 종신형, 사형에 이르는 중형을 내릴 수 있도록 법에 규정하고 있다. 아프리카의 많은 국가들이 동성애를 엄격하게 금지하는 이유는 서방세계로부터 들어온 악으로 바라보는 시각과 함께 아프리카의 고질적인 문제인 에이즈를 확산시킨다고 보기 때문이다. 이러한 전 세계적인 상황을 고려할 때에 유엔이 한국에 동성애가 포함된 차별금지법을 권고할 수 없다.

여기서 한 가지 추가하고 싶은 것은 유엔 전체의 입장은 동성애 옹호가 아니라는 점이다. 유엔의 인권문제를 총괄하고 있는 인권이사회는 2014년과 2015년 2년 연속 가족 보호의 필요성을 역설하는 결의를 채택한 바 있다. 인권이사회는 세계인권선언 제16조 3항에 규정된 자연적이고 전통적인 형태의 가족을 보호해야 한다는 취지의 결의를 지난 2년 연속 채택하였다. 즉, 2014년에 71개 유엔회원국들이 공개적인 지지의사를 밝힌 가운데, '세계 가족의 해' 20주년을 지지하는 인권이사회 결의가 찬성 26 반대 14 기권 6으로 채택되었다.[1] 많은 동성애 운동 NGO들이 인권이사회 결의 내용에 동성가족을 염두에 둔 '다양한 형태의 가족'이라는 문구를 포함시키고자 적극 노력했으나, 이사회 논의 과정에서 최종 배제되고,[2] 2015년에 인권이사회는 자연적이고 전통적인 가족 형태의 보호 필요성을 천명하는 가족보호 결의를 찬성 29 반대 14 기권 4의 큰 표 차이로 채택하였다.[3]

특히 이 결의들은 동성애 운동 단체들이 '가족'의 정의를 놓고 벌여온 극렬한 로비에도 불구하고 유엔이 세계인권선언 채택 당시부터 전통으로 지켜 온 가족의 개념을 명시적으로 따른다는 의지를 드러낸 것이다.[4] 전 세계 동성애 운동이 지향하는 최종목표는 동성결혼 및 동성가족의 제도적 인정인 것을 고려하면, 유엔 인권이사회의 결의는 유엔이 동성애 옹호기관이 아니라는 점을 분명히 한 것으로 평가받기에 충분하다. 2014년의 인권이사회 결의는 세계 가족의 해 20주년을 기념하여 채택된 것으로, 동성애 운동가들이 지속적으로 주장해 온 "다양한 형태의 가정" 문구 삽입을 명시적으로 거부한 데 의의가 있다. 한걸음 더 나아가 2015년의 결의는 유엔 역사상 최초로 부모가 그들의 자녀를 교육시킬 최우선적 권리가 있음을 인정하였고, 사회의 가장 근본적인 기초로서 가정의 보호를 촉구하였다. 또한 모든 국가가 가정 보호에 중요한 정책을 만들고 가정을 보호하기 위하여 국제조약상 국가에게 부과된 그들의 법적 구속력 있는 의무를 인식할 것을 촉구하였다.

결국 인권이사회 결의들의 의미는 유엔이 동성애를 옹호하는 국제기구가 아니라는 사실을 보여줌과 동시에 더 나아가 동성결혼이나 동성애에 관해 아직 국제관습이 형성되지 않았다는 사실에 대한 반증이라고 하겠다. 따라서 동성애 또는 동성결혼에 관한 개인의 권리는 국제법상 확립된 개인의 자유권이라고 볼 수 없다. 오히려 많은 국가들에서 전통적 결혼관과 가정의 보호를 지지하고 있다는 사실이 국내에서 더욱 강조될 필요가 있다고 하겠다.

[23] 동성애를 인정하는 것이 전 세계적인 추세가 아닌가요?

동성애 옹호자들은 동성애를 인정하는 것이 전 세계적인 추세이므로 한국도 인정을 해야 한다고 주장하지만, 전혀 그렇지 않다. 지금도 전 세계 193개국 중 약 80개국이 동성애를 '불법'으로 간주하고, 구금형, 태형, 징역형, 종신형, 사형 등의 처벌을 한다. 현재도 전 세계의 절반은 동성애를 처벌하고 있는데, 전 세계적인 추세라고 하는 것은 맞지 않다. 한국은 동성애를 한다고 처벌을 하지는 않는다. 현재 동성결혼을 합법화한 국가는 서부유럽, 북미, 남미 등의 23개국에 불과하다. 잉글랜드, 웨일즈, 스코틀랜드, 북아일랜드는 1개 나라 영국으로 간주해야 한다. 선진국이라고 생각하는 유럽과 미국이 동성결혼을 합법화한 것은 사실이지만, 여전히 대다수 국가는 동성애를 인정하지 않고, 동성결혼을 합법화한 국가들은 포르노를 합법화하는 등 성적으로 타락한 국가들이다.

아프리카는 동성애를 에이즈를 확산시키는 주범으로 보고, 아주 반대하고 있으며, 러시아는 2013년에 "동성애선전금지법" 제정하여 청소년들에게 동성애를 옹호 조장하면 처벌을 한다. 한국은 2013년 5월에 전 국민 여론조사를 미디어리서치에서 하였을 때에 "동성애는 비정상적 사랑"이라는 응답이 73.8%이다.[1] 좀 더 구체적으로는 30대 66%, 40대 79%, 50대 85%, 60세 이상 89%이라고 답했다. 따라서 50대 이상에서는 80%

이상이 비정상이라고 답했다. 그러나 20대에서는 '비정상적 사랑'(47.2%)과 '정상적 사랑'(45.8%)으로 보는 비율이 비슷했다. 2013년 10월에 동아일보가 조사하였을 때에, "동성애자에 대해 거부감이 든다."는 응답이 78.5%로 "거부감이 들지 않는다."는 응답인 21.5%를 압도했다.[2] 연령별로는 20대 가운데 동성애자에 대해 거부감이 들지 않는다고 답한 비율이 42.5%였던 반면, 60대 이상에서는 8.3%에 불과했다. 보수의 84.9%, 진보의 70.3%가 모두 동성애자에게 거부감을 느낀다고 답해, 보수-진보 간 구분은 뚜렷하지 않았다. 따라서 대다수의 국민들이 현재 동성애를 수용하지 않는 것을 볼 수 있다.

관련 홈페이지 주소

▶ 외국 자료

1. http://www.mygenes.co.nz/
본서가 많이 참고하였던, 동성애에 관한 학술적인 내용을 자세히 소개하는 와이트헤드박사의 홈페이지이다.

2. www.narth.com
많은 전문가들이 힘을 합쳐서 동성애에 관한 학술 연구, 상담, 치료를 위해 만든 홈페이지이다.

3. http://www.tvnext.org/
미국의 한인 교포가 만든 홈페이지이며, 서구 사회가 가지고 있는 동성애, 낙태 등의 문제점을 실시간으로 알 수 있다.

4. http://testpathvoc.weebly.com/
대략 백 명의 탈동성애자들의 사례를 다룬 홈페이지이다.

▶ 국내 자료

5. http://www.cfms.kr/ (바른성문화를위한국민연합)
왜곡된 성문화를 바로잡고 건전한 성문화를 정착시키기 위하여 설립된 시민단체의 홈페이지이며, 현재 논란이 되는 이슈들을 실시간으로 알 수 있다.

6. http://blog.naver.com/pshskr/ (건강한사회를위한국민연대)
동성애와 포괄적 차별금지법의 문제점을 지적하는 시민단체의 블로그이며, 관련된 유익한 자료들이 많이 있다.

7. http://www.sstudy.org/ (한국성과학연구협회)
올바른 성에 대한 객관적인 지식 보급과 왜곡된 성에 대한 치유 상담을 하기 위하여 의사, 교수, 상담사 등의 전문가들이 모여서 만든 단체이다.

8. http://cafe.daum.net/consult (이요나목사의 동성애상담카페)
예전에는 동성애자이었지만, 지금은 동성애자들을 상담하는 이요나목사의 상담치유 카페이다.

9. http://www.khtv.org/index.php (대한민국희망TV)
건강한 사회, 희망찬 대한민국을 만들어가기 위한 인터넷방송이며, 동성애 관련 동영상들이 많이 있다.

참고 문헌

I. 동성애에 대한 일반적 내용

2. 동성애 형성에 영향을 주는 것들

[1] Roberts, A. L., M. M. Glymour, and K. C. Koenen (2013). Does maltreatment in childhood affect sexual orientation in adulthood? Archives of Sexual Behavior 42, 161.

[2] Andersen, J. P., and J. Blosnich (2013). Disparities in adverse childhood experiences among sexual minority and heterosexual adults: Results from a multi-state probability-based sample. PLoS ONE, 8, e54691.

[3] 이혜진 옮김, 브라이어 와이트헤어 원작, *나는 사랑받고 싶다* (웰스프링, 2007), 123-125쪽.

[4] Burch, B. On intimate terms: The psychology of difference in lesbian relationships, (Chicago: University of illinois Press, 1993).

[5] Bradford, J., C. Ryan, and E. Rdthblum (1994) *National lesbian health care survey: Implications of mental health care*, J. of Consulting & Clinical Psychology **62**, 228.

[6] Marvasti, J. A. and V. Dripchak (2004). The trauma of incest and child sexual abuse: Psychobiological perspective. In J. A. Marvasti (Ed.), Psychiatric treatment of victims and survivors of sexual trauma(pp. 3-18). Springfield, IL: Charles C Thomas.

[7] Wooden W. and J. Parker, *Men behind bars: Sexual exploitation in prison*, (New York: Plenum Press, 1982).

[8] Gartner, R. B. (1999). Sexual victimization of boys by men: Meanings and consequences. Journal of Gay and Lesbian Psychotherapy, 3, 1.

[9] Cameron, P., and K. Cameron (1996). Do homosexual teachers pose a risk to pupils? Journal of Psychology, 130, 603.

3. 동성애자의 비율

[1] Kinsey, A. C., W. B. Pomeroy, and C. E. Martin, *Sexual Behavior in the Human Male* (Philadelphia: W. B. Saunders, 1948).

[2] Kinsey, A. C., W. B. Pomeroy, C. E. Martin, and P. H. Gebhard, *Sexual Behavior in the Human Female* (Philadelphia: W. B. Saunders, 1953).

[3] Reisman J. A. and E. W. Eichel, (eds., G. J. Muir and J. H. Court), *Kinsey, Sex, and Fraud* (Lafayette, LA: Lochinvar-Huntington House, 1990).

[4] Epstein, J. *The secret life of Alfred Kinsey*, Commentary January 35, 1998.
[5] 이혜진 옮김, 브라이어 와이트헤어 원작, *나는 사랑받고 싶다* (웰스프링, 2007), 160-163쪽.
[6] Whitehead N. and B. Whitehead, *My Genes Made Me Do It! Homosexuality and the scientific evidence*, (Layfayette, Louisiana: B. K. Huntington House, 2010).
[7] Brown, P. *Dangers of monogamy*, New Scientist 135 (21 November), 38, 1992.
[8] Laumann, E. O., J. H. Gagnon, R. T. Michael, and S. Michaels, *The Social Organization of Sexuality* (Chicago: University of Chicago Press, 1994).
[9] The Regents of the University of California, California Health Interview Survey 2005. 2007. Accessed September 2008.
[10] Klassen, A. D., C. J. Williams, and E. E. Levitt, *Sex and Morality in the U. S.* (Connecticut: Wesleyan University Press, 1989).
[11] Ross, M. W. *Prevalence of risk factors for human immunodeficiency virus infection in the Australian population*, Medical Journal of Australia 149, 362, 1988.
[12] Michael, R. T., E. O. Laumann, J. H. Gagnon, and T. W. Smith, *Number of sex partners and potential risk of sexual exposure to human immunodeficiency virus*, Morbidity and Mortality Weekly Report 37, 565, 1988.
[13] Diamond, M. *Homosexuality and bisexuality in different populations*, Archives of Sexual Behavior 22, 291, 1993.
[14] Dixon, B. W., E. J. Streiff, A. H. Brunwasser, C. E. Haley, A. Freeman, and H. G. Green, *Pilot study of a house-hold survey to determine HIV seroprevalence*, Morbidity and Mortality Weekly Report 40, 1, 1991.
[15] Rogers S. M. and C. F. Turner, *Male-male sexual contact in the USA: Findings from five sample surveys*, Journal of Sex Research 28, 491, 1991.
[16] Spira, A., N. Bajos, A. Bejin, N. Beltzer, M. Bozon, B. Ducot, A. Durandeau, A. Ferrand, A. Giami, A. Gilloire, M. Giraud, H. Leridon, A. Messiah, D. Ludwig, J. P. Moatti, L. Mounnier, H. Olomucki, J. Poplavsky, B. Riandey, B. Spencer, J. M. Sztalryd, and H. Touzard, *Les Comportments Sexuels en France* (Paris: La Documentation Francaise, 1992)
[17] Trocki, K. F. *Patterns of sexuality and risky sexuality in the general population of a California county*, Journal of Sex Research 29, 85, 1992.
[18] Wellings, K., J. Field, A. Johnson, and J. Wadsworth, *Sexual Behavior in Britain: the National Survey of Sexual Attitudes and Lifestyles* (New York: Penguin, 1994).
[19] Harris Poll, *Survey for Project Hope* (New York: Louis Harris and Associates, 1988)

[20] Research Triangle Institute, *National household seroprevalence survey feasibility study final report*, RTI repot No. RTI/41 90-01/01 F (North Carolina: Research Triangle Institute, Research Triangle Park, 1990).

[21] Sittitri, W., T. Brown, and S. Virulrak, *Patterns of bisexuality in Thailand*, In Bisexuality and HIV/AIDS edited by R. Tielman, M. Carballo, and A. Hendricks (Buffalo, NY: Prometheus Books, 1992), pp 97-117.

[22] Paul, C., N. Dickson, P. B. Davis, R. L. Yee, J. Chetwynd, and N. McMillan, *Heterosexual behavior and HIV risk in New Zealand: Data from a national survey*, Australian Journal of Public Health **19**, 13, 1995.

[23] Kontula O. and E. Haavio-Mannila, *Sexual Pleasures. Enhancement Of Sex Life In Finland, 1971-1992*, (Aldershot, UK: Dartmouth 1995).

[24] Sundet, J. M., I. L. Kvalem, P. Magnus, and L. S. Bakketeig, *Prevalence of risk-prone sexual behavior in the general population of Norway*, In The Global Impact of AIDS, (New York: Alan R. Liss, 1988), pp53-60.

[25] Forman D. and C. Chilvers, *Sexual behaviour of young and middle aged men in England and Wales*, British Medical Journal **298**, 1137, 1989.

[26] ACSF investigators, *AIDS and sexual behaviour in France*, Nature **360**, 407, 1992.

[27] Billy, J. O. G., K. Tanfer, W. R. Grady, and D. H. Klepinger, *The sexual behaviour of men in the United States*, Family Planning Perspectives 25(2), 52, 1993.

[28] Sell, R. L., J. A. Wells, D. Wypij, *The prevalence of homosexual behavior and attraction in the United States, the United Kingdom and France. Results of national population-based samples*, Archives of Sexual Behavior 24, 235, 1995.

[29] Kuyper L. and I. Vanwesenbeeck, *High levels of same-sex experiences in the Netherlands: prevalences of same-sex experiences in historical and international perspective*, Journal of Homosexuality 56(8), 993, 2009.

[30] Smith, A. M. A., C. E. Rissel, J. Richters, A. E. Grulich, R. O. de Visser, *Sexual identity, sexual attraction and sexual experience among a representative sample of adults*, Australian and New Zealand Journal of Public Health 27, 138, 2003.

[31] Cochran S. D. and V. M. Mays, *Relation between psychiatric syndromes and behaviorally defined sexual orientation in a sample of the US population*, American Journal of Epidemiology **151**, 516, 2000.

[32] Mosher, W. D., A. D. Chandra, and J. Jones, *Sexual behavior and selected health measure: Men and women 15-44 years of age, United States, 2002*, Advance Data

From Vital and Health Statistics; No 362 National Center for Health Statistics, (Hyattsville, Maryland: 2005).
[33] Pedersen W. and H. W. Kristiansen, *Homosexual Experience, Desire and Identity Among Young Adults*, Journal of Homosexuality 54(1/2), 68, 2008.
[34] Santtila, P., N. K. Sandnabba, N. Harlaar, M. Varjonen, K. Alanko, and B. von der Pahlen, *Potential for homosexual response is prevalent and genetic*, Biological Psychology 77(1), 102, 2008.
[35] McCabe, S. E., W. B. Bostwick, T. L. Hughes, B. T. West, and C. J. Boyd, *The relationship between discrimination and substance use disorders among lesbian, gay, and bisexual adults in the United States*, American Journal of Public Health (In Press), 1-8, 2010.
[36] http://statcan.gc.ca/daily-quotidien/040615/dq040615b-eng.htm.
[37] Wells J. E., McGee M. A., and A. L. Beautrais (2011) Multiple Aspects of Sexual Orientation: Prevalence and Sociodemographic Correlates in a New Zealand National Survey. Arch Sex Behav. 2011 40(1): 155-68.
[38] http://blog.naver.com/pshskr/220231370391.
[39] http://www.cdc.gov/nchs/data/nhsr/nhsr077.pdf.
[40] 연합뉴스, *국내 동성애자 11만명 추정*, 1998. 1. 9.
[41] 양봉민과 최운정, *한국에서 HIV/AIDS 감염의 경제적 영향*, 서울대학교 보건대학원 연구보고서, 2004년 11월.
[42] 한국성과학연구소 홈페이지(http://www.sexacademy.org/xe/index.php) 참조
[43] 한양대학교 산학협력단, 「2012 에이즈에 대한 지식 태도 신념 및 행태조사」, 질병관리본부 대한에이즈예방협회 연구결과보고서, 2012, 75쪽.

II. 동성애에 대한 불편한 진실

1. 동성애는 유전? No!
(1) 유전자에 대한 일반적인 사실

[1] Pierce, B. J. *Genetics: A conceptual approach/3e* (New York: W. H. Freeman, 2009)
[2] Beardsley, T. *Smart Genes*, Scientific American 265(February), 73, 1991.
[3] Davierwala, A. P., J. Haynes, Z. Li, R. L. Brost, M. D. Robinson, L. Yu, S. Mnaimneh, H. Ding, H. Zhu, Y. Chen, X. Cheng, G. W. Brown, C. Boone, B. J. Andrews, and T. R. Hughes, *The synthetic genetic interaction spectrum of essential genes*, Nature

Genetics **37**, 1147, 2005.
[4] Borowski, R. No title, BBC Science magazine 6/9/1993.
[5] Plomin, R. *The Role of Inheritance in Behavior*, Science **248**, 183, 1990.
[6] Toma, D. P., K. P. White, J. Hirsch, and R. J. Greenspan, *Idenfication of genes involved in Drosophila melanogaster geotaxis, a complex behavioral trait*, Nature Genetics **31**, 349, 2002.
[7] Alter, M. D., D. B. Rubin, K. Ramsey, R. Halpern, D. A. Stephan, L. F. Abbott, and R. Hen, *Variation in the large-scale organization of gene expression levels in the hippocampus relates to stable epigenetic variability in behavior*, PLoS One **3**(10), e3344, 2008.

(2) 유전자의 일반적인 사실에 의한 반론

[1] Plomin, R. *The Role of Inheritance in Behavior*, Science **248**, 183, 1990.
[2] Figure is taken from PEDINFO on the internet at http://w3.lhl.uab.edu in 1999.
[3] Cavalli-Sforza L. L. and W. F. Bodmer, *The Genetics of Human Populations* (San Francisco: W. H. Freeman, 1971).
[4] Kesslcr, R. C., K. A. McGonagle, S. Zhao, C. B. Nelson, M. Hughes, S. Eshleman, H. U. Wittchen, and K. S. Kendler, *Lifetime and 12-month prevalence of DSM-III-R psychiatric disorders in the United States*, Archives of General Psychiatry 51, 8, 1994.

(3) 자녀재생산에 의한 반론

[1] Wells, J. E., M. A. McGee, and A. L. Beautrais, *Multiple Aspects of Sexual Orientation: Prevalence and Sociodemographic Correlates in a New Zealand National Survey*, Archives of Sexual Behavior 40(1), 155-168, 2011.
[2] The Regents of the University of California, California Health Interview Survey 2005. 2007. Accessed September 2008.
[3] Cameron, P., T. Landess, and K. Cameron, *Homosexual sex as harmful as drug abuse, prostitution or smoking*, Psychological Reports 95, 915, 2005.
[4] Johnson, A. M., J. Wadsworth, K. Wellings, and J. Field, *Sexual Attitudes and Lifestyles*, (Oxford: Blackwell. 1994).
[5] Harry, J. *A probability sample of gay males*, Journal of Homosexuality **19**(1), 89, 1990.
[6] Jeffries, W. L. *Sociodemographic, Sexual, and HIV and Other Sexually Transmitted*

Disease Risk Profiles of Non Homosexual-Identified Men Who Have Sex With Men, American Journal of Public Health 99, 1042, 2009.

[7] Cleveland, P. H., L. H. Walters, P. Skeen, and B. E. Robinson, If your child had AIDS...: responses of parents with homosexual children, Family Relations 37, 150, 1988.

[8] Camperio-Ciani, A., F. Corna, and C. Capiluppi (2004). "Evidence for maternally inherited factors fovouring male homosexuality and promoting female fecundity." Proc. R. Soc. Lond. B 271. 2217-2221.

(4) 기타 설문조사에 의한 반론

[1] Laumann, E. O., J. H. Gagnon, R. T. Michael, and S. Michaels, The Social Organization of Sexuality (Chicago: University of Chicago Press, 1994).

[2] Kinsey, A. C., W. B. Pomeroy, and C. E. Martin, Sexual Behavior in the Human Male (Philadelphia: W. B. Saunders, 1948).

[3] Kinsey, A. C., W. B. Pomeroy, C. E. Martin, and P. H. Gebhard, Sexual Behavior in the Human Female (Philadelphia: W. B. Saunders, 1953).

[4] Frisch, M. and A. Hviid (2006). Childhood family correlates of heterosexual and homosexual marriages: a national cohort study of two million Danes. Archives of Sexual Behavior 35(5), 533.

[5] Whitehead N. and B. Whitehead, My Genes Made Me Do It! Homosexuality and the scientific evidence, (Layfayette, Louisiana: B. K. Huntington House, 2010).

(5) 일란성 쌍둥이의 동성애 일치비율에 의한 반론

[1] Kallmann, F. Twin and sibship study of overt male homosexuality, American J. of Human Genetics 4, 136, 1952.

[2] Bailey, J. M. and R. Pillard (1991). A genetic study of male sexual orientation. Archives of General Psychiatry 48. 1089.

[3] Bailey, J. M., M. P. Dunne, and N. G. Martin (2000). Genetic and Environmental influences on sexual orientation and its correlates in an Australian twin sample. Journal of Personality and Social Psychology 78. 524.

[4] Jones S. L. and M. A. Yarhouse, Homosexuality. The use of scientific research in the church's moral debate (Downers Grove, Illinois: IVP, 2000).

[5] Kendler, K. S., L. M. Thornton, S. E. Gilman, and R. C. Kessler (2000). Sexual orientation

in a US national sample of twin and non-twin sibling pairs. American Journal of Psychiatry, 157, 1843-1846.

[6] Langstrom, N., Q. Rahman, E. Carlstrom, P. Lichtenstein (2010). Genetic and Environmental Effects on Same-sex Sexual Behavior: A Population Study of Twins in Sweden. Archives of Sexual Behavior 39, 75-80.

[7] 한국일보 2009. 3. 18일자 25면 "동성애는 왜 존재하는가."

[8] http://kin.naver.com/qna/detail.nhn?d1id=11&dirId=1116&docId=115477015&qb=64Ko7ISxIOuPmeyEseyVoOyekCDrqqjqs4TsnZggWOyXvOyDieyytCDsnKDsoITsoIE=&enc=utf8&section=kin&rank=1&search_sort=0&spq=0&pid=RTSgfF5Y7uwsst6fctlsssssst0-081800&sid=UWVSqHJvLBYAAGyabnY.

(6) 동성애 유전자 자체에 대한 반론

[1] Hamer, D. H., S. Hu, V. L. Magnuson, N. Hu, and A. M. L. Pattatucci (1993). "A linkage between DNA markers on the X-chromosome and male sexual orientation." Science 261. 321.

[2] Rice, G., C. Anderson, N. Risch, and G. Eber (1999). "Male homosexuality: absence of linkage to microsatellite markers at Xq28." Science 284. 665.

[3] Mustanski, B. S., M. G. DuPree, C. M. Nievergelt, S. Bocklandt, N. J. Schork, and D. H. Hamer (2005). "A genomewide scan of male sexual orientation." Human Genetics 116. 272.

[4] Ramagopalan, S. V., D. A. Dyment, L. Handunnetthi, G. P. Rice, and G. C. Ebers (2010). "A genome-wide scan of male sexual orientation." Journal of Human Genetics 55. 131.

[5] Drabant E M, Kiefer A K, Eriksson N, Mountain J L, Francke U, Tung J Y, Hinds D A, Do C B (2012) "Genome wide association study of sexual orientation in a large, web-based cohort". Presented at the American Society of Human Genetics annual meeting. Nov 6-10, 2012, San Francisco.

2. 동성애는 선천적? No!
(1) 두뇌에 의해 정해졌다는 주장에 대한 반론

[1] Byne, W. *Science and belief: Psychobiological research on sexual orientation*, Journal of Homosexuality **30**, 303, 1995.

[2] Shatz, C. J. *The developing brain*, Scientific American **267** (March)(3), 35, 1992.

[3] Garcia-Falgueras A. and D. F. Swaab, *Sexual hormones and the brain: An essential alliance for sexual identity and sexual orientation*, Endocrine Development **17**, 22, 2010.

[4] Hines, M. *Early androgen influences on human neural and behavioural development*, Early Human Development **84**, 805, 2008.

[5] Neufang, S., K. Specht, M. Hausmann, O. Gunturkun, B. Herpertz-Dahlmann, G. R. Fink, and K. Konrad, *Sex differences and the impact of steroid hormones on the developing human brain*, Cerebral Cortex **19**(2), 464, 2009.

[6] Phoenix, C. H., R. W. Goy, A. A. Gerall, and W. C. Young, *Organizing action of prenatally administered testosterone propionate on the tissues mediating mating behavior in the female guinea pig*, Endocrinology **65**, 369, 1959.

[7] LeVay, S. *A difference in hypothalamus structure between heterosexual and homosexual men*, Science **253**, 1034, 1991.

[8] Byne, W., S. Tobet, L. A. Mattiace, M. S. Lasco, E. Kemether, M. A. Edgar, S. Morgello, M. S. Buchsbaum, and L. B. Jones (2001). "The interstitial nuclei of the human anterior hypothalamus: an investigation of Sex, Sexual Orientation, and HIV Status." Hormones and Behavior 40. 86.

[9] Demeter, S., J. L. Ringo, and R. W. Doty (1988). Morphometric analysis of the human corpus callosum and anterior commissure, Hum. Neurobiol. 6 219-226.

[10] Allen, L. S. and R. A. Gorski (1991). "Sexual dimorphism of the anterior commissure and massa intermedia of the human brain." J. Comp. Neurol. 312. 97.

[11] Allen, L. S. and R. A. Gorski (1992). "Sexual orientation and the size of the anterior commissure in the human brain." Proceedings of the National Academy of Sciences 89. 7199.

[12] Highley, J. R., M. M. Esiri, B. McDonald, H. C. Roberts, M. A.Walker, and T. J. Crow (1999) "The size and fiber composition of the anterior commissure with respect to gender and schizophrenia." Biol. Psychiatry 45. 1120.

[13] Lasco, M. S., T. J. Jordan, M. A. Edgar, C. K. Petito, and W. Byne (2002). "A lack of dimorphism of sex or sexual orientation in the human anterior commissure." Brain Research 936. 95.

[14] Bishop, K. M. and D. Wahlsten (1997). "Sex differences in the human corpus callosum: myth or reality?" Neuroscience and Biobehavioral Reviews 21(5). 581.

[15] Witelson, S. F., D. L. Kigar, A. Scamvougeras, D. M. Kideckel, B. Buck, P. L. Stanchev,

M. Bronskill, and S. Black, *Corpus callosum anatomy in right-handed homosexual and heterosexual men*, Archives of Sexual Behavior 37(6), 857, 2008.

[16] Byne, W. (2006). "Developmental endocrine influences on gender identity: Implications for management of disorders of sex development." Mt Sinai Journal of Medicine 73. 950.

[17] Kandel, E. R. and R. D. Hawkins (1992). The biological basis of learning and individuality, Scientific American 267 (March)(3), 53.

[18] Durston, S., H. E. Hulshoff Pol, B. J. Casey, J. N. Giedd, J. K. Buitelaar, and H. van Engeland (2001). Anatomical MRI of the developing human brain: what have we learned?, Journal of the American Academy of Child and Adolescent Psychiatry 40, 1012.

[19] Draganski, B., C. Gaser, V. Busch, G. Schuierer, U. Bogadahn, and A. May (2004). Neuroplasticity: changes in grey matter induced by training, Nature 427, 311.

[20] Zhou, Y., F. C. Lin, Y. S. Du, L. D. Qin, Z. M. Zhao, J. R. Xu, and H. Lei (2009). Gray matter abnormalities in internet addiction: A voxel-based morphometry study, European Journal of Radiology.

[21] Breedlove, M. (1997). Sex on the Brain. Nature 389, 801.

[22] Maguire, E. A., K. Woollett, and H. J. Spiers (2006). London taxi drivers and bus drivers: a structural MRI and neuropsychological analysis, Hippocampus 16(12), 1091.

[23] Leonard, C. M., S. Towler, S. Welcome, L. K. Halderman, R. Otto, M. A. Eckert, and C. Chiarello (2008). Size matters: cerebral volume influences sex differences in neuroanatomy, Cerebral Cortex 18(12), 2920.

[24] Andersen, S. L., A. Tomada, E. S. Vincow, E. Valente, A. Polcari, and M. H. Teicher (2008). Preliminary evidence for sensitive periods in the effect of childhood sexual abuse on regional brain development, Journal of Neuropsychiatry and Clinical Neuroscience 20(3), 292.

[25] Doidge, N. (2007). The Brain that Changes Itself London, UK: Penguin.

(2) 태아기에 겪은 이상에 의해 정해졌다는 주장에 대한 반론
① 발생 빈도에 의한 반론

[1] Whitehead, N. and B. Whitehead (2010). My Genes Made Me Do It! Homosexuality and the scientific evidence, Layfayette, Louisiana: B. K. Huntington House, p32.

② 태아기의 성호르몬 이상 때문이라는 주장에 대한 반론
[1] Ellis, L. and M. A. Ames (1987). Neurohormonal functioning and sexual orientation: A theory of homosexuality/heterosexuality, Psychological Bulletin 101, 233.
[2] Meyer-Bahlburg, H. F. L. (1984). Psychoendocrine research on sexual orientation: current status and future options, Progress in Brain Research 61, 375.
[3] Murphy, T. F. (1992). Redirecting sexual orientation: techniques and justifications, Journal of Sex Research 29, 501.
[4] Kwan, M., W. J. Greenleaf, J. Mann, L. Grapo, and J. M. Davidson (1983). The nature of androgen action on male sexuality-a combined laboratory-self-report study on hypogonadal men, Journal of Clinical Endocrinology and Metabolism 57, 557.
[5] Dennerstein, L. and G. D. Burrows (1982). Hormone replacement therapy and sexuality in women, Clinics in Endocrinology and Metabolism 11, 661.
[6] Ehrhardt, A. A., H. F. L. Meyer-Bahlburg, J. F. Feldman, and S. E. Ince, (1984). Sex-dimorphic behavior in childhood subsequent to prenatal exposure to exogenous progestogens and estrogens, Archives of Sexual Behavior 13, 457.
[7] Lish, J. D., H. F. L. Meyer-Bahlburg, M. Ehrhardt, B. G. Travis, and N. P. Veridiano (1992). Prenatal exposure to diethylstilbestrol (DES): childhood play behavior and adult gender-role behavior in women, Archives of Sexual Behavior 21(5), 423.
[8] Gooren, L. (1990). Biomedical Theories of Sexual Orientation: A Critical Examination. In Homosexuality/Heterosexuality, ed. D. P. McWhirter, S. A. Sanders, and J. M. Reinisch, New York: Oxford University Press, pp. 71-87.
[9] Money, J., M. Schwartz, and V. G. Lewis (1984). Adult erotosexual status and fetal hormonal masculinization and demasculinization: 46, XX congenital virilizing adrenal hyperplasia and 46, XY androgen-insensitivity syndrome compared, Psychoneuroendocrinology 9, 405.
[10] McConaghy, N. (1987). Heterosexuality/Homosexuality: dichotomy or continuum, Archives of Sexual Behavior 16, 411.
[11] Mustanski, B. S., M. L. Chivers and J. M. Bailey, (2003). A critical review of recent biological research on human sexual orientation, Annual Review of Sex Research 13, 89.
[12] Young, E. W., P. Barthalow, and D. Bailey (1989). Research comparing the dyadic adjustment and sexual functioning concerns of diabetic and nondiabetic women Health Care Women International 10, 377-394.

[13] Banks, A. and N. K. Gartrell (1995). Hormones and sexual orientation: a questionable link, Journal of Homosexuality 30, 247.

[14] Meyer-Bahlburg, H. F., C. Dolezal, S. W. Baker, and M. I. New (2008). Sexual orientation in women with classical or non-classical congenital adrenal hyperplasia as a function of degree of prenatal androgen excess, Archives of Sexual Behavior 37(1), 85.

[15] Frisen, L., A. Nordenstrom, H. Falhammar, H. Filipsson, G. Holmdahl, P. O. Janson, M. Thoren, K. Hagenfeldt, A. Moller, and A. Nordenskjold, (2009). Gender role behavior sexuality and psychosocial adaptation in women with congenital adrenal hyperplasia due to CYP21A2 deficiency, The Journal of Clinical Endocrinology and Metabolism 94(9), 3432.

[16] Frisen, L., A. Nordenstrom, H. Falhammar, H. Filipsson, G. Holmdahl, P. O. Janson, M. Thoren, K. Hagenfeldt, A. Moller, and A. Nordenskjold, (2009). Gender role behavior sexuality and psychosocial adaptation in women with congenital adrenal hyperplasia due to CYP21A2 deficiency, The Journal of Clinical Endocrinology and Metabolism 94(9), 3432.

③ 태아기의 성호르몬에 의해서라는 기타 주장에 대한 반론

[1] Williams, T., M. E. Pepitone, S. E. Christensen, B. M. Cooke, A. D. Huberman, N. J. Breedlove, T. J. Breedlove, C. L. Jordan, and S. M. Breedlove (2000). Finger-length ratios and sexual orientation, Nature 404, 455.

[2] Manning, J., D. Scutt, J. D. Wilson, and D. I. Lewis-Jones (1998). The ration of the 2nd to 4th digit length: A predictor of sperm number and concentrations of testosterone, luteinizing hormone and oestrogen, Human Reproduction 13, 3000.

[3] Brown, W. M., M. Hines, B. Fane, and S. M. Breedlove (2001). Masculinized finger length ratios in humans with congenital adrenal hyperplasia(CAH). Hormones and Behavior 39. 325.

[4] McFadden, D. and E. Shubel (2003). The relationships between otoacoustic emissions and relative lengths of fingers and toes in humans, Hormones and Behavior 43(3), 421.

[5] Holt, S. B. (1968). The genetics of dermal ridges, Springfield, IL: Charles C Thomas.

[6] Hall, J. A. Y. and D. Kimura (1994). Dermatoglyphic asymmetric and sexual orientation in men, Behavioral Medicine 108, 1203.

[7] Mustanski, B. S., J. M. Bailey, and S. Kasper, (2002). Dermatoglyphics, handedness, sex, and sexual orientation, Archives of Sexual Behavior 31, 113.

(3) 형이 많을수록 남동생이 동성애자가 될 확률이 증가한다는 주장에 대한 반론

[1] Cantor, J. M., R. Blanchard, A. D. Paterson, and A. F. Bogaert (2002). How many gay men owe their sexual orientation to fraternal birth order? *Archives of Sexual Behavior* 31. 63-71.

[2] Frisch, M and A. Hviid (2006). Childhood family correlates of heterosexual and homosexual marriages: a national cohort study of two million Danes. Archives of Sexual Behavior 35(5). 533-47.

[3] McConaghy, N., Hadzi-Pavlovic, D., Stevens, C., Manicavasagar, V., Buhrich, N. and U. Vollmer-Conner (2006). Fraternal birth order and ratio of heterosexual/homosexual feelings in women and men. Journal of Homosexuality 51, 161-174.

[4] Blanchard, R. and A. F. Bogaert (1996). Homosexuality in men and number of older brothers, American Journal of Psychiatry 153, 27.

[5] Martin, R. M., G. D. Smith, P. Mangtani, S. Frankel, and D. Gunnell (2002). Association between breast feeding and growth: the Boyd-Orr cohort study. Archives of Diseases of Childhood - Fetal and Neonatal Edition 87, F193-201.

[6] Hildebrand, H., Y. Finkel, L. Grahnquist, J. Lindholm, A. Ekbom, and J. Aksling (2003). Changing pattern of paediatric inflammatory bowel disease in northern Stockholm 1990-2001. Gut 52 1432-1434.

[7] Bogaert A. F. and S. Hershberger (1999). The relation between sexual orientation and penile size, Archives of Sexual Behavior 28, 213.

[8] Savin-Williams R. C. and G. L. Ream (2006). Pubertal onset and sexual orientation in an adolescent national probability sample. Archives of Sexual Behavior 35, 279-86.

[9] Ross, G., L. Sammaritano, R. Nass, and M. Lockshin (2003). Effects of Mothers' autoimmune disease during pregnancy on learning disabilities and hand preference in their children, Archives of Pediatric and Adolescent Medicine 157, 397.

[10] Sanders, G. and M. Wright (1997). Sexual orientation differences in cerebral asymmetry and in the performance of sexually dimorphic cognitive and motor tasks, Archives of Sexual Behavior 26, 463.

[11] Flannery, K. A. and J. Liderman (1994). A test of the immunoreactive theory for the origin of neurodevelopmental disorders in the offspring of women with immune disorder, Cortex 30, 635.

[12] Whitehead, N. (2007). An antiboy antibody? Re-examination of the maternal immune hypothesis, Journal of Biosocial Science 39(6), 905.

[13] Gooren, L. (2006). The biology of human psychosexual differentiation, Hormones and Behavior 50, 589.

[14] Juntunen, K. S., E. M. Laara, and A. J. Kauppila (1997). Grand grand multiparity and birth weight. Obstetrics and Gynecology 90, 495-499.

[15] Cardwell, C. R., D. J. Carson, and C. C. Patterson (2005). Parental age at delivery, birth order, birth weight and gestational age are associated with the risk of childhood Type 1 diabetes: a UK regional retrospective cohort study. Diabetic Medicine 22, 200-206.

[16] Richiardi, L., O. Akre, M. Lambe, F. Granath, S. M. Montgomery, and A. Ekbom (2004). Birth order, sibship size, and risk for germ-cell testicular cancer. Epidemiology 15, 323-329.

[17] Crawford, S. G., B. J. Kaplan, and M. Kinsbourne (1992). The effects of parental immunoreactivity on pregnancy, birth and cognitive development: maternal immune attack on the fetus? Cortex 28, 483-491.

[18] Bem, D. J. (1996). Exotic becomes erotic: a developmental theory of sexual orientation. Psychological Review 103, 320-335.

[19] Cantor, J. M., R. Blanchard, A. D. Paterson, and A. F. Bogaert (2002). How many gay men owe their sexual orientation to fraternal birth order? Archives of Sexual Behavior 31, 63-71.

(5) 동성애에 대한 유전적 요소의 상대 비율에 대한 논의

[1] Santtila, P., N. K. Sandnabba, N. Harlaar, M. Varjonen, K. Alanko, and B. von der Pahlen (2008). Potential for homosexual response is prevalent and genetic, Biological Psychology 77(1), 102.

[2] Bailey, J. M., M. P. Dunne, and N. G. Martin (2000). Genetic and Environmental influences on sexual orientation and its correlates in an Australian twin sample. Journal of Personality and Social Psychology 78. 524.

[3] Buhrich, N., J. M. Bailey, and N. G. Martin (1991). Sexual orientation, sexual identity, and sex-dimorphic behaviors in male twins, Behavior Genetics 21, 75.

[4] Hershberger, S. L. (1997). A twin registry study of male and female sexual orientation, Journal of Sex Research 34, 212.

[5] Kirk, K. M., J. M. Bailey, M. P. Dunne, and N. G. Martin (2000). Measurement models for sexual orientation in a community twin sample, Behavior Genetics 30, 345.

[6] Langstrom, N., Q. Rahman, E. Carlstrom, P. Lichtenstein (2010). Genetic and Environmental Effects on Same-sex Sexual Behavior: A Population Study of Twins in Sweden Arch Sex Behav 39, 75-80.

[7] Alanko, K., P. Santtila, N. Harlaar, K. Witting, K. Varjonen, P. Jern, A. Johansson, B. von der Pahlen, and N. K. Sandnabba (2010). Common Genetic Effects of Gender Atypical Behavior in Childhood and Sexual Orientation in Adulthood: A Study of Finnish Twins, Archives of Sexual Behavior 39(1), 81.

[8] Whitehead, N. and B. Whitehead (2010). My Genes Made Me Do It! Homosexuality and the scientific evidence, Layfayette, Louisiana: B. K. Huntington House, pp193-197.

[9] Bailey, J. M., D. Bobrow, M. Wolfe, and S. M. Mikach (1995). Sexual orientation of adult sons of gay fathers, Developmental Psychology 31, 124.

[10] Graham P. J. and J. Stevenson (1985). A twin study of genetic influences on behavioural deviance, Journal of the American Academy of Child Psychiatry 24, 33.

[11] Eaves, L. J., K. A. Last, D. A. Young, and N. G. Martin (1978). Model fitting approaches to the analysis of human behaviour, Heredity 41, 249.

[12] Kirk, K. M., N. G. Martin, and J. M. Bailey (2000). Etiology of male sexual orientation in an Australian twin sample, Psychology, Evolution and Gender 2.3, 1.

[13] Truett, K. R., L. J. Eaves, E. E. Walters, A. C. Heath, J. K. Hewitt, J. M. Meyer, J. Silberg, M. C. Neale, N. G. Martin, K. S. Kendler (1994). A model system for analysis of family resemblance in extended kinships of twins, Behavior Genetics 24, 35.

[14] McGue M. and D. T. Lykken (1992). Genetic influence on risk of divorce, sychological Science 3(6), 368.

[15] Walters, E. E., M. C. Neale, L. J. Eaves, A. C. Heath, R. C. Kessler, and K. S. Kendler (1992). Bulimia nervosa and major depression. A study of common genetic and environmental factors, Psychological Medicine 22, 617.

[16] Rushton, J. P., D. W. Fulker, M. C. Neale, R. A. Blizard, and H. J. Eysenck (1984). Altruism and genetics, Acta Geneticae Medicae et Gemellologiae 33, 265.

[17] Bouchard, T. J., D. T. Lykken, M. McGue, N. L. Segal, and A. Tellegen (1990). Sources of human psychological differences: the Minnesota study of twins reared apart, Science 250, 223.

[18] Allgulander, C., J. Nowak, J. P. Rice (1991). Psychopathology and treatment of 30,344 twins in Sweden II Heritability estimates of psychiatric diagnosis and treatment in 12884 twin pairs, Acta Psychiatrica Scandinavica 83(1), 12.

[19] Horgan, J. (1993). Eugenics revisited, Scientific American 268 (June), 92.

[20] Verweij, K. J., S. N. Shekar, B. P. Zietsch, L. J. Eaves, J. M. Bailey, D. I. Boomsma, and N. G. Martin (2008). Genetic and environmental influences on individual differences in attitudes toward homosexuality: an Australian twin study, Behavior Genetics 38(3), 257.

[21] Boardman, J. D., C. L. Blalock, and F. C. Pampel (2010). Trends in the genetic influences on smoking. Journal of Health and Social Behavior 51(1), 108-23.

[22] Torgerson, A. M. (1987). Longitudinal research on temperament in twins. Increase in genetic contribution with age, Acta Geneticae Medicae et Gemellologiae 36, 145.

[23] Harris, J. R. (1992). Age differences, Journals of Gerontology 47, 213.

[24] Wilson, R. S. (1983). The Louisville twin study: developmental synchronies in behavior, Child Development 54, 296.

[25] McClearn, G. E., B. Johansson, S. Berg, N. L. Pedersen, F. Ahern, S. A. Petrill, and R. Plomin, (1997). Substantial genetic influence on cognitive abilities in twins 80 or more years old, Science 276, 1560.

[26] Fischbein, S., R. Guttman, M. Nathan, A. Esrachi (1990). Permissiveness-restrictiveness for twins and the Israeli Kibbutz, Acta Geneticae Medicae et Gemellologiae 39, 245.

[27] Fischbein S. and R. Guttman (1992). Twins' perception of their environment: a cross-cultural comparison of changes over time, Acta Geneticae Medicae et Gemellologiae 41, 275.

[28] Akerman B. A. and S. Fischbein (1992). Within-pair similarity in MZ and DZ twins from birth to eighteen years of age, Acta Geneticae Medicae et Gemellologiae 41, 155.

[29] Abdel-Rahim, A. R., C. T. Nagoshi, and S. G. Vandenberg (1990). Twin resemblance in cognitive ability in an Egyptian sample, Behavior Genetics 20, 33.

3. 동성애는 치유불가능? No!
(1) 동성애가 유동적임을 나타내는 학술연구들

[1] Bell, A. P., M. S. Weinberg, and S. K. Hammersmith, *Sexual Preference : Its Development in Men and Women* (Bloomington, Indiana: Indiana University Press, 1981).

[2] Cameron, P., K. Proctor, K. Coburn, and N. Forde, *Sexual orientation and sexually*

transmitted disease, Nebraska Medical Journal 70, 292, 1985.
[3] Rosario, M., H. F. L. Meyer-Bahlburg, J. Hunter, and T. M. Exner, *The psychosexual development of urban, gay and bisexual youths*, Journal of Sex Resarch 33, 113, 1996.
[4] Rosario, M., E. W. Schrimshaw, J. Hunter, and L. Braun, *Sexual identity development among gay, lesbian, and bisexual youths: consistency and change over time*, Journal of Sex Research, 43, 46, 2006.
[5] Dickson, N., C. Paul and P. Herbison, *Same-Sex attraction in a birth cohort: prevalence and persistence in early adulthood*, Social Science and Medicine, 56, 1607, 2003.
[6] Diamond, L. *Was it a phase? Young Women's relinquishment of lesbian/bisexual identities over a 5-year period*, Journal of Personality and Social Psychology 84, 352, 2003.
[7] Diamond, L. M. *A new view of lesbian subtypes: stable versus fluid identity trajectories over an 8-year period*, Psychology of Women Quarterly, 29, 119, 2005.
[8] Kinnish, K., D. S. Strassberg, and C. W. Turner, *Sex Differences in Flexibility of Sexual Orientation: A Multidimensional Retrospective Assessment*, Archives of Sexual Behavior 34, 173, 2005.

(2) 동성애 치유 사례들
[1] Bieber, I. *Homosexuality: A Psychoanalytic Study* (New York: Basic Books, 1962).
[2] Bieber I. and T. B. Bieber, *Male Homosexuality*, Canadian Journal of Psychiatry 24(5), 416, 1979.
[3] Masters W. H. and V. E. Johnson, *Homosexuality In Perspective* (Boston: Little, Brown and Company, 1979).
[4] Anon, *'Gays can change' says psychiatrist*, Exodus Standard 6(2), 6, 1989.
[5] Kronemeyer, R. *Overcoming Homosexuality* (New York: Macmillan Publishing Company, 1980).
[6] 길원평과 장헌일, 동성애의 치유가능성과 차별금지법안의 문제점, 한국창조과학회 발표논문집 2008.

4. 동성애와 에이즈는 밀접한 관계? Yes!
(1) 급증하는 국내 에이즈 감염인의 수
[1] 한국질병관리본부, 2016 HIV/AIDS 신고 현황, 8쪽.
[2] 한국질병관리본부, 2016 HIV/AIDS 신고 현황, 13쪽.

(2) 국내 에이즈와 동성애의 밀접한 관련성

[1] 보건복지부, '제4차 국민건강증진종합계획(2016~2020), 2015년.
[2] 질병관리본부, '국가 에이즈관리사업 평가 및 전략개발', 2014년.
[3] 방지환, '국민행복시대, 에이즈 예방 및 환자 지원을 위한 현황과 과제' 국회토론회 자료집, 14쪽, 2013년 11월.
[4] 국민일보, 국회토론회서도 "에이즈, 주로 男 동성애로 유행", 2015년 6월 24일자.
[5] 이훈재, '국민행복시대, 에이즈 예방 및 환자 지원을 위한 현황과 과제' 국회토론회 자료집, 44쪽, 2013년 11월.
[6] 세계일보, "에이즈 감염자들 발병으로 죽는 것보다 자살이 더 많아요", 2013년 11월 26일자.
[7] 한국질병관리본부, 2014 HIV/AIDS 신고 현황, 8~9쪽.
[8] 한국질병관리본부, 2014 HIV/AIDS 신고 현황, 15쪽.
[9] 양봉민과 최운정, *한국에서 HIV/AIDS 감염의 경제적 영향*, 서울대학교 보건대학원 연구보고서, 2004년 11월.

(3) 동성애와 에이즈의 밀접한 관련성을 나타내는 외국 통계

[1] http://www.cdc.gov/hiv/pdf/statistics_surveillance_Adolescents.pdf
[2] 부산일보, 2007년 11월 21일자.
[3] http://mitr.tistory.com/479.
[4] http://news.naver.com/main/read.nhn?mode=LSD&mid=sec&sid1=102&oid=001&aid=0006190655
[5] http://mitr.tistory.com/775.
[6] http://mitr.tistory.com/610.
[7] http://www.cdc.gov/hiv/statistics/surveillance/incidence/index.html.
[8] 연합뉴스 2012년 7월 20일
http://www.yonhapnews.co.kr/bulletin/2012/07/20/0200000000AKR20120720128100009.HTML
[9] http://blog.naver.com/pshskr/220126352239.
[10] Van de Ven, P. et al. (1997) "A Comparative Demographic and Sexual Profile of Older Homosexually Active Men," *Journal of Sex Research* 34, 354.

(6) 동성애와 에이즈의 밀접한 관련성을 발표하지 않는 질병관리본부

[1] https://wwwn.cdc.gov/hivrisk/

5. 동성애는 비정상적? Yes!

[1] John R. Diggs, Jr., MD, 남성 동성애자 간, 성관계에 따른 건강상 위험들, 동성애차별금지법 입법반대를 위한 포럼 자료집, 2010, pp154-166.
[2] 크리스찬 치의학협회와 카톨릭 의학협회, 법정 조언자(Amici Curiae)의 이해관계, 동성애차별금지법 입법반대를 위한 포럼 자료집, 2010, pp167-183.
[3] 김정현, 동성애자의 양심고백, 2010.

6. 동성애는 비윤리적? Yes!

[1] 박희중, 독신제와 혼인제 안에서 동성애들, 동성애차별금지법 입법반대를 위한 포럼 자료집, 2010, pp72-88.
[2] 이승구, 동성애 문제에 대한 정통파 기독교의 견해, 동성애차별금지법 입법반대를 위한 포럼 자료집, 2010, pp90-100.
[3] 우남식, [논쟁] 동성결혼, 어떻게 봐야 하나?, 한겨레신문, 2012. 5. 17.

7. 동성애자는 행복? No!

[1] Nicolosi, J. *Reparative Therapy of Male Homosexuality*. (Northvale, New Jersey: Jason Aronson, Inc. 1991).
[2] West, D. J. *Homosexuality Reexamined*. (London: Duckworth 1977).
[3] Pollak, M. *Male homosexuality-or happiness in the ghetto*, In *Western Sexuality*, ed. P. Aries and A. Bejin, (Oxford: Basil Blackwell 1985) pp. 40-61.
[4] Laumann, E. O., A. Paik, and R. C. Rosen, *Sexual dysfunction in the United States: Prevalence and predictors*, JAMA **281**, 537, 1999.
[5] Karten E. Y. and J. C. Wade, *Sexual orientation change efforts in men: A client perspective*, The Journal of Men's Studies **18**, 84, 2010.
[6] Connell, R. W., J. Crawford, G. W. Dowsett, S. Kippax, V. Sinnott, P. Rodden, R. Berg, D. Baxter, and L. Watson, *Danger and context: unsafe anal sexual practice among homosexual and bisexual men in the AIDS crisis*, Australian and New Zealand Journal of Sociology **26**(2), 187, 1990.
[7] McWhirter D. P. and A. M. Mattison, *The Male Couple*. (Englewood Cliffs, New Jersey: Prentice-Hall 1984).
[8] 이혜진 옮김, 브라이어 와이트헤어 원작, *나는 사랑받고 싶다* (웰스프링, 2007).
[9] Dodge, B., M. Reece, D. Herbenick, C. Fisher, S. Satinsky, and N. Stupiansky, *Relations Between Sexually Transmitted Infection Diagnosis and Sexual Compulsivity in a*

Community-Based Sample of Men Who Have Sex with Men (MSM), Sexually Transmitted Infections **84**(4), 324, 2008.

[10] Kelly, B. C., D. S. Bimbi, J. E. Nanin, H. Izienicki, and J. T. Parsons, *Sexual Compulsivity and Sexual Behaviors Among Gay and Bisexual Men and Lesbian and Bisexual Women*, Journal of Sex Research **46**(4), 1, 2009.

[11] Skegg, K., S. Nada-Raja, N. Dickson, and C. Paul, *Perceived "Out-of-Control" sexual behavior in a cohort of young adults from the Dunedin Multidisciplinary Health and Development Study*, Archives of Sexual Behavior **39**(4), 968, 2010.

[12] Quadland M. C. and W. D. Shattls, *AIDS, sexuality and sexual control*, Journal of Homosexuality **14**(1-2), 277, 1987.

[13] Pincu, L. *Sexual compulsivity in gay men: controversy and treatment*, Journal of Counselling and Development **68**(1), 63, 1989.

[14] Pullin, R. D. *Homosexuality and Psychopathology*, In *Collected papers from the NARTH Annual Conference, 1995*, (Encino, California: NARTH 1995) pp. 23.

[15] Seligman, M. E. P. *Helplessness n Depression, Development And Death*, (London: Freeman 1975).

[16] Brown, P. *Dangers of monogamy*, New Scientist **135** (21 November), 38, 1992.

[17] Kuyper L. and T. Fokkema, *Loneliness Among Older Lesbian, Gay, and Bisexual Adults: The Role of Minority Stress*, Archives of Sexual Behavior 39, 1171, 2010.

[18] Galceran, J., R. Marcos-Gragera, M. Soler, A. Romaguera, A. Ameijide, A. Izquierdo, J. Borras, S. L. de Sanjose, and J. Casabona, *Cancer incidence in AIDS patients in Catalonia, Spain*, European Journal of Cancer **43**(6), 1085, 2007.

[19] 문금숙 옮김, 프란시스 S 맥너트 원작, 동성애 치유될 수 있는가? (순전한 나드, 2006).

III. 동성애자 혐오? No!

1. 동성애 차별금지의 문제점
(2) 동성애를 비윤리적이라고 표현할 자유를 잃고 처벌을 받음

[1] http://blog.naver.com/PostView.nhn?blogId=pshskr&logNo=130167868990
[2] http://blog.naver.com/pshskr/130167868990.
[3] http://blog.naver.com/pshskr/130167376459.

(3) 학교는 동성애를 정상이라고 가르쳐서 학생이 동성애자가 될 확률이 커짐
[1] http://blog.naver.com/pshskr/130167182966.

(4) 건전한 성윤리를 가진 국민의 권리가 제한 또는 금지
[1] http://www.nowtheendbegins.com/blog/?p=27518.
[2] http://www.christiantoday.co.kr/view.htm?id=268135.
[3] http://www.koreatimes.com/article/788363
[4] http://www.newsnnet.com/news/articleView.html?idxno=2325.
[5] http://www.christiandaily.co.kr/news/%ED%94%84%EB%9E%AD%ED%81%B4%EB%A6%B0-%EA%B7%B8%EB%A0%88%ED%95%A8-%EA%B8%B0%EB%8F%85%EA%B5%90-%EB%B2%A0%EC%9D%B4%EC%BB%A4%EB%A6%AC-%EB%A0%88%EC%A6%88%EB%B9%84%EC%96%B8-%EC%BB%A4%ED%94%8C-61366.html

IV. 마무리 글

1. 동성애가 확산되는 이유
(2) 한국에서 동성애가 확산되는 이유
[1] 한국교회언론회의 2014년 10월 31일자 논평.
[2] 국가인권위원회 2003.3.31. 02진차80, 130 결정.
「청소년보호법 시행령」[별표1] 청소년유해매체물 심의기준(2004. 4. 24. 개정 이전의 법)
 2. 개별 심의기준
  다. 수간을 묘사하거나 혼음, 근친상간, 동성애, 가학 · 피학성음란증 등 변태성행위, 매춘행위 기타 사회통념상 허용되지 아니한 성관계를 조장하는 것
[3] 조여울, 「국가인권정책기본계획 수립을 위한 성소수자 인권 기초현황조사」, 국가인권위원회 인권상황실태 연구용역보고서. 2015.
[4] 연합뉴스, " '약자 · 소수자 모든 차별 금지' 입법 예고", 2007. 9. 28.자 기사.
[5] 국가인권위원회, "「군형법」제92조에 대한 위헌법률심판(2008헌가21)에 대한 의견 제출", 2010. 12. 8.자 결정문.
[6] 국가인권위 · 한국기자협회, "인권보도준칙", 2011. 9. 13.
[7] 교회언론회가 지상파 방송 및 중앙일간지들을 약 4년 7개월 동안 분석한 조사결과에 따르면, 국민일보를 제외한 나머지 언론들이 동성애에 대한 지지보도가 급상승한 것으로 나타났다(크리스천투데이, 2014. 8. 14.자 기사).

부록 1 성별정체성 차별금지의 문제점
[1] 이상원 (2014) 성이란 무엇인가, 「교회의 성(性), 잠금 해제?」, IVP, p53-54.
[2] http://blog.naver.com/pshskr/220103023583
[3] http://blog.daum.net/sw-fg/8152376
[4] http://blog.naver.com/pshskr/130187031971
[5] http://blog.naver.com/pshskr/220494223467
[6] http://blog.naver.com/pshskr/220582572747
[7] http://blog.naver.com/PostView.nhn?blogId=kjbgod68&logNo=220534126940

부록 2 질문과 답변
3. 동성애가 다양한 동물에서 나타나므로 자연의 법칙에 어긋난다고 할 수 있는가?
[1] http://www.seehint.com/hint.asp?md=201&no=12743
[2] Heg, D. and R. van Treuren (1998). "Female-female cooperation in polygynous oystercatchers." *Nature* 391: 687-691.
[3] https://en.wikipedia.org/wiki/Bonob; Frans B. M. de Waal (March 1995). "Bonobo Sex and Society". *Scientific American*. pp. 82-88. Retrieved 2006-07-17.
[4] https://en.wikipedia.org/wiki/American_bison#Behavior_and_ecology
[5] Milton, Joseph (1 December 2010). "Mercury causes homosexuality in male ibises". *Nature*. doi:10.1038/news.2010.641.
[6] Frederick, Peter; Jayasena, Nilmini (1 December 2010). "Altered pairing behaviour and reproductive success in white ibises exposed to environmentally relevant concentrations of methylmercury". *Proceedings of the Royal Society B*. doi:10.1098/rspb.2010.2189.

5. 동성애가 어린 나이에 형성된다면, 그 아이에게 책임을 물을 수 있는가?
[1] Savin-Williams R. C. and G. L. Ream (2007). "Prevalence and stability of sexual orientation components during adolescence and young adulthood." *Archives of Sexual Behaviour* 36. 385.

21. 유엔에서 차별금지법을 권고하고 있다는데, 그렇다면 만들어야 하지 않을까요?
[1] https://c-fam.org/friday_fax/u-n-resolution-on-the-family-dampens-gay-pride-festivities/
[2] https://c-fam.org/friday_fax/big-win-for-traditional-family-at-un-human-rights-council/

참고, 최종방문: 2016. 2. 5.

[3] 인권이사회 제29회기, 2015. 7. 1. A/HRC/29/L.25, "Protection of the family: contribution of the family to the realization of the right to an adequate standard of living for its members, particularly through its role in poverty eradication and achieving sustainable development"

[4] "Sex Activists Bemoan Passage of Pro-Family Resolution at UN in Geneva", 2015. 7. 16. C-Fam Friday Fax,
(https://c-fam.org/friday_fax/sex-activists-bemoan-passage-of-pro-family-resolution-at-un-in-geneva/)

22. 동성애를 인정하는 것이 전 세계적인 추세가 아닌가요?

[1] 국민일보, "동성애·차별금지법 국민들에게 물어보니… 국민 10명 중 7명 동성애는 비정상적 사랑", 2013년 5월 30일자.
  http://news.kmib.co.kr/article/view.asp?arcid=0007230431&code=23111111

[2] 동아일보, 2013년 10월 31일자. http://news.donga.com/3/all/20131031/58578866/1